DAS DEUTSCHE BANKWESEN

VON

DR. JOSEPH LOEHR,

DIREKTOR DER BAYER. HANDELSBANK IN MÜNCHEN.

MÜNCHEN 1921,

J. SCHWEITZER VERLAG (ARTHUR SELLIER).

Druck von Dr. F. P. Datterer & Cie., Freising-München.

Meinem lieben Freunde,

dem

Maler und Professor an der Karlsruher Akademie der Künste

Friedrich Fehr

in alter Treue.

Die Darstellung, welche hiemit der Öffentlichkeit übergeben wird, gründet sich auf Vorträge, die der Verfasser auf Einladung des Direktors der Handelshochschule München, Herrn Professors Dr. Bonn, in dieser Hochschule gehalten hat. Sie will, wie es das Ziel dieser Vorträge sein sollte, unter Ausschaltung von all dem, was nur die Ausführung angeht, einen Überblick geben über das Wesentlichste der Tätigkeit der Banken. Da diese in weitem Umfange rechtlich geregelt ist, so muß die Aufweisung dessen, was die Banken leisten, zum großen Teile zusammenfallen mit einer Darstellung des Rechtes des Bankwesens. Als solches aber darf nicht bloß betrachtet werden, was durch Gesetze und Verordnungen vorgeschrieben ist, sondern auch was üblicherweise im großen und ganzen übereinstimmend vertragsmäßig festgesetzt wird. An die Frage, was geschieht, schließt sich von selbst die an, warum es geschieht. Deshalb mußte jeweils beigefügt werden, welches Interesse die Bank und welches der Kunde an einer Einrichtung hat und welche volkswirtschaftliche Bedeutung ihr zukommt.

Den Herren meiner Bank, die mich durch Aufschluß und Rat unterstützt haben, sage ich hier meinen Dank.

Die Einwirkungen des Krieges lagen außerhalb der Grenzen der Arbeit, die nur das Bleibende berücksichtigen sollte. Sie wurde begonnen im August 1915, als die deutschen Heere siegreich in Polen und Rußland einzogen. Jetzt, da sie beendigt wird, hat die Welt sich geändert. Manches ist im Flusse. Oft fragt man sich, ob das oder jenes nicht nur der Vergangenheit angehöre. Möge es den deutschen Banken nicht verwehrt sein auch in dieser schweren Zeit, die Gott zugelassen, innerhalb ihres Wirkungskreises unserem geliebten Vaterlande nach ihren Kräften zu nützen!

Inhaltsverzeichnis.

Banken sind Erwerbsanstalten, welche dem Publikum gegen Entgelt Dienstleistungen darbieten, die geeignet sind sein Vermögen zu erhalten, entsprechend zu verwerten und womöglich zu vermehren. Indem sie ihren privaten Vorteil verfolgen, dienen sie dem öffentlichen Nutzen, der Volkswirtschaft.

Die Geschäfte der Banken werden, ganz oder zum Teil, auch von Bankiers betrieben.

Notenbanken und Hypothekenbanken widmen sich besonderen Aufgaben, die hier nicht zu betrachten sind.

I. Der Scheckverkehr.

In den meisten Privatwirtschaften von einiger Bedeutung gehen immer wieder Barbeträge ein, die in der Folge wieder zu verwenden sind und bis dahin erhalten und möglichst genutzt werden sollen und über die im Falle des Bedarfs sofort wieder soll verfügt werden können. Jeder Kaufmann, der sein Geschäft unter Verwertung der Einrichtungen der Neuzeit betreibt, unterhält deshalb heutigentags ein Scheckkonto bei einer Bank. In Norddeutschland werden diese Konten, insoweit sie bei Depositenkassen errichtet werden, Depositenkonten genannt, während sie sonst den Kontokurrenten zugerechnet werden; in der Sache bedeutet dies keinen Unterschied.

Wer sich ein Scheckkonto bei einer Bank errichten lassen will, hat die von der Bank auf Grund des Reichsscheckgesetzes vom 11. März 1908 für alle ihre Kunden gleichheitlich festgesetzten Bedingungen für den Scheckverkehr anzuerkennen; gleichzeitig sind der Bank die Unterschriften des Kontoinhabers und aller gleich ihm über das Konto Verfügungsberechtigten — Prokuristen, Handlungsbevollmächtigte, Bevollmächtigte nach bürgerlichem Recht, gesetzliche Vertreter — einzureichen unter Angabe, inwieweit über das Konto durch eine Unterschrift allein, inwieweit durch Unterschriften nur gemeinsam verfügt werden kann.

Das Guthaben auf dem Scheckkonto kann geschaffen und vermehrt werden — und zwar vom Kontoinhaber oder von einem Dritten — durch bare Einzahlung, durch Übertrag von einem anderen Konto oder durch Überweisung, durch Postanweisung oder durch Benützung des Postüberweisungs- und Scheckverkehrs. Wertpapiere, Zins- und Gewinnanteilscheine und Sorten können nach besonderer Vereinbarung und dem Handelsgebrauch entsprechend bei der Bank versilbert und ihr Erlös dem Konto gutgeschrieben werden. Die Berechnung von Zins- und Gewinnanteilscheinen geschieht unter Vorbehalt des richtigen Eingangs. Gleiches gilt von Schecks und von Wechseln, die der Bank übergeben werden. Wechsel werden von der Bank unter Abzug des Diskonts angekauft — und deren Valuta alsdann dem Konto sofort gutgeschrieben —

oder nur zum Einzug übernommen, der allenfalls unter Mitwirkung anderer Bankfirmen oder der Post geschieht. Auch Schecks, die nicht sogleich gutgeschrieben werden können, werden von der Bank zum Einzug übernommen. Diskontierte Wechsel, welche nicht bezahlt werden, werden entweder im Konto belastet oder es macht die Bank unabhängig von demselben ihre Rechte aus solchen Wechseln geltend.

Für das Guthaben auf Scheckkonto werden von der Bank Zinsen gewährt. Der jeweilige Zinssatz sowie die Grundsätze für die Valutierung, d. h. die Bestimmung des Tages, von dem an für jeden Posten Zinsen berechnet werden, pflegen von den einzelnen Bankenvereinigungen, die sich für bestimmte politische und wirtschaftliche Gebiete bilden, gemeinschaftlich festgesetzt zu werden. Höhere Zinsen werden häufig auf Konten gegeben, die gemeinnützigen Zwecken dienen. Die Gutschrift der Zinsen erfolgt gewöhnlich für das Jahresende oder den Tag der Aufhebung der Verbindung mit der Bank; dabei wird in gedrängter Form Abrechnung erteilt.

Im Gegensatz zu der mannigfaltigen Art, wie das Scheckguthaben vermehrt werden kann, soll die Verfügung darüber nur durch Scheck erfolgen, d. h. eine im Text als Scheck bezeichnete, vom Aussteller unterschriebene, Ort und Tag der Ausstellung enthaltende und bei Sicht zahlbare, an die Bank gerichtete Anweisung des Ausstellers, aus seinem Guthaben eine bestimmte Geldsumme zu zahlen. Die Formulare dafür werden von der Bank geliefert und sind — zur Ermöglichung einer Kontrolle — fortlaufend numeriert. Über ihren Empfang muß Quittung erteilt werden. Die Nummern der ausgehändigten Schecks werden bei der Bank über dem Konto vorgetragen, damit bei Vorkommen eines Schecks nicht nur seine Einlösbarkeit nach dem Kontostand und die Unterschriften, sondern auch die Nummer verglichen werden kann. Die Schecks müssen vom Kontoinhaber oder einem Vertreter unterzeichnet werden. Die deutschen Banken haben verschiedene sogenannte Scheckverbände gegründet, um die kostenfreie Einlösung der auf die Verbandsmitglieder ausgestellten Schecks auch an anderen Plätzen — nicht nur bei anderen Niederlassungen der betreffenden Bank — zu ermöglichen. Hiedurch ist es erreicht, daß Schecks auf größere Banken fast in allen wichtigeren Städten Deutschlands zur Einlösung gebracht werden können. Die Auszahlung des Betrages an einem anderen Orte erfolgt nach Feststellung der Ordnungsmäßigkeit des Schecks, welche die für briefliche Anfrage und umgehende Antwort erforderliche Zeit in Anspruch nimmt.

Der früher zugunsten des Reichs erhobene Scheckstempel ist ab 1. Oktober 1916 weggefallen. Vordatierte Schecks, d. h. solche, welche vor dem darauf angegebenen Tage in Umlauf gesetzt sind, unterliegen auch weiterhin der Wechselstempelsteuer.

Jeder Scheck ist, unbeschadet des Rechtes der Bank, ihn später noch einzulösen, vor Ablauf der Vorlegungsfrist, d. i. für inländische Schecks binnen 10 Tagen nach der Ausstellung, der Bank quittiert zur Zahlung vorzulegen.

Der Widerruf eines Schecks ist erst nach Ablauf der Vorlegungsfrist wirksam.

Die Banken bedingen sich aus, die zu erhebenden Beträge an den Überbringer auszahlen zu dürfen, auch wenn auf der Rückseite des Schecks eine bestimmte Person oder Firma mittels einer in der Form des Indossaments abgefaßten Erklärung als Zahlungsempfänger benannt ist. Schecks, in welchen der Zusatz „oder Überbringer" durchstrichen oder eine Zahlungsfrist angegeben ist, Rasuren oder Korrekturen angebracht sind, werden nicht bezahlt. Zur Prüfung der Legitimation des Überbringers eines Schecks und der Echtheit der Unterschriften auf Schecks und auf Quittungen erklären sich die Banken in ihren Bedingungen gewöhnlich für berechtigt, aber nicht für verpflichtet.

Der Kontoinhaber kann allerdings auch in anderer Weise als mittels Schecks über sein Guthaben auf Scheckkonto verfügen, insbesondere dadurch daß er die Bank beauftragt, an ihn selbst oder an Dritte Bargeld, Schecks oder Postanweisungen zu senden, Überträge auf andere Konten vorzunehmen oder Überweisungen durch die Reichsbank oder andere Banken oder durch die Post zu vermitteln. So können auch Aufträge gegeben werden, wiederkehrende Zahlungen zu leisten, wie Steuern, Zinsen, Versicherungsprämien. Auch kann der Kunde seine Wechsel bei der Bank zahlbar stellen und zu Lasten seines Scheckkontos einlösen lassen. Für die Ausführung dieser Aufträge werden von den Banken regelmäßig durch die Bankenvereinigungen festgesetzte kleine Gebühren berechnet.

Im übrigen wird für die Führung eines Scheckkontos keine Provision berechnet.

Der Aussteller sowie jeder Inhaber eines Schecks kann durch den quer über die Vorderseite gesetzten Vermerk „nur zur Verrechnung" verbieten, daß der Scheck bar bezahlt wird. Die Bank darf in diesem Falle den Scheck nur durch Verrechnung einlösen. Das Verbot kann nicht zurückgenommen werden. Die Verwendung von Verrechnungsschecks empfiehlt sich im Verkehr mit Personen und Firmen, welche ebenfalls ein Bankkonto benutzen. Da ein Unberechtigter auf einen solchen Scheck keine Zahlung erhält, kann dieser in einfachem Brief versandt werden. Verrechnungsschecks sind auch als Postkartenschecks in Verwendung.

Der Kontoinhaber ist zur sorgfältigen Aufbewahrung des Scheckbuches verpflichtet und hat alle nachteiligen Folgen zu tragen, welche aus dem Mißbrauch verlorener oder sonst abhanden gekommener Schecks entstehen, oder daraus daß Schecks nicht so ausgefüllt sind, daß eine Fälschung unmöglich ist.

Der Inhaber eines Scheckkontos pflegt von der Bank ein Gegenbuch zu erhalten, in welches er die von ihm ausgeschriebenen Schecks und sonstige Verfügungen vorzutragen hat, während die Bank die baren Einlagen und sonstigen Guthaben-Posten vorträgt und daneben darüber Quittung erteilt.

Ein Scheckkonto mit durchschnittlich geringem Bestand und erheblicheren reinen Kassenumsätzen läßt der Bank bei seiner Provisionsfreiheit und der Mühe, darum auch den Kosten, die die Kontoführung macht, kaum einen Nutzen. Allerdings wird die Arbeit der Bank dadurch, daß die Verfügung mittels Schecks zu erfolgen hat, vereinfacht und gleichmäßig gemacht, deshalb auch verbilligt. Ohne den Scheckgebrauch wäre das geschilderte System des Bankverkehrs überhaupt nicht möglich. Aus diesem Grunde auch die Sondergebühren für Verfügungen anderer Art, die mehr Mühe für die Bank machen. Seinen Nutzen bringt der Scheckverkehr der Bank im wesentlichen nur durch den Unterschied zwischen den Zinsen, die die Bank für die Masse der hereingenommenen fremden Gelder — so nennt man die eingezahlten Summen in ihrer Eigenschaft als Betriebsmittel der Bank — zu vergüten hat und denen, die sie für ihre Ausleihungen erhält. Die Konten, auf welchen größere Guthaben längere Zeit belassen werden, sind daher den Banken die angenehmeren, und diese bedingen gewöhnlich auch, daß entsprechende Guthaben unterhalten werden müssen. Der Unterschied kann aber nur ein mäßiger sein, denn wenn auch im regelmäßigen Verkehr kein in Betracht kommender Teil der Guthaben abgehoben wird, so erhöhen sich doch erfahrungsgemäß die Abhebungen zu gewissen Zeiten, insbesondere am Ende und Beginn der Kalendervierteljahre, und vor allem muß die Bank jeden Augenblick gewärtigen, daß infolge eines besonderen wirtschaftlichen oder politischen Ereignisses über erhebliche Summen verfügt wird. Um solchen Anforderungen gegenüber gerüstet zu sein, muß der wesentlichste Teil der fremden Gelder in stets rediskontierbaren Wechseln angelegt werden. Bestimmend für den Satz, der für täglich fällige Guthaben vergütet wird, ist deshalb der jeweilige Privatdiskontsatz in der Weise, daß er gegenüber dem ungefähren Durchschnitt des letzteren zur maßgebenden Zeit noch einen angemessenen Nutzen läßt. Gelder, welche einer Bank für längere Zeit — einen Monat, $1/4$, $1/2$, ein ganzes Jahr — überlassen werden, können von ihr ohne Vorsorge für tägliche Rückzahlungsmöglichkeit während der bestimmten Zeit nutzbringender verwandt, deshalb dafür auch höhere Zinsen vereinbart werden. Sie pflegen aber auch nicht unter den Scheckkonten verbucht zu werden. Von wesentlich geringerer Bedeutung ist der Verdienst der Bank aus provisionspflichtigen Leistungen, die mit der Kontoführung sich verbinden oder aus Geschäften, zu denen die Geschäftsverbindung mittelbar Anlaß bietet.

Für den Bankkunden bietet das Scheckkonto vor allem Gelegenheit, augenblicklich verfügbare Gelder bei einer verlässigen Hinterlegungsstelle aufbewahren zu lassen. Einen ersten Blick in die Vorteile des neuzeitlichen Bankverkehrs tut man, wenn man sich vergegenwärtigt, wie Tausende von Kaufleuten und Handelsgesellschaften, die solche Mittel unter tunlichster Beschränkung ihrer Kassenbestände bei einer vertrauenswürdigen Bank hinterlegen, sich der Sorge für deren Sicherheit gegen Diebstahl oder Zerstörung, insbesondere durch Feuer, entschlagen können, daneben auch der Sorge für ihren persönlichen Schutz gegen Beraubung. Die Verzinslichkeit der Scheckguthaben bewirkt dabei, daß sie, insolange sie nicht im Geschäfte mitarbeitend verwertet werden können, doch einen mäßigen Nutzen erbringen. Daß beide Umstände wieder zum Sparen anregen, also auch die Kapitalbildung fördern, bedarf keiner Ausführung. Man halte zum Vergleich nur eine Kulturstufe gegenüber, in der nicht auch kleine Beträge jederzeit ausgenutzt werden können oder in der gar alles Erworbene gefährdet ist, so daß es das Klügste ist, was man nicht vergraben kann, möglichst rasch zu verzehren. Und nicht nur für das Geschäftsleben im engeren Sinne ist der Scheckverkehr da, auch Guts- und andere Verwaltungen, Ärzte, Rechtsanwälte, Notare, Vereine und Gesellschaften, Körperschaften, Klöster bedienen sich seiner, kurz jeder, dessen Wirtschaft die gleichen Voraussetzungen aufweist; öffentliche und private Beamte lassen sich ihr Gehalt einem Scheckkonto überweisen, um dann darüber nach Bedarf zu verfügen. Am 31. Dezember 1913 betrugen die bei den deutschen Banken unterhaltenen Guthaben insgesamt rund 8 Milliarden Mark. Der volkswirtschaftliche Nutzen der Einrichtung erhöht sich dadurch, daß die Bank die fremden Gelder wieder der volkswirtschaftlichen Produktion zuführt. Die Bank als Mittelglied sammelt die kleinen Kapitalteilbeträge, die beim Einzelnen brach liegen würden, und führt sie dem Handel, der Industrie und dem Gewerbe in der Form von Kreditierungen wieder zu. Und je mehr Kapitalien in der Form von Depositengeldern den Banken zugeführt werden, umsomehr bewirkt dies ein Sinken des Zinsfußes, zu um so billigeren Sätzen also können die Banken der Produktion Mittel zur Verfügung stellen.

Dazu kommt nun noch die Verwendung des Schecks, die so wichtig ist, daß sie der Einrichtung den Namen gegeben hat. Der Vorteil, den die bequeme Form bietet, ist schon hervorgehoben. Der wesentliche volkswirtschaftliche Nutzen des Schecks ist aber der, daß er die Barzahlung ersetzt. Dies tut er jedoch nur, wenn er nicht vom Kontoinhaber für eigene Erhebungen benutzt wird, denn dann dient er bloß als Quittung, oder wenn der Dritte, der ihn vom Kontoinhaber erhält, ihn sich bar auszahlen läßt; in diesen Fällen liegen die anderen Vorteile des Scheckverkehrs vor, eine Barzahlung wird aber nicht erspart; wenn auch die Einzahlung auf das Konto in bar erfolgte, wird im ersteren Falle zweimal, im letzteren einmal mehr gezahlt als für den Enderfolg notwendig. Die Ersparung einer Barzahlung tritt erst ein, wenn die Bank auch an den Dritten, an welchen der Kontoinhaber zahlen soll, nicht bar zu zahlen braucht, was regelmäßig nur der Fall ist, wenn dieser Dritte ein Bankkonto hat, dem der Betrag des Schecks gutgeschrieben werden kann; denn die Fälle, da der Scheck vom Dritten an einen, dem er wieder zu zahlen hat, weiter begeben werden kann, sind schon wegen der Unterschiede im Betrage der zu zahlenden Geldsumme seltener; allerdings kann zum Ausgleich aufgezahlt werden. Damit der Scheck seine wohltätigen Wirkungen im vollen Umfange äußern kann, ist es also notwendig, daß möglichst viele ein Konto bei einer Bank haben. Daß der Zahlungsempfänger auch ein Konto habe, muß dem Zahlungspflichtigen aber auch bekannt werden. Dann kann er sich eines Verrechnungsschecks bedienen, dessen Vorteile oben hervorgehoben sind. Aus diesem Grunde ist es notwendig und üblich, daß auf Briefen, Rechnungen, Fakturen usw. das Bankkonto des Geschäftsmannes angegeben wird. Sind die beiden Konten bei derselben Bank, so genügt ein Übertrag bei der Bank. Für den anderen Fall ist insbesondere das Abrechnungsverfahren vorgesehen, durch welches das Schecksystem gekrönt wird. Die ersten Banken und Bankhäuser an großen Handelsplätzen vereinigen sich nämlich unter Mitwirkung und Leitung der Reichsbank in deren Gebäude zu Abrechnungsstellen, in welchen sie bei täglichen Zusammenkünften die bei ihnen einlaufenden Schecks und andere Zahlungspapiere austauschen und verrechnen; bei sämtlichen Abrechnungsstellen der Reichsbank wurden im Jahre 1913 im ganzen 73½ Milliarden Mark Einlieferungen, — also nicht nur Schecks — abgerechnet. Andere Abrechnungsstellen als die von der Reichsbank ins Leben gerufenen treten an Bedeutung hinter ihnen ohne Vergleich zurück.

Das Bankschecksystem wird als Einrichtung zur Ersparung von Barzahlungen durch den Postscheckverkehr ergänzt, während ihm das System der Überweisungen, das hauptsächlich für den Großverkehr von Bedeutung ist und insbesondere von der Reichsbank in deren Giroverkehr in mustergültiger Weise gepflegt wird, an die Seite tritt, ja es als Mittel bargeldloser Zahlung in verschiedenen Beziehungen übertrifft; seine Anwendung setzt aber natürlich voraus, daß jeder Beteiligte ein Bankkonto hat, erfordert also gerade zunächst die tunlichste Pflege des Scheckverkehrs, der in Deutschland trotz aller Bemühungen immer noch zu wenig entwickelt ist, besonders im Vergleich zu England und Amerika. Mit dem Postscheckverkehr ist ein Überweisungsverkehr verbunden. Um die Verwendung von Schecks für Zahlungen nach auswärts zu erleichtern, sind die Scheckverbände gegründet, um aber das Ziel bargeldloser Zahlung in solchen Fällen zu erreichen, müssen noch Überweisungen mithelfen, wenn nicht die beteiligten Banken mit einander in Rechnung stehen, in welchem Falle regelmäßig ein Übertrag von einem Konto zum andern genügt. Zur Unterstützung des bargeldlosen Verkehrs berechnen die Banken für Überweisungen und Einzahlungen auf Postscheckkonto und für Überweisungen von denselben keine Gebühren.

Worin besteht nun der Nutzen des Ersatzes der Barzahlung? Das Zählen, Wägen, Prüfen, Verpacken, Versenden von Bargeld wie von Banknoten erfordert Zeit, Mühe und Kosten. Verluste durch Verzählen, durch Annahme falschen und entwerteten Geldes, durch Unterschlagung, Verbrennen oder sonstige Zerstörung und Beraubung der Sendungen und der notwendigerweise zu unterhaltenden Bestände sind dabei möglich. Die von Hand zu Hand gehenden Münzen werden abgenutzt. Eine Buchung und ihre Veranlassung durch Hingabe oder Versendung eines Schecks ist ein unvergleichlich vollkommeneres Mittel, denselben Erfolg herzustellen. Auch ist der Nachweis der Zahlung aus den Belegen und Büchern der Bank jederzeit leicht zu liefern, das Aufbewahren einer Quittung über einen so beglichenen Betrag also unnötig. Und weiter: Der Vorrat an Umlaufmitteln ist nicht beliebig vermehrbar, die außerordentliche Entwicklung von Handel und Verkehr in unserer Zeit hat aber die Umsätze derartig gesteigert, daß sie ohne Bargeld ersparende Zahlungsweisen sich überhaupt nicht mehr bewältigen ließen.

Insoweit das Scheck- und Überweisungssystem noch bare Auszahlungen notwendig macht, überläßt es sie tunlichst den Banken und der Post, deren Kassenbeamte, darin geschult, die hervorgehobenen Mängel und Gefahren des Auszahlungsgeschäfts soviel als möglich vermeiden.

Im täglichen Kleinverkehr soll natürlich der Gebrauch des Bargelds überhaupt nicht vermieden werden.

Vom Scheckverkehr aus findet der Kaufmann Gelegenheit, im Bedarfsfalle sich auch der übrigen Vorteile zu bedienen, die ihm das Bankwesen bietet. An sich schon hat aber der Scheckverkehr durch Gewöhnung an Ordnung und wirtschaftliches Verfahren auf viele eine erzieherische Wirkung.

Kassenscheine.

In verschiedenen Teilen Deutschlands werden von den Banken Kassenscheine ausgestellt, worin über eine bestimmte eingezahlte Summe quittiert und deren Rückzahlung zugesichert wird, selten jederzeit ohne Kündigungsfrist, meist an einem bestimmten Tage oder nach ein- oder mehrmonatiger, beiden Teilen jederzeit freistehender Kündigung. Der Kassenschein enthält ferner den vereinbarten Zinssatz und die Vertragsbedingungen, wenn diese nicht in einer eigenen Urkunde anerkannt werden. Die Forderung gegen die Bank kann an einen anderen abgetreten werden, wofür sich der auszufüllende Vordruck ebenso wie der für die Quittung über den Rückempfang auf der Rückseite des Scheins befindet. Wenn der Kassenschein die Orderklausel enthält, kann er auch durch Indossament übertragen werden. Die Bank zahlt den eingelegten Betrag nebst Zinsen nach Abzug etwaiger Auslagen nur zurück gegen Rückgabe des gehörig abquittierten Kassenscheines. Meist wird ausbedungen, daß die Bank die Einlage an jeden Inhaber des Scheines auszahlen darf, wenn ihr dieser abquittiert mit dem Namen des Einlegers oder desjenigen, an den er laut Vermerks übertragen ist, zur Rückzahlung vorgelegt wird, und daß sie zur Prüfung der Legitimation des Überbringers und der Echtheit der Unterschriften zwar berechtigt, aber nicht verpflichtet ist. Ohne das Kapital werden Zinsen nur jeweils bis zum vorausgegangenen Kalenderjahres- oder Halbjahresende ausgezahlt. Die Zinszahlung wird auf dem Kassenschein von der Bank vermerkt.

Einlagebücher.

Von manchen Banken werden auch auf Namen des Einlegers lautende Einlagebücher ausgegeben. Für diese Guthaben gilt im wesentlichen das gleiche wie für Kassenscheinguthaben. Nur kann darüber bloß durch Barabhebung oder durch Überschreibung auf ein anderes, dem Einleger bei der Bank eröffnetes Konto, also nicht auch durch Überweisung an Dritte verfügt werden und die Abtretung der Ansprüche gegen die Bank wird in der Regel nicht zugelassen. Alle Einzahlungen, Abhebungen und sonstigen Veränderungen des Einlagekontostandes werden in das Einlagebuch von der Bank, niemals durch den Einleger, eingetragen, und diese Eintragungen bilden einen für beide Teile rechtsverbindlichen Ausweis des Kontostandes.

In wirtschaftlicher Beziehung kann hinsichtlich der Kassenscheine und der Einlagebücher, abgesehen von dem, was die Scheckverwendung anbelangt, im wesentlichen auf das vorhin Gesagte verwiesen werden. Der Einlagebücher bedienen sich meist kleine Leute, Dienstboten, Arbeiter usw.; es ist dies ein Zweig des Bankwesens, der sich in seinem Charakter dem Sparkassenwesen nähert.

Insoweit

Mündelvermögen

zur Bestreitung von Ausgaben bereit zu halten ist, kann der Vormund es, ohne durch besondere Vorschriften gebunden zu sein, bei einer Bank auf Scheckkonto, Kassenschein oder ein Einlagebuch einzahlen und wieder abheben. Andernfalls hat er es verzinslich anzulegen, und zwar, wenn die Anlegung den Umständen nach nicht in einer der vom Gesetz zunächst vorgeschriebenen Arten erfolgen kann, bei einer Staatsbank — der Preußischen Seehandlung und der Bayer. Staatsbank — oder einer durch Landesgesetz dazu für geeignet erklärten inländischen Bank — in Preußen verschiedene Banken, in Bayern bisher keine Privatbank —, im übrigen in den gleichen Formen, also auf Scheckkonto usw., mit der Bestimmung, daß zur Erhebung des Geldes die Genehmigung des Gegenvormundes oder des Vormundschaftsgerichtes erforderlich ist.

Der Scheckverkehr von Gemeinden, Kirchengemeinden und Stiftungen.

Dieser hat nur das besondere, daß die vorgesetzten Verwaltungsbehörden bestimmen, mit welchen Banken er zulässig sein soll, und daß die Bedingungen dafür ihrer Genehmigung vorbehalten bleiben.

Wer

Zahlungen im Ausland

zu machen hat, kann sich bei der Reichsbank oder einer anderen Bank einen Wechsel oder einen Scheck auf das Ausland verschaffen. Einfacher und jetzt üblicher ist es, bei einer inländischen Bank eine sogenannte Auszahlung zu kaufen, wodurch die benötigte Summe bei einer Bank des auswärtigen Platzes in der dortigen Währung dem Empfangsberechtigten zur Verfügung gestellt wird. Zur Ausdehnung des Postscheckverkehrs über die Grenzen eines Landes hinaus sind aussichtsvolle Anfänge gemacht. Auf Grund eines Guthabens kann man sich bei seiner Bank einen Kreditbrief ausstellen lassen und darauf im Ausland Geld in der dortigen Währung erheben.

2. Das Depotgeschäft.

Die jährliche Zunahme des Bestandes an Wertpapieren in Deutschland betrug in den letzten Jahren vor dem Weltkrieg nahezu 3 Milliarden Mark. Alle diese Wertpapiere müssen verwahrt und verwaltet werden. Verwahrung und Verwaltung werden in weitem Umfange bei den Banken und durch die Banken als Gegenstand ihres Depotgeschäftes wahrgenommen. Dieses tritt auf in drei Formen, als offenes Depot, als verschlossenes Depot und als Schrankfachmiete. Weitaus von größter Bedeutung ist die erste Form, welche im Gegensatz zu den beiden anderen den Banken außer der Verwahrung auch die Verwaltung der Wertpapiere überträgt.

Zur sicheren Aufbewahrung der Wertpapiere befindet sich bei jeder größeren Bank eine sogenannte Stahlkammer, welche, auf allen Seiten von Mauern aus Beton und Stahl umgeben, mit Türen versehen, die alle Erfahrungen der modernen Technik berücksichtigen, und nachts bewacht, den denkbar größten Schutz gegen Beraubung und gegen Feuersgefahr bietet. Sie ist meist unter den Räumen, wo die Kundschaft verkehrt, und ist dieser nicht zugänglich. Der Eintritt ist nur einigen wenigen besonders vertrauenswürdigen Beamten gestattet, welche darin zu arbeiten haben. Anschließend an die Stahlkammer befinden sich Arbeitsräume, in welchen die zur Depotverwaltung gehörigen Arbeiten verrichtet werden. Der Verkehr mit der Kundschaft vollzieht sich an den Schaltern im Kassenhof. Dagegen ist für die Schrankfachmieter der Raum zugänglich, in dem sich die Schrankfächer befinden, entweder eine eigene Stahlkammer oder ein abgetrennter Teil der gemeinsamen Stahlkammer. Nahe dabei sind Räumlichkeiten, in welche die Schrankfachmieter ihre Wertsachen mitnehmen und wo sie Zinsscheine abschneiden und andere Verwaltungsarbeiten vornehmen können, insbesondere auch verschließbare Kabinen zum ungestörten Aufenthalt, Telephon und andere Bequemlichkeiten.

Der Kunde, welcher mit einer Bank in Depotverkehr tritt, hat zunächst die maßgebenden Bestimmungen als für ihn verbindlich anzuerkennen.

Offene Depots.

Als offene Depots werden Wertpapiere, Hypothekenbriefe und andere Urkunden, die der Bank unverschlossen übergeben werden, angenommen. Die Bank hat abgesehen von dem Falle einer anderen Vereinbarung und dem, daß sie ihr Pfandrecht ausübt, keinerlei Befugnis, über die Depots zu verfügen; der Hinterleger hat vielmehr das Recht darauf, dieselben Stücke zurückzuerhalten, die er übergibt. Die Bank haftet für sichere und getreue Aufbewahrung, jedoch nicht für höhere Gewalt. Die Verwaltung, welche die Bank übernimmt, erstreckt sich auf die Abtrennung und den Einzug fälliger Zins- und Gewinnanteilscheine, die Überwachung der Auslosungen, Kündigungen und Konvertierungen, den Einzug zur Rückzahlung gelangender Wertpapiere, die Beschaffung neuer Zins- und Gewinnanteilbogen und den Umtausch von Zwischenscheinen in endgültige Stücke, auf Antrag des Hinterlegers, der darüber von der Bank befragt zu werden pflegt, auch die Besorgung von Konvertierungen und Aktienzusammenlegungen, die Anmeldung von Aktien zu den Generalversammlungen, die Versicherung gegen Amortisationsziehungen und, wenn die nötigen Geldbeträge eingezahlt sind, auch die Ausübung von Bezugsrechten und die Besorgung von Einzahlungen auf nicht vollbezahlte Stücke, endlich die Entgegennahme von einmaligen oder ständig wiederkehrenden Barzahlungen, z. B. von Hypothekenkapitalien und -Zinsen. Jedem Hinterleger wird von der Bank ein provisionsfreies Konto mit Zinsvergütung, gewöhnlich Depositenscheckkonto genannt, eröffnet, worauf die fälligen Zins- und Gewinnanteilscheine der hinterlegten Wertpapiere, der Betrag der gekündigten und verlosten Stücke und andere Eingänge gutgebracht, andrerseits Barerhebungen sowie die Gebühren und Auslagen belastet werden; für dieses Konto sind die Bestimmungen für den Scheckverkehr maßgebend. Üblicherweise werden die Zinsscheine von Rentenpapieren etwa zwei Wochen vor Verfall eingelöst und dementsprechend von den Banken den Hinterlegern gutgebracht. Für die Aufbewahrung und Verwaltung werden kleine, regelmäßig nach dem Nennwerte berechnete Gebühren erhoben, für einzelne Verwaltungshandlungen, die größere Mühe machen und für besondere Dienstleistungen, wie die Anfertigung von Nummernverzeichnissen, Wert- und Rentabilitätsberechnungen, dann die Ausstellung von Reisekreditbriefen, entsprechende Spesen. Jedem Hinterleger wird gegen Einreichung eines unterschriebenen Depotantrags ein Depotschein ausgehändigt, welcher auf seinen Namen lautet und nicht übertragbar ist; in demselben werden die hinterlegten Wertpapiere nach Gattung, Nennwert, Nummern oder sonstigen Unterscheidungsmerkmalen eingetragen und Veränderungen im Depot nachgetragen. Der Hinterleger ist berechtigt, jederzeit die sofortige Wiederaushändigung seines Depots zu verlangen, jedoch nur gegen Rückgabe des abquittierten Depotscheines oder, wenn dieser abhanden gekommen oder vernichtet ist, nach Kraftloserklärung desselben. Gewöhnlich wird ausbedungen, daß die Bank berechtigt, aber nicht verpflichtet ist, die Legitimation des Inhabers des Depotscheines sowie die Gültigkeit und Echtheit der Quittung zu prüfen. Bei den norddeutschen Banken ist es üblich, daß die Annahme der Wertpapiere von der Einreichung zweier mit den Nummern und sonstigen Unterscheidungsmerkmalen der Stücke versehenen Verzeichnisse abhängig gemacht wird, wovon das eine dem Einlieferer mit Quittung zurückgegeben wird. Nach dem Tode des Hinterlegers wird das Depot an die Erben hinausgegeben, welche sich entsprechend, regelmäßig durch den Erbschein, ausweisen; hiebei kann der Bank ein auf das Depot beschränkter Erbschein genügen. Die Bank kann aber vom Hinterleger auch rechtswirksam beauftragt werden, sein Depot und sein Guthaben nach seinem Tode an einen bestimmten Dritten auszuliefern.

Zwischen der Bank und ihrer Kundschaft besteht ein Vertrauensverhältnis, das die Leitung und sämtliche Beamte der Bank verpflichtet, über den gesamten Geschäftsverkehr mit den Kunden und über alles, was sie von deren Vermögensverhältnissen in Erfahrung bringen, Stillschweigen zu bewahren. Das Gesetz räumt deshalb auch den Organen der Bank das Recht der Zeugnisweigerung im Zivilprozeß ein; der Kunde kann sie aber von der Verpflichtung zur Zeugnisweigerung entbinden. In Steuergesetzen finden sich entsprechende Bestimmungen. Im Strafprozeß dagegen besteht kein Recht der Zeugnisweigerung. Natürlich gilt all dies für jeden Geschäftsverkehr mit einer Bank, praktisch hat es aber im Depotverkehr die größte Bedeutung. Neuerlich sind reichsgesetzliche Ausnahmen vom Bankgeheimnis zugunsten der Finanzbehörden getroffen worden, worüber näheres weiter unten.

Wenn ein offenes Depot eingeliefert wird, so werden die Wertpapiere zunächst in bezug auf ihre Lieferbarkeit, insbesondere daraufhin geprüft, ob die Mäntel und Zins- und Gewinnanteilbogen hinsichtlich der Nummern usw. zusammengehören und ob alle Zins- oder Gewinnanteilscheine, insbesondere der letzte, vorhanden sind, dann ob die Stücke nicht zu sehr beschädigt sind. Des weiteren wird an der Hand der bezüglichen Veröffentlichungen festgestellt, ob die Effekten nicht für kraftlos erklärt oder zum Zwecke der

Kraftloserklärung aufgeboten, dann ob sie nicht als gestohlen gemeldet sind. Auch ob die eingehenden Wertpapiere nicht bereits verlost sind, ist nachzusehen. Wenn sich in einer dieser Beziehungen ein Anstand ergibt, wird der Kunde benachrichtigt und im Einverständnis mit ihm das nach Lage der Sache in seinem Interesse Nötige getan. Jedes Depot wird in das sogenannte Depotbuch eingetragen; darin sind jedem Hinterleger so viele Seiten als nötig gewidmet und dort werden seine hinterlegten Wertpapiere genau nach Gattung, Reihe usw. verzeichnet. Änderungen im Bestand werden durch Zu- oder Abschreibungen vermerkt. Neben diesen nach den Kunden eingerichteten Büchern werden Verzeichnisse aller bei der Bank zur Hinterlegung kommenden Wertpapiere nach Gattungen geführt, in sogenannten Nummernbüchern oder auf losen Blättern, welche nach der Gattung der Wertpapiere in Mappen oder Schachteln vereinigt werden; die Effekten werden hier ebenfalls genau verzeichnet und dabei die Namen der Hinterleger angegeben; aus diesen Verzeichnissen läßt sich jedes Wertpapier feststellen, das je an die Bank gekommen ist, sowie der Eingangs- und der Ausgangstag, der Einreicher und der Empfänger. Banken, welche keine Depotscheine erteilen, leiten ihren Deponenten jeweils mit den Auszügen der Depositenscheckkonten Verzeichnisse der hinterliegenden Wertpapiere zur Anerkennung der Richtigkeit und Vollständigkeit zu.

Wegen des tatsächlichen Zusammenhangs muß schon hier die Kreditgewährung der Banken, insoweit sie das Depotwesen betrifft, betrachtet werden und zwar zunächst

das Lombardgeschäft.

Dieses besteht in der Gewährung eines verzinslichen Darlehens gegen ein Pfand, hier gegen Wertpapiere. Das Darlehen wird regelmäßig auf ein bis drei Monate gewährt, kann aber verlängert werden. Als Zinsfuß wird meistens der zur Zeit des Vertragsschlusses geltende Lombardsatz der Reichsbank vereinbart. Der Zins ist im voraus zu entrichten. Über den Vertragsschluß werden auf Formularien der Bank zwei Urkunden ausgestellt, welche alle Änderungen an der Schuld und dem Pfande, insbesondere die Zinszahlungen und die Abtrennung von Zins- und Gewinnanteilscheinen ausweisen, vom Darlehensnehmer für die Bank das Schuldbekenntnis nebst Pfandbestellung, von der Bank für den Schuldner der Pfandschein, enthaltend insbesondere die Bestätigung der Bank über den Empfang der verpfändeten Wertpapiere. Nach Rückzahlung des Darlehens ist der Pfandschein, versehen mit der Quittung über den Rückempfang der Wertpapiere, der Bank zurückzugeben. Für den Fall, daß die Wertpapiere um einen bestimmten Prozentsatz gegen den

Kurs des Tages der Verpfändung im Werte sinken, hat der Darlehensnehmer auf eine Aufforderung der Bank hin nach seiner Wahl entweder entsprechende Depotverstärkung oder Teilabzahlung zu leisten. Wird das Darlehen nicht rechtzeitig zurückbezahlt oder der Aufforderung der Bank, das Depot zu verstärken oder eine Teilzahlung zu leisten, nicht entsprochen, so kann die Bank sich aus dem Pfande für ihre Forderung an Hauptsache, Zinsen und Kosten befriedigen, was mittels freihändigen Verkaufs durch einen Kursmakler zum laufenden Kurs geschieht. Hierfür pflegen sich die Banken im Lombardvertrag, insoweit dies das Gesetz zuläßt, von der Beobachtung von Fristen und Förmlichkeiten befreien zu lassen. Auch lassen sich die Banken regelmäßig ermächtigen, das Depot — oder nach dessen Verkauf den Überschuß — jedem Inhaber des abquittierten Pfandscheines gegen Zahlung des Vorschusses auszuliefern, ohne daß sie verpflichtet wären, die Echtheit der Quittungen und die Legitimation des Überbringers zu prüfen. Bei den durch Lombardvertrag verpfändeten Wertpapieren übernimmt die Bank keine Verbindlichkeit, eine Verwaltungshandlung vorzunehmen, wie sie der Bank nach den Bestimmungen über offene Depots zukommen. Die Höhe der Beleihung richtet sich nach Art und Güte der Pfänder: Im allgemeinen wird bei Staatspapieren, städtischen und sonstigen Gemeindeanleihen, dann mündelsicheren Pfandbriefen bis zu 90 % des Kurswertes gegangen; andere festverzinsliche Werte, insbesondere ausländische, ferner Aktien, werden nur mit Auswahl mit 60—80 % belehnt; auf nicht notierte Werte wird kein Lombarddarlehen gegeben.

Das Lombardgeschäft gehört zu den sogenannten einmaligen Geschäften; das sind solche, die an sich keine dauernde Verbindung herbeiführen, welche sich durch eine Rechnungsführung ausdrückt, worin ein Umsatz gebucht wird. Nach dem Gesamtbetrage der Lombarddarlehen bei den deutschen Banken hat das Lombardgeschäft verhältnismäßig eine geringe Bedeutung. Es dient meist dem Konsumtionskredit, indem kleine Kapitalisten, die vorübergehend eine Barsumme benötigen, sich diese so verschaffen. Im Verkehr zwischen den Banken, insbesondere mit der Reichsbank, werden auch Lombardverträge meist auf ganz kurze Zeit über hohe Beträge abgeschlossen. Im uneigentlichen Sinne spricht man auch von Lombardierung in Fällen, in welchen Kredit gegen Wertpapierverpfändung gegeben wird, ohne daß dies in der Form des Lombardgeschäftes geschieht.

Die von alters üblichen Bedingungen des Lombardgeschäftes sind übertragen auf

die Belehnung von offenen Depots,

jedoch mit Abweichungen. Auch für solche Vorschüsse bedingen sich die Banken aus, daß der Hinterleger die Sicherheit zu verstärken oder eine bare Anschaffung zu machen hat, wenn die Deckung nicht mehr ausreicht, gewöhnlich aber in der Weise, daß es ins freie Ermessen der Bank gestellt ist zu bestimmen, ob der Debetsaldo des Depositenscheckkontos durch den augenblicklichen Wert des Depots noch genügend gedeckt ist oder nicht, unter Berücksichtigung einer entsprechenden Spannung. Kommt der Kunde der Aufforderung nicht umgehend nach, allenfalls innerhalb einer ihm gesetzten Frist — denn zum Unterschied vom Lombardgeschäft wird hier regelmäßig ausbedungen, daß die jederzeitige Rückzahlung ohne Fristgewährung verlangt werden kann — oder begleicht er nach Kündigung des Kontos durch die Bank nicht rechtzeitig seine Schuld, so gerät der Kunde nach den üblichen Vertragsbestimmungen in Verzug und die Bank ist berechtigt, sich durch Verkauf ihrer Pfänder bezahlt zu machen, in gleicher Weise wie beim Lombardgeschäft unter tunlichster Befreiung von Fristen und Förmlichkeiten. Im übrigen werden Zinsen — regelmäßig auf Grund des Reichsbanklombardsatzes — und allenfalls Provision, dann Porto und sonstige Kosten nur am Jahres- oder Halbjahresende oder bei Abhebung des Depots und Auflösung der Rechnung belastet. Die Höhe der Beleihung richtet sich im allgemeinen nach den gleichen Grundsätzen wie beim Lombarddarlehen. Ausländische Wertpapiere ohne deutschen Effektenstempel dürfen in offenes Depot genommen, aber nicht belehnt werden.

Das Depotgesetz.

Da viele Bankiers nicht die Mittel haben, die von ihren Depotkunden gewünschten Vorschüsse selbst zu bezahlen, zumal gar mancher Kunde seine Papiere nur „mit Einschuß" kauft, hat sich die Sitte herausgebildet, daß Bankiers, besonders solche an Plätzen, wo keine Effektenbörse ist, sogen. „Provinz- oder Lokal-Bankiers", die Depots ihrer Kunden an Banken oder Bankiers an Börsenplätzen, „Zentralbankiers" genannt, weiterverpfänden, um sich ihrerseits darauf die nötigen Vorschüsse zu verschaffen. Zu Anfang der 90er Jahre des vorigen Jahrhunderts zeigten eine Reihe von Bankbrüchen von Bankiers verschiedene Mißstände auf diesem Gebiet. Um denselben tunlichst zu begegnen, ist am 5. Juli 1896 das Reichsgesetz, betreffend die Pflichten der Kaufleute bei Aufbewahrung fremder Wertpapiere ergangen, gewöhnlich kurz genannt Depotgesetz. Die Banken und Bankiers sind darnach verpflichtet, Wertpapiere außer Banknoten und Papiergeld, die ihnen unverschlossen zur Verwahrung oder als Pfand übergeben sind, — vorbehaltlich vorzunehmender Verfügungen oder Verwaltungshandlungen im Interesse des Hinterlegers — unter äußerlich erkennbarer Bezeichnung des Hinterlegers gesondert von ihren eigenen Beständen und von denen Dritter aufzubewahren und die Papiere in einem Handelsbuch — nach dem Obigen dem Depotbuch — nach Gattung, Nennwert, Nummern oder sonstigen Unterscheidungsmerkmalen der Stücke einzutragen; der Eintragung steht die Bezugnahme auf Verzeichnisse gleich, welche neben dem Depotbuch geführt werden. Die Aufbewahrung geschieht entweder in der Art, daß sämtliche Wertpapiere eines Hinterlegers vereinigt in einem Umschlag liegen, oder in der Art, daß alle gleichartigen Wertpapiere vereinigt, die einem Eigentümer gehörigen aber wieder in besondere Umschläge gelegt sind; die Umschläge müssen immer den Namen des Eigentümers tragen. Beide Arten, schon früher üblich, entsprechen dem Gesetz und jede hat ihre Vorzüge: erstere macht die jederzeitige sofortige Rückgabe möglich, letztere erleichtert die Verwaltung. Die Ermächtigung, an Stelle der Wertpapiere gleichartige zurückzugewähren, befreit von den angegebenen Verpflichtungen; diese Ermächtigung aber ebenso wie die, über die Papiere zum Nutzen des Verwahrers zu verfügen, insbesondere also sie an dessen Bankverbindung am Börsenplatze als Kreditunterlage weiterzuverpfänden, ist, falls nicht der Hinterleger selbst Bankier ist, nur gültig, soweit sie für das einzelne Geschäft ausdrücklich und schriftlich abgegeben wird. Beim Ankauf von Wertpapieren für einen Kunden muß ihm die Bank, soweit die Stücke nicht bereits ausgeliefert oder auftragsgemäß wieder veräußert sind, binnen 3 Tagen von dem Zeitraume an, innerhalb dessen die Bank nach der Erstattung der Ausführungsanzeige die Stücke bei ordnungsmäßigem Geschäftsgange ohne schuldhafte Verzögerung beziehen konnte, ein Verzeichnis derselben mit Angabe der Gattung, des Nennwertes, der Nummern oder sonstiger Unterscheidungsmerkmale übersenden. Spätestens mit der Absendung des Stückeverzeichnisses geht das Eigentum an den Wertpapieren auf den Kunden über, soweit die Bank über die Papiere zu verfügen berechtigt ist. Bezüglich der in ihrem Gewahrsam befindlichen, in das Eigentum des Kunden übergegangenen Wertpapiere hat die Bank die obenbezeichneten Pflichten eines Verwahrers. Für einen Verzicht auf das Stückeverzeichnis gilt das gleiche wie für die vorhin erwähnten Ermächtigungen. Wenn die Bank auftragsgemäß Wertpapiere umtauscht oder ein Bezugsrecht darauf geltend macht, so hat sie binnen zwei Wochen nach dem Empfang der neuen Stücke dem Kunden diese oder das Stückeverzeichnis zu übersenden. Wer im Betrieb seines Handelsgewerbes fremde Wertpapiere einem Dritten zum Zwecke der Aufbewahrung, der Veräußerung, des Umtausches oder des Bezuges von anderen Wertpapieren, Zins- oder Gewinnanteilscheinen ausantwortet, hat hierbei dem Dritten mitzuteilen, daß die Papiere fremde seien. Ebenso hat er, wenn er einen Auftrag zur Anschaffung von Wertpapieren an einen Dritten weitergibt, diesem hierbei mitzuteilen, daß die Anschaffung für fremde Rechnung geschehe. Der Dritte, der eine solche Mitteilung empfangen hat, kann an den Papieren ein Pfand- oder Zurückbehaltungsrecht nur wegen solcher Forderungen an seinen Auftraggeber geltend machen, welche mit Bezug auf diese Papiere entstanden sind. Das Gesetz verfügt gewisse zivilrechtliche Nachteile für die Fälle seiner Nichtbeachtung und enthält am Schlusse noch Strafvorschriften. Wenn das Depotgesetz auch kein Verbrechen verhindern kann, so hat es doch wohltätige Wirkungen; allerdings legalisieren die vorerwähnten, den Bankier von seinen gesetzlichen Verpflichtungen befreienden Erklärungen, wenn formgerecht erteilt, seine Handlungen, auch wenn sie den Kunden schädigen. Um ihr Verfahren auf Grund des Depotgesetzes einheitlich zu regeln und gewissen Schwierigkeiten, die seine Anwendung mit sich bringen könnte, zu entgehen, — es wird nämlich aus praktischen Gründen einer Bank kaum je möglich sein, sich darauf zu berufen, daß auch an fremden Papieren Pfand- und Zurückbehaltungsrechte wegen solcher Forderungen, die mit Bezug auf diese Papiere entstanden sind, geltend gemacht werden können — halten die Berliner Banken auf Grund gemeinsamen Beschlusses daran fest, daß sie für ihre Kunden im laufenden Geschäftsverkehr lediglich zwei Depots führen: dem einen, Depot A, werden diejenigen Effekten einverleibt, welche ihnen nicht als fremde bezeichnet werden, ihnen also in Gemäßheit ihrer Geschäftsbedingungen für alle Forderungen gegen den Kunden haften, dem anderen, Depot B, diejenigen Effekten, die ihnen ausdrücklich als fremde bezeichnet werden; letztere können nicht als Kreditunterlage dienen. Des weiteren: wenn eine Berliner Bank einen Auftrag zum Ankauf von Wertpapieren mit der Erklärung erhält, daß die Anschaffung für fremde Rechnung erfolge, ohne daß zugleich der volle Kaufpreis berichtigt wird, so führt sie ihn nur unter der Bedingung aus, daß sie von der Übersendung des Stückeverzeichnisses befreit ist. Diese Befreiung hat nach der vom Kunden anzuerkennenden Erklärung der Bank zur Folge, daß die angeschafften Effekten von der Bank nicht für den Auftraggeber in Verwahrung und Besitz genommen werden, sondern ihm lediglich auf ihrem Stückekonto ohne Nummernangabe gutgeschrieben, also auf keinem der beiden Depotkonti verbucht werden. Der Auftraggeber erwirbt also lediglich eine Forderung gegen die Bank auf Herausgabe der Stücke gegen

Vollzahlung des Kaufpreises. Ist aber der volle Kaufpreis auf die angeschafften Wertpapiere berichtigt, so wird das Stückeverzeichnis dem Gesetze gemäß übersandt und erfolgt alsdann der Eigentumsübergang auf den Auftraggeber und die Zuführung der Stücke zum Depot B. Endlich verlangen die Berliner Banken, daß ihnen betreffs der unter ihrem Namen für ihre Kunden an ausländischen Plätzen lagernden Effekten und der künftig etwa für dieselben an solchen Plätzen zu kaufenden oder zu empfangenden Effekten die Erklärung erteilt wird, daß dem Kunden an Stelle der ursprünglichen Wertpapiere gleichartige (andere Nummern) zurückgewährt werden dürfen, und daß die Bank für solche Fälle von der Lieferung der Stückeverzeichnisse entbunden wird; für Lose und verlosbare Wertpapiere wird eine Ausnahme gemacht. Die übrigen deutschen Banken müssen sich natürlich, insoweit sie Aufträge an eine Berliner Bank weitergeben, nach diesen Gesichtspunkten richten, sie bringen aber auch ihrerseits ihrer Kundschaft gegenüber im allgemeinen die gleichen Grundsätze zur Anwendung. Diese stellen also, wie man sagen kann, das Verfahren dar, welches die deutschen Banken hinsichtlich der durch das Depotgesetz geregelten Angelegenheiten beobachten. Es bedarf keiner Rechtfertigung, daß dem Einkaufskommissionär nicht zugemutet werden kann, den Kommittenten, der noch nicht bezahlt hat, durch Übersendung eines Stückeverzeichnisses zum Eigentümer zu machen und sich dadurch den Zugriff auf die Papiere zu entziehen. Daß Geschäfte mit dem Auslande behandelt werden, wie angegeben, gründet sich darauf, daß in solchen Fällen die rechtzeitige Nummernbeschaffung unter Umständen Schwierigkeiten macht. Die angegebenen sind aber regelmäßig die einzigen Fälle, in denen wenigstens die größeren Banken sich von der Übersendung des Stückeverzeichnisses befreien und sich die Ermächtigung einräumen lassen, statt der hinterlegten Wertpapiere gleichartige zurückzugewähren. Kleinere Banken und Bankiers, denen kein so großes Betriebskapital zur Steite steht, wie ihre Kundschaft von ihnen in Anspruch nimmt, pflegen sich häufiger oder allgemein von der Übersendung des Stückeverzeichnisses befreien zu lassen. Die Depots, welche nach dem vorhin erläuterten Sprachgebrauche als Depots B anzusehen sind, werden bei der Aufbewahrung wie in den Depotbüchern als solche vermerkt. Die nur auf Stückekonto gutgeschriebenen Effekten werden, wenn bereits bei der Bank vorhanden und für den Kunden bereit gehalten, besonders aufgehoben, im übrigen in der gleichen Weise wie die ins Eigentum der Hinterleger übergegangenen Wertpapiere mit dem Namen des Kunden versehen, durch Beifügung aber des Wortes „Stückekonto“ oder sonstwie als

Bankeigentum gekennzeichnet. Für die Übertragung von Effekten aus Depot B in Depot A und für ihre Veräußerung sowie die Gutschrift des Erlöses zugunsten des Hinterlegers wird auf Grund einer Reichsgerichtsentscheidung gefordert, daß der Bank, bei welcher das Depot ist, jeweils die ausdrückliche Versicherung des Hinterlegers gegeben wird, daß ihm die Berechtigung zu diesen Verfügungen erteilt sei, während dem Verlangen, die Effekten an den Hinterleger zurückzuliefern, ohne weiteres entsprochen werden kann.

Mündeldepots.

Die zum Vermögen eines Mündels gehörenden Inhaberpapiere nebst den Erneuerungsscheinen, ebenso mit Blankoindossament versehene Orderpapiere sind durch den Vormund bei einer Hinterlegungsstelle — in Preußen der Seehandlung und einer Reihe anderer Banken, in Bayern der Staatsbank — oder bei der Reichsbank mit der Bestimmung zu hinterlegen, daß ihre Herausgabe nur mit Genehmigung des Vormundschaftsgerichtes verlangt werden kann. Der Vormund kann die Inhaberpapiere aber auch auf den Namen des Mündels mit der Bestimmung umschreiben lassen, daß er über sie nur mit Genehmigung des Vormundschaftsgerichtes verfügen kann, und sie dann bei einer anderen Bank in Depot geben.

Die Depots von Gemeinden, Kirchengemeinden und Stiftungen.

Für diese Depots behalten sich die Verwaltungsbehörden vor, die Banken zu bestimmen, bei welchen, und die Bedingungen, unter welchen sie errichtet werden dürfen.

Verschlossene Depots.

Als solche werden von den Banken Wertgegenstände, die in Kisten, Paketen, Koffern oder anderen Behältnissen verschlossen übergeben werden, zur Aufbewahrung übernommen. Die Behältnisse dürfen nach den üblichen Vertragsformularien nur Wertpapiere und andere Urkunden, Edelmetalle, Edelsteine und sonstige Wertsachen enthalten; die Nichtbeachtung dieser Bestimmung hat die volle Haftung des Hinterlegers für den dadurch entstandenen Schaden zur Folge. Die Übergabe muß durch den Besitzer selbst im Geschäftslokal der Bank geschehen; dabei muß das genau kenntlich gemachte Depot in Gegenwart des Depotbeamten dergestalt durch den Besitzer verschlossen und versiegelt werden, daß ohne Verletzung eines Siegels nichts herausgenommen werden kann. Dem Hinterleger wird ein Depotschein ausgestellt, hinsichtlich dessen dasselbe gilt wie beim offenen Depot. Die Bank haftet für die sichere und getreue Aufbewahrung, nicht aber für höhere Gewalt und inneren Verderb. Im Falle eines Verlustes wird Ersatz für den nachweisbaren gemeinen Wert der abhandengekommenen Gegenstände geleistet, jedoch nur bis zur Höhe der Summe, die der Hinterleger bei der Hinterlegung als Wert des Depots anzugeben hat. Die Gebühr für die Aufbewahrung wird nach einem bestimmten Satz berechnet, bei umfangreicheren Gegenständen eigens vereinbart. Für die Gebühr sowie für alle übrigen Ansprüche der Bank an den Hinterleger dient ihr das Depot als Faustpfand. Für die Rücknahme sind dieselben Bestimmungen wie für die Rücknahme offener Depots maßgebend.

Die Schrankfachmiete.

Die Banken vermieten in ihren Stahlkammern verschließbare Kassenschrankfächer zur Aufbewahrung von Wertsachen. Diese Fächer stehen derart unter Mitverschluß des Mieters und der Bank, daß sie nur von beiden gemeinschaftlich geöffnet werden können. Jedes Schrankfach enthält einen seiner Größe entsprechenden herausnehmbaren Blechkasten, der zur Aufnahme der Wertsachen dient. Dieser, wie das Schrankfach selbst, kann noch durch eigene, vom Mieter zu beschaffende Vorhängschlösser verschlossen werden. Die Bank verwendet auf die Sicherung und den Verschluß der Stahlkammer wie der Kassenschränke die äußerste Sorgfalt und übernimmt die Haftung für allen durch Vernachlässigung dieser Sorgfalt entstehenden Schaden. Die Gebühren richten sich nach der Größe der Schrankfächer und der Länge der Mietzeit. Hinsichtlich der zugelassenen Gegenstände gilt das gleiche wie für verschlossene Depots. Der Mieter erhält von der Bank zwei Schlüssel für sein Schrankfach. Weitere Schlüssel gleicher Art dürfen nicht vorhanden sein. Bei Verlust auch nur eines Schlüssels ist der Bank sofort Anzeige zu erstatten, damit diese auf Kosten des Mieters das Schloß abändern und neue Schlüssel anfertigen lassen kann. Der Eintritt in die Stahlkammer wird nur dem Mieter oder seinem Vertreter in Begleitung eines Beamten und nur gegen Angabe eines besonderen, zwischen der Bank und dem Mieter vereinbarten Losungswortes gestattet.

In den neueren Reichssteuergesetzen sind den Banken eine Reihe von Verpflichtungen auferlegt, die hauptsächlich das Depotgeschäft angehen:

Nach § 59 des Erbschaftssteuergesetzes vom 10. September 1919 haben die Banken Vermögen eines Erblassers, das sich in ihrem Gewahrsam befindet, und Vermögen, das bei ihnen zur Verfügung des Erblassers hinterlegt ist, binnen einem Monat, nachdem sie von dem Erbfall Kenntnis erlangt haben, der Steuerbehörde anzumelden. Die Ausantwortung darf frühestens eine Woche nach der Anmeldung erfolgen. Nach § 13 der Ausführungsbestimmungen sind in der Anmeldung die Vermögensgegenstände nach Zahl, Gattung und sonstigen Unterscheidungsmerkmalen, Wertpapiere nach dem Nennwert aufzuführen. Bei verschlossenen Depots hat sich die Anmeldung darauf zu beschränken, daß die Verwahrung besteht, bei Schließfächern darauf, daß sie zur Verfügung gestellt sind. Dabei sind die Personen zu bezeichnen, die etwa nach der Bestimmung des Erblassers berechtigt sind, die Ausantwortung des verwahrten Vermögens zu fordern oder das Fach zu öffnen. Soweit eine Bank das Vermögen vor Berichtigung oder Sicherstellung der Nachlaßsteuer in das Ausland brächte, wäre sie nach § 19 des Gesetzes dem Reiche haftbar. Die Erteilung einer über den Tod hinaus gültigen Vollmacht ändert nichts an diesen Vorschriften. Ein Gutachten des Reichsfinanzhofs faßt diese Bestimmungen dahin auf, daß sie sich auch auf Barguthaben beziehen.

§ 189 der Reichsabgabenordnung vom 13. Dezember 1919 verpflichtet Banken und Bankiers wie auch Sparkassen nach dem Stande vom 30. Juni 1919 ein Verzeichnis ihrer inländischen Kunden aufzustellen und dem örtlich zuständigen Finanzamt einzureichen, auch halbjährlich innerhalb dreier Monate Zugänge des Kundenbestandes anzuzeigen. Kunde ist, wer bei der Bank Wertsachen, ein verschlossenes Depot, ein Schließfach, ein Guthaben oder ein laufendes Konto hat. Das Finanzamt kann sich gemäß § 209 des Gesetzes durch Stichproben überzeugen, ob die Angaben steuerpflichtiger Kunden zutreffen. Durch die Verordnung vom 27. Jan. 1920 — RGBl. S. 126 — sind Erleichterungen gewährt worden: darnach kann das Kundenverzeichnis nach dem Stande vom 30. Juni 1919 auf die Kunden beschränkt werden, deren Guthaben an diesem Tage mehr als 3000 M. betragen hat. Zugangsverzeichnisse sind für jedes Jahr bis zum 1. Mai des nächsten Jahres einzureichen und haben alle Kunden zu umfassen, deren Guthaben oder Konto im letzten Geschäftsjahr einen Zinsertrag von mehr als 60 M. aufweist. Kunden, die bei einer Bank Wertsachen, ein verschlossenes Depot oder ein Schließfach haben, sind in das Verzeichnis für den 30. Juni 1919 sämtlich aufzunehmen, in das Zugangsverzeichnis, soweit sie während des abgelaufenen Geschäftsjahres hinzugetreten sind.

Nach § 177 der Reichsabgabenordnung haben ferner Banken wie jeder Dritte den Finanzämtern Auskunft zu erteilen über Tatsachen, die für die Ausübung der Steueraufsicht oder in einem Steuerermittlungsverfahren für die Feststellung von Steueransprüchen von Bedeutung sind. Mit Genehmigung des Landesfinanzamtes für den einzelnen Fall kann das Finanzamt die Beeidigung einer Auskunft verlangen, soll dies aber nur tun, wenn andere Mittel zur Erforschung der Wahrheit nicht vorhanden sind. Wenn das Finanzamt es mit Genehmigung des Landesfinanzamtes verlangt, hat die Bank auch diejenigen Urkunden und Schriftstücke einschließlich der einschlagenden Stellen ihrer Geschäftsbücher zur Einsicht vorzulegen, die sich auf bestimmt zu bezeichnende Rechtsvorgänge beziehen. Unter den gleichen Voraussetzungen hat die Bank Wertsachen vorzulegen, die sie für den Steuerpflichtigen verwahrt, und Einsicht in verschlossene Behältnisse zu gewähren, die sie dem Steuerpflichtigen überlassen hat; doch soll dies nur verlangt werden, wenn erforderlich, um die Wahrheit zu ermitteln, oder wenn Gefahr im Verzug. Die Auskunftspflicht des § 177 ist allgemein beschränkt durch § 209, wonach regelmäßig andere Personen erst dann zu einer Auskunft oder zur Vorlegung von Büchern angehalten werden sollen, wenn die Verhandlungen mit dem Steuerpflichtigen nicht zum Ziele führen oder keinen Erfolg versprechen.

Um Steuerhinterziehungen zu erschweren, verbietet es § 165 der Reichsabgabenordnung, daß jemand auf einen falschen oder erdichteten Namen ein Konto errichten oder Buchungen vornehmen lasse, Wertsachen offen oder verschlossen hinterlege oder verpfände oder sich ein Schließfach geben lasse. Die Banken haben deshalb vor der Errichtung eines Kontos, vor der Annahme von Wertsachen zur Hinterlegung oder Verpfändung und vor der Überlassung eines Schließfaches über die Person des Verfügungsberechtigten sich zu vergewissern. Vor- und Zunahme und Wohnung desselben sind einzutragen, bei Frauen auch der Mädchenname. Stellt sich später heraus, daß das Verbot übertreten ist, so dürfen das Guthaben, die Wertsachen oder der Inhalt des Schließfaches nur mit Zustimmung des Finanzamtes herausgegeben werden; auch sonstige Verfügungen darüber bedürfen dieser Zustimmung. Andernfalls haftet die Bank dem Steuerfiskus.

Auf Grund des Kapitalertragssteuergesetzes vom 29. März 1920 müssen die Banken alle Kapitalerträge, die sie zur Auszahlung bringen oder gutschreiben, um 10 vom Hundert kürzen, insbesondere also die Beträge, mit denen Zins- und Gewinnanteilscheine zur Einlösung kommen, da sie von den Schuldnern derselben oder den diese vertretenden Einlösungsstellen auch nur 90% ersetzt erhalten; die Schuldner haben binnen eines Monats von der Fälligkeit an die 10% an das für sie örtlich zuständige Steueramt abzuliefern. Entsprechend müssen Banken von den Habenzinsen, die sie aus fremden

Geldern zu entrichten haben, 10% einbehalten und an das Steueramt abliefern.

Hieher sind auch die von der Reichsgesetzgebung mit zeitlich beschränkter Gültigkeit getroffenen Maßnahmen gegen die Kapitalflucht zu erwähnen, durch welche insbesondere ein indirekter Depotzwang eingeführt worden ist: eine auf Grund Gesetzes vom 8. September 1919 erlassene Verordnung vom 24. Oktober 1919 verbietet es den Banken und Bankiers, Zinsscheine, Dividendenscheine, ausgeloste, gekündigte oder zur Rückzahlung fällige Stücke von inländischen Wertpapieren von Nicht-Banken oder Nicht-Bankiers zur Einlösung, zur Gutschrift oder zur Beleihung anzunehmen, wenn nicht bei der Bank oder dem Bankier entweder das ganze Wertpapier, also Mantel und Bogen, oder der Zins- oder Gewinnanteilscheinbogen mit dem Erneuerungsschein hinterlegt ist. Die Einlösung, Gutschrift oder Beleihung ist zulässig, wenn der Bank ein Verzeichnis der Wertpapiere nach vorgeschriebenem Muster vorgelegt wird, das mit dem Bestätigungsvermerk des für den Eigentümer der Stücke zuständigen Finanzamtes versehen ist. Für Fälle, wo das Papier oder wo der Eigentümer im Auslande oder wo das Papier im Gewahrsam eines Dritten ist, sind besondere Vorschriften getroffen. Besonders geregelt ist auch der Zahlungs-, Überweisungs- und Effektenverkehr mit dem Auslande und mit Ausländern. Er darf nur durch Banken vorgenommen werden und nur unter bestimmten Voraussetzungen. Maßgebend sind dafür die Verordnung vom 21. November 1918 über Maßnahmen gegen die Kapitalabwanderung in das Ausland, ergänzt durch Verordnung vom 15. Januar 1919, und das Gesetz gegen die Kapitalflucht vom 8. September 1919, dann die ergänzende Verordnung über Maßnahmen gegen die Kapitalflucht vom 14. Januar 1920. Ein neues Gesetz gegen die Kapitalflucht ist in Vorbereitung.

Das Depotwesen führt der Bank eine andere Art von Kundschaft zu als der Scheckverkehr, nicht den Geschäftsmann, sondern den Kapitalisten, der sein Vermögen in Wertpapieren, allenfalls in Hypotheken angelegt hat, der Masse nach natürlich den kleineren Kapitalisten, sei es daß der Kapitalist nur Rentner ist, sei es daß er daneben Einkommen aus einer Berufstätigkeit oder etwa eine Pension bezieht; häufig Witwen und Waisen. Kaufleute gehören zu den Depotkunden für ihr Privatvermögen, wenn dies vom Geschäftsvermögen getrennt ist. Die Regel ist das Offene Depot. Schrankfächer werden gemietet von Leuten, die Kenntnisse und Zeit genug haben, um die Verwaltung ihres Vermögens selbst auszuüben und denen es nur darauf ankommt, ihr Vermögen sicher verwahrt zu sehen. Die Annahme verschlossener Depots durch die Banken ist ein sogenanntes Saisongeschäft: Wenn die Reisezeit beginnt, füllen sich die Stahlkammern der Banken mit Kisten und Koffern, worin Silberzeug und andere Wertsachen enthalten sind; danach leeren sie sich wieder.

Der Bank bringt das Depotgeschäft eine Einnahme an Gebühren, den eigentlichen Depotgebühren und den verschiedenen Gebühren, welche für Nebenarbeiten erhoben werden, eine Einnahme, welche zwar zu amortisierende Anlagekosten und Ausgaben für Personal und Schreibwerk, aber kein Geld-Kapital erfordert, nur durch die Tätigkeit der Bank verdient wird und ihr keinerlei Gefahr bringt, insolange sie nicht durch eine Unregelmäßigkeit oder ein Verbrechen genötigt wird einen Ersatz zu leisten. Mit Rücksicht darauf, daß wie an der Kasse auch bei der Depotverwaltung Unterschlagungen leichter möglich sind als in anderen Abteilungen der Bank, werden wie als Kassebeamte so auch als Depotbeamte besonders vertrauenswürdige Leute verwandt; auch durch besonders häufige Revisionen der Depots suchen sich die Banken tunlichst zu schützen und durch fortlaufende Sicherungsmaßregeln, wie z. B. dadurch daß die Mäntel und die zugehörigen Zins- oder Gewinnanteilscheine je nur verschiedenen Beamten zugänglich sind. Neben den Gebühren gewährt das Depositenscheckkonto der Bank einen Nutzen, wegen dessen auf das bei der Besprechung des Scheckverkehrs Gesagte verwiesen werden kann mit der Maßgabe, daß die Belehnung der Depots gleich wieder Gelegenheit zu entsprechender Anlage der eingehenden Mittel verschafft, vorausgesetzt daß die entsprechende Vorsicht beachtet wird. Ein blühendes Depotgeschäft gibt endlich Gelegenheit zur Belebung des Effektengeschäftes der Bank durch die Aufträge der Depotkunden zum Kauf und Verkauf von Wertpapieren; und zwar bilden die Depotkunden, deren Bedarf nach Anlagemitteln bekannt ist, einen Grundstock von Abnehmern für Werte, an deren Unterbringung die Bank Interesse hat, wie Anleihen, die sie mitübernimmt. Zu dem Verdienste an den Provisionen des Effektengeschäftes treten noch die Bonifikationen, welche von den Emissionsstellen für die Entgegennahme von Zeichnungen oder für die dauernde Unterbringung von Wertpapieren gewährt zu werden pflegen, ferner die üblichen Provisionen für die Einlösung von Zins- und Gewinnanteilscheinen. So klein all diese Beträge im einzelnen sind, so fällt doch ihre Summe ins Gewicht.

Dem Hinterleger und damit der Volkswirtschaft bieten die Einrichtungen des Depotwesens eine Sicherheit für die Bewahrung des in Wertpapieren angelegten Vermögens, wegen welcher alles wiederholt werden könnte, was hinsichtlich der Bewahrung des Vermögens bemerkt wurde, das als Depositengelder auf Scheckkonto eingezahlt wird. Zweierlei ist dem gleich beizufügen: Zum Unterschied vom Vermögen letzterer Art bleiben die Effektendepots im Eigentum des Kunden, ein Verlust an ihnen setzt also einen viel größeren Vertrauensmißbrauch, jedesmal ein Verbrechen voraus und kann in Berücksichtigung der Haftung der Banken in den meisten Fällen praktisch als ausgeschlossen angesehen werden. Ferner sind Effektendepots angelegtes rentebringendes Kapital, das an sich auch zu produktiven Zwecken nicht mehr verzehrt werden soll; der durch die Bankdepoteinrichtungen erreichte hohe Grad der Sicherheit seiner Erhaltung kann also als ein besonderer Ansporn zur Kapitalbildung erscheinen, weil das einmal Ersparte auch wirklich gesichert ist. Die Verwaltung von Effekten kostet nicht nur Zeit und Mühe, sondern setzt mancherlei Kenntnisse voraus, die zum Teil erst durch längere Praxis erworben werden, ferner Hilfsmittel an Literatur, Verlosungslisten, Kurszettel und dergleichen, die dem einzelnen nicht immer ohne weiteres zugänglich sind. Durch das Offene Depot wird die Verwaltung an diejenigen übertragen, welche im Besitz des ganzen notwendigen Materials für die sachgemäße Durchführung und zugleich darin berufsmäßig als Fachleute geschult sind, und diese Übertragung bewirkt so, und zwar gegen geringe Gebühren, daß die Aufwendung von unverhältnismäßig viel Zeit, Mühe und Kosten bei vielen einzelnen erspart und manche Verluste vermieden werden, die durch Versehen Unkundiger entstehen, wie durch das Übersehen von Ziehungen, durch Verjährung und anderes. Der besondere Nutzen des Depositenscheckkontos für den Kunden liegt darin, daß es ein einfaches Mittel bietet, den Anfall der Kapitalerträgnisse mit dem Bedarf in Einklang zu bringen: so werden z. B. viele Gewinnanteilscheine im Frühjahr fällig, die Kosten der Lebenshaltung laufen das ganze Jahr fort, gewisse Ausgaben sind zu einer bestimmten anderen Zeit zu machen, bis zum Verbrauch werden die gutgeschriebenen Erträgnisse erhalten und verzinst. Ebenso dient das Konto dem Zwecke, wenn dem Kunden nötig, unter Aufnahme eines Vorschusses kommende Einnahmen zur Bezahlung einer vorher zu machenden Ausgabe zu verwenden. Daß dem Nutzen jedes Kredites aber auch Gefahren gegenüberstehen, ist bekannt: Die Möglichkeit, jederzeit ein Darlehen auf seinen Effektenbesitz aufzunehmen, verführt manchen dazu, der in der Folge das Darlehen aus Eingängen nicht wieder abdecken kann; so werden nicht selten Darlehen fortgeschleppt und verzinst, häufig höher als das Erträgnis aus den verpfändeten Effekten ist, und der Hinterleger wird sich nicht darüber klar, daß ein Teil seines Vermögens verloren ist, betrachtet sich nach wie vor als Besitzer des ganzen Vermögens und lebt dementsprechend. Wenn Effektenvermögen aufgezehrt wird, so vollzieht sich dies der Form nach meist durch Lombardierung. Wer Wertpapiere hat, sollte Vorschüsse darauf nur aufnehmen, wenn er bestimmt damit rechnen kann, daß er sie wieder abzahlt, hat er aber Darlehen aufgenommen, die ihm zurückzuzahlen nicht möglich wird, dann wird es meist richtiger sein, den verbrauchten Teil des Depots zu verkaufen, außer die Zeitverhältnisse für einen Verkauf von teurer erworbenen Papieren scheinen nur vorübergehend besonders ungünstig zu sein. Es ist eine schöne Aufgabe der Depotverwalter, ihre Kunden vor Fehlern in diesen Dingen zu bewahren. Freilich werden von ihnen öfter Ratschläge für den Ankauf und Verkauf von Wertpapieren verlangt. Da aber niemand die Zukunft kennt, heißt es hierbei besondere Vorsicht üben. Das Abraten von anscheinend falschen Schritten ist leichter, als das Empfehlen von etwas, was der Kunde noch nicht beabsichtigte. Die Banken pflegen in ihren Bedingungen jede Haftung für Rat und Empfehlung abzulehnen; sie haften dann nur für ein arglistiges Verhalten ihrer Vertreter. Dank verdienen die Depotverwalter auch — allerdings ohne ihn immer zu ernten —, indem sie gewisse allgemeine Klugheitsregeln in Erinnerung bringen, welche die Praxis bewährt hat, wie daß man nicht zuviel von einer Gattung von Effekten haben, daß man etwa die Hälfte seines Effektenvermögens in ganz sicheren, festverzinslichen Werten anlegen soll und dergleichen. Ein gutes Werk tun die Banken besonders, wenn sie die Neigung des Publikums zum Spekulieren nach Kräften zurückhalten. Ein Depotverwalter, dessen Urteil und Freundschaft bewährt ist, wird oft als Berater für die ganze Wirtschaftsführung des Kunden herangezogen.

3. Der Effektenhandel.

Wenn Wertpapiere emittiert sind, so brauchen sie nicht beim ersten Erwerber zu bleiben. Dieser will unter Umständen verkaufen, ein anderer kaufen und vielleicht später wieder verkaufen. Die Stelle, wo Angebot und Nachfrage zusammenkommen, ist die Börse. Diese Käufe und Verkäufe an der Börse zu besorgen, ist eine wichtige Aufgabe der Banken und Bankiers — denn der Zutritt zu den Börsen und der Abschluß von Geschäften an denselben ist nicht jedem, wohl aber stets den Banken und Bankiers des Börsenplatzes erlaubt — und die rechtliche Stellung, die sie dabei haben, ist die des Einkaufs- bzw. Verkaufskommissionärs. In vielen Fällen können allerdings die Banken und Bankiers die Effektenaufträge erledigen, ohne an der Börse tätig zu werden; stets aber wird — abgesehen von den Fällen, wo die Vertragsteile sich als Käufer und Verkäufer gegenübertreten — davon ausgegangen, daß die Erledigung an der Börse die normale ist und eine andere nur ihr zulässiger Ersatz. Der Auftrag, ein Wertpapier anzukaufen oder zu verkaufen, wird mündlich oder schriftlich, telephonisch oder telegraphisch erteilt unter Beifügung eines bestimmten Mindest- bzw. Höchstpreises — Limit — oder ohne solche Begrenzung, wie man sagt „bestens". Schriftliche Bestätigung des anders erteilten Auftrags ist die Regel, wenn die Ausführung nicht gleich folgt. Nach den Bedingungen der Banken müssen Börsenaufträge in der Regel bei Beginn eines neuen Monats erneuert werden, widrigenfalls sie als erloschen angesehen werden. Telegraphisch und telephonisch gegebene Aufträge gelten als nur für die nächste Börse erteilt. Der Effektenhandel ist diejenige Banktätigkeit, welche auch kleineren Bankiers erlaubt, in Wettbewerb zu treten, so daß er meist deren Hauptgeschäft ausmacht; denn der Effektenhandel erfordert im Vergleich zum Kreditgeschäft kaum Geldkapital und zum Unterschied vom Depotgeschäft auch geringe Anlagekosten.

Für das

Effektenkommissionsgeschäft

sind die Bestimmungen maßgebend, welche das HGB. im Abschnitt über das Kommissionsgeschäft überhaupt — §§ 383 ff. — gibt. Danach ist die Bank verpflichtet, das Geschäft mit der Sorgfalt eines ordentlichen Kaufmanns auszuführen; sie hat hiebei das Interesse des Kommittenten wahrzunehmen und dessen Weisungen zu befolgen. Sie hat dem Kommittenten die erforderlichen Nachrichten zu geben, insbesondere von der Ausführung der Kommission unverzüglich — unter Umständen telegraphisch — Anzeige zu machen. Die Gefahr eines Irrtums in Telegrammen und Telephongesprächen und von Verstümmelungen von Telegrammen trifft nach einer gewöhnlich in den Bankbedingungen enthaltenen Klausel stets den Auftraggeber. Da der Post- und Telegraphenfiskus nach dem Gesetz für ein Verschulden eines Beamten nicht einzustehen hat, kann der Geschädigte für ein solches Versehen sich nur an den Beamten halten. Ihre Bedingungen lassen die Banken von ihren Effektenkunden im vorhinein anerkennen, wenigstens von denen, mit welchen sie in dauernder Geschäftsverbindung stehen. Für telegraphische und telephonische Ausführungsanzeigen der Bank bleibt üblicherweise und nach den meisten Bankbedingungen deren briefliche Bestätigung vorbehalten. Die Bank ist verpflichtet, dem Kommittenten über das Geschäft Rechenschaft abzulegen und ihm dasjenige herauszugeben, was sie aus der Geschäftsbesorgung erlangt hat. Für Auskünfte, Berichte, Ratschläge und Empfehlungen pflegen die Banken eine Haftung abzulehnen; für unerlaubte Handlungen kann natürlich eine Haftung nicht ausgeschlossen werden. Im Zweifel und wenn möglich, ist der Auftrag noch an der Börse des Tags, da er eintrifft, zu erledigen. Für den Fall, daß ein Auftrag an einem Platze auszuführen ist, wo die beauftragte Bank keine Niederlassung hat, sehen die Bankbedingungen gewöhnlich vor, daß sie den Auftrag durch Dritte ausführen lassen kann und nur ein bei der Weitergabe des Auftrags ihr etwa zur Last fallendes Verschulden zu vertreten hat. Die Bankbedingungen legen meist auch fest, daß die Ausführung eines Auftrags zu den jeweils zur Zeit der Ausführung geltenden Bedingungen derjenigen in- oder ausländischen Börse erfolgt, an welcher der Auftrag zur Ausführung gelangt. Erinnerungen gegen Abrechnungen, Aufstellungen und Anzeigen über ausgeführte Geschäfte müssen gewöhnlich vereinbarungsgemäß bei Meidung der Annahme der Genehmigung unverzüglich, nötigenfalls telegraphisch abgesandt werden, Erinnerungen gegen Börsenausführungen sofort nach Eintreffen der Ausführungsanzeige telegraphisch, Erinnerungen wegen unterbliebener Ausführungen von Börsengeschäften ebenfalls telegraphisch an dem Tage, an welchem die betreffenden Kursnotizen erstmals am Wohnsitze des Kunden eintreffen konnten. Handelt die Bank nicht gemäß den Weisungen des Kommittenten, führt sie z. B. den Auftrag überhaupt nicht aus, später als möglich oder an einer anderen

Börse, so ist sie dem Kunden zum Schadensersatz verpflichtet und er braucht das Geschäft nicht für seine Rechnung gelten zu lassen. Doch ist sie nach § 665 BGB., den das HGB. unberührt läßt, berechtigt, von den Weisungen des Auftraggebers abzuweichen, wenn sie den Umständen nach annehmen darf, daß der Kunde bei Kenntnis der Sachlage die Abweichung billigen würde. Sie hat vor der Abweichung dem Auftraggeber Anzeige zu machen und dessen Entschließung abzuwarten, wenn nicht mit dem Aufschub Gefahr verbunden ist. Hat die Bank als Verkaufskommissionär unter dem Limit verkauft, als Einkaufskommissionär über dem Limit gekauft, so muß der Kunde, falls er das Geschäft als nicht für seine Rechnung abgeschlossen zurückweisen will, dies unverzüglich auf die Anzeige von der Ausführung des Geschäftes erklären; andernfalls gilt die Abweichung als genehmigt. Schließt die Bank zu vorteilhafteren Bedingungen ab, als sie ihr von dem Kunden gesetzt worden sind, so kommt dies dem letzteren zu statten. Dies gilt insbesondere, wenn sie bei der Verkaufskommission über dem Limit verkauft oder bei der Einkaufskommission unter dem Limit einkauft. Bank oder Bankier dürfen also nicht den Unterschied zwischen Limit und tatsächlich erzieltem Preis — den sogenannten Schnitt — einstecken. Bonifikationen, welche von dem Emittenten von Wertpapieren für deren Unterbringung gewährt werden, brauchen dem Kommittenten nicht weitergegeben zu werden; denn Banken und Bankiers erhalten sie für dem Emittenten geleistete Dienste. Auch braucht die Bank oder der Bankier, welche sie erhalten, davon dem Kommittenten keine Mitteilung zu machen. Wohl aber müssen sie bei der Empfehlung bonifizierter Papiere besondere Vorsicht üben. Eine ungewöhnlich hohe Bonifikation verpflichtet, nähere Erkundigungen einzuziehen und deren Ergebnis dem Kunden, der zum Ankauf beauftragt hat, mitzuteilen, ehe der Auftrag ausgeführt wird. Ein Bankier, der seinem Kommittenten unaufgefordert den Rat erteilt, statt des ihm zum Ankauf in Auftrag gegebenen Papiers ein anderes zur Kapitalanlage zu benutzen, hat bei dieser Raterteilung eine erhöhte Sorgfalt wahrzunehmen, namentlich dann, wenn ihm für den Absatz der von ihm empfohlenen Effekten eine Emissionsbonifikation zugesichert worden war. Die Effekten, welche eine Bank als Einkaufskommissionär ihrem Kunden verschafft, müssen den Anforderungen entsprechen, die im Börsenverkehr an die Lieferbarkeit solcher Wertpapiere gestellt werden. Als Kommissionär hat die Bank für die Ausführung des Effektenauftrags Anspruch auf die übliche Provision. Die Höhe derselben wird jetzt von den Vereinigungen der Banken und der Bankiers festgesetzt. Außerdem hat sie darnach Anspruch auf Erstattung ihrer

Auslagen. Wegen seiner Ansprüche hat der Kommissionär an dem Kommissionsgute, sofern er es im Besitz hat, ein Pfandrecht, und zwar kann er sich, auch wenn er Eigentümer des Kommissionsgutes ist, daraus nach Maßgabe der für das Pfandrecht geltenden Vorschriften befriedigen. Die Bedingungen der Banken enthalten aber gewöhnlich die weitergehende Klausel, daß alle Wertpapiere, wie überhaupt alle Wertstücke, welche durch oder für einen Kunden in den Besitz der Bank gelangen, ihr für alle Ansprüche an den Kunden als Faustpfand dienen. Wertpapiere jedoch, welche der Bank als fremdes Eigentum übergeben worden sind oder nach vorausgegangener Weisung ihres Auftraggebers für Rechnung eines Dritten angeschafft worden sind, haften ihr nach dem Depotgesetz nur wegen solcher Forderungen, welche mit bezug auf diese Papiere entstanden sind. Wertpapiere letzterer Art nimmt die Bank in gesonderte Depots, nach den Bestimmungen der Berliner Banken in Depot B. Die Bankbedingungen weisen auch gewöhnlich darauf hin, daß es ausschließlich Sache des Kunden ist, der Dritten gehörige oder für Dritte anzuschaffende Papiere der Bank nicht als fremde bezeichnet, sich das Recht, über die Papiere zu verfügen, nach Maßgabe der einschlägigen gesetzlichen Bestimmungen zu verschaffen, um dem Dritten gegenüber nicht haftbar zu werden. Auch das Zurückbehaltungsrecht räumen die Bedingungen der Bank ihr regelmäßig an allen in ihren Besitz gelangten Gegenständen ausdrücklich ein mit der gleichen Einschränkung gegenüber fremden Papieren. Die Wendungen: „in Kommission“ oder „für fremde Rechnung zugehende Wertpapiere“ enthalten die Mitteilung, daß die Papiere fremde sind. Im übrigen sind bereits im zweiten Abschnitt in der Unterabteilung „Das Depotgesetz“ die Verpflichtungen erwähnt, welche sich nach diesem Gesetz für die Banken im Effektenhandel ergeben, und das Verfahren, das sie hinsichtlich dieser Angelegenheiten beobachten. Die Bankbedingungen pflegen vorzusehen, daß die Bank, wenn der Kunde in Verzug gerät, berechtigt ist, ohne vorherige Erwirkung eines vollstreckbaren Titels und unter Vorbehalt ihrer Rechte wegen des etwa ungedeckt bleibenden Restes sich durch Verkauf der Pfänder bezahlt zu machen; in Verzug gerät der Schuldner, wenn ihm das Konto gekündigt ist und er seine Schuld nicht sofort begleicht; die Banken behalten sich aber auch vor, sobald ihnen nach ihrem freien Ermessen der Debetsaldo eines Kunden durch die zur Sicherung desselben haftenden Pfänder unter Berücksichtigung einer entsprechenden Kursspannung nicht mehr genügend gedeckt erscheint, von dem Kunden eine Verstärkung der Sicherheit oder eine bare Anschaffung zu verlangen; wenn der Kunde einer solchen Aufforderung nicht umgehend, allenfalls innerhalb der ihm gesetzten Frist nachkommt, so gerät er ebenfalls in Verzug. Die Banken pflegen sich auch ausdrücklich das Recht einräumen zu lassen, wegen ihrer Ansprüche sich in analoger Weise aus denjenigen Papieren zu befriedigen, welche dem Kunden auf Stückekonto gutgeschrieben sind. Für die Verwirklichung ihres Pfandrechts lassen sich die Banken meist, insoweit gesetzlich zulässig, von den Vorschriften entbinden, die hinderlich sein könnten, insbesondere von der Einhaltung von Fristen, von örtlichen Einschränkungen für den Verkauf, von der Notwendigkeit, den Verkauf vorher anzudrohen. Die Möglichkeit rascher Kursrückgänge besonders in kritischen Zeiten rechtfertigt diese Klauseln. Nach dem HGB. haftet der Kommissionär dem Kommittenten für die Erfüllung des Geschäfts, wenn er ihm nicht zugleich mit der Anzeige von der Ausführung der Kommission den Dritten namhaft macht, mit dem er das Geschäft abgeschlossen hat. Die Kommission aber zum Ankauf oder zum Verkauf von Wertpapieren, bei denen ein Börsen- oder Marktpreis amtlich festgestellt wird, kann, wenn der Kommittent nicht ein anderes bestimmt hat, von dem Kommissionär dadurch ausgeführt werden, daß er das Gut, welches er einkaufen soll, selbst als Verkäufer liefert oder das Gut, welches er verkaufen soll, selbst als Käufer übernimmt. Das Effektenkommissionsgeschäft unterscheidet sich nun vom gewöhnlichen Kommissionsgeschäft dadurch, daß bei ihm ein Dritter niemals genannt wird, der Kommissionär vielmehr stets vom Selbsteintrittsrecht Gebrauch machen will, und die Banken pflegen in ihren Bedingungen ausdrücklich zu bemerken, daß sie in jedem Fall als Selbstkontrahent eintreten. Sie können daher Effektenaufträge in der Weise ausführen, daß sie die Papiere aus ihren eigenen Beständen liefern bzw. auf ihren eigenen Bestand übernehmen; sie können sich aber auch bei einem Dritten eindecken bzw. die Papiere an einen Dritten weiterverkaufen; insbesondere können sie die Aufträge durch Aufrechnung mit anderen Aufträgen erledigen. Gleichgültig ist es, wenn dabei, wie üblich, Ausdrücke gebraucht werden, welche den Abschluß mit einem Dritten vermuten lassen. Im Falle der Ausführung der Kommission durch Selbsteintritt beschränkt sich nach dem HGB. die Pflicht des Kommissionärs, Rechenschaft abzulegen, auf den Nachweis, daß bei dem berechneten Preise der zur Zeit der Ausführung der Kommission bestehende Börsen- oder Marktpreis eingehalten ist. Als Zeit der Ausführung gilt der Zeitpunkt, in welchem der Kommissionär die Anzeige von der Ausführung zur Absendung an den Kommittenten abgegeben hat. Ist bei einer Kommission, die während der Börsenzeit auszuführen war, die Ausführungsanzeige erst nach dem Schlusse der Börse zur Absendung abgegeben, so darf der berechnete Preis für den Kunden nicht ungünstiger sein als der Preis, der am Schlusse der Börse bestand. Bei einer Kommission, die zu einem bestimmten Kurse (erster Kurs, Mittelkurs, letzter Kurs) ausgeführt werden soll, ist der Kommissionär ohne Rücksicht auf den Zeitpunkt der Absendung der Ausführungsanzeige berechtigt und verpflichtet, diesen Kurs dem Kommittenten in Rechnung zu stellen. Bei Wertpapieren, für welche der Börsenpreis amtlich festgestellt wird, kann der Kommissionär im Falle der Ausführung der Kommission durch Selbsteintritt dem Kommittenten keinen ungünstigeren Preis als den amtlich festgestellten in Rechnung stellen. Auch im Falle des Selbsteintritts hat der Kommissionär, wenn er bei Anwendung pflichtmäßiger Sorgfalt die Kommission zu einem günstigeren als dem nach diesen Regeln sich ergebenden Preise ausführen konnte, dem Kunden den günstigeren Preis zu berechnen. Hat der Kommissionär vor Absendung der Ausführungsanzeige aus Anlaß der erteilten Kommission an der Börse ein Geschäft mit einem Dritten abgeschlossen, so darf er dem Kunden keinen ungünstigeren als den hiebei vereinbarten Preis berechnen. Diese Vorschriften über die Rechenschaftspflicht und den zugrunde zu legenden Kurs können nicht durch Vertrag zum Nachteil des Kommittenten abgeändert werden. Der Kommissionär, der vom Selbsteintrittsrecht Gebrauch macht, ist zu der gewöhnlichen Provision berechtigt und kann die bei Kommissionsgeschäften sonst regelmäßig vorkommenden Kosten berechnen, also insbesondere Maklergebühr und Stempel, auch wenn sie in Wirklichkeit nicht verauslagt wurden. Das Pfandrecht des Kommissionärs besteht auch im Falle des Selbsteintritts. Einige Bestimmungen, die noch § 405 des HGB. gibt, sind beim Effektenkommissionsgeschäft der Banken gegenstandslos, insoferne diese sich allgemein und im voraus das Recht einräumen lassen, alle Aufträge durch Selbsteintritt zu vollziehen. Ehefrauen bedürfen zur Verfügung über Effekten, die zu ihrem eingebrachten Gut gehören, der Zustimmung ihres Ehemannes; da die Verfügung sonst nichtig ist, muß die Bank diesen Rechtsgrundsatz beachten.

Die Banken nehmen den Ankauf und den Verkauf von Effekten auch als

Eigenhändler

vor. Die Vermutung spricht nicht dafür, daß Bank und Kunde sich als Käufer und Verkäufer oder umgekehrt gegenüberstehen. Die gebrauchten Ausdrücke sind nicht entscheidend. Ein Eigengeschäft liegt nur vor, wenn nicht die Absicht der Parteien darauf geht, daß die Bank einen für den Kunden möglichst günstigen Preis erzielen soll, sondern wenn der

Preis unabhängig von der Tätigkeit der Bank fest vereinbart wird. Beim Handel in nicht an der Börse notierten Werten treten Banken und Bankiers regelmäßig als Eigenhändler auf. Das gleiche ist in der Regel der Fall beim sogenannten Tafelgeschäft, wenn Kunden, besonders solche, die nicht in ständiger Verbindung mit der Bank stehen, erscheinen, um Anlagewerte — Staatspapiere, Städteanleihen, Pfandbriefe — zu kaufen oder zu verkaufen. Durch die Gewerbeordnung ist es untersagt, Wertpapiere im Umherziehen anzukaufen oder feilzubieten; die Nichtbeachtung des Verbots wird als Übertretung bestraft.

Die Aufträge, welche die Banken als Kommissionäre oder als Eigenhändler auszuführen haben, betreffen Kassageschäfte oder

Termingeschäfte.

Letztere sind solche Geschäfte, bei denen der Vollzug auf den letzten Tag des laufenden oder eines späteren Monats aufgeschoben ist. Man nennt sie deshalb auch Ultimogeschäfte. Sie werden abgeschlossen in runden Summen von bestimmter Mindesthöhe, sogenannten Schlüssen. Wer auf Zeit kauft, erwartet ein Steigen, wer auf Zeit verkauft, ein Fallen des Kurses bis zum Termin, um dann als Käufer zu dem vereinbarten Preis billig gekauft zu haben und allenfalls mit Nutzen wieder verkaufen zu können, als Verkäufer billiger einkaufen und seinem Abnehmer zu dem vereinbarten Preis mit Nutzen liefern zu können, vorausgesetzt daß man sich nicht wegen seiner größeren Beweglichkeit der Form des Zeitgeschäfts bedient, um Mittel fest anzulegen bzw. effektiven Besitz an Wertpapieren abzustoßen. Der Börsenterminhandel ist im vierten Abschnitt des Börsengesetzes geregelt. Aufträge zu Termingeschäften werden diesen Bestimmungen entsprechend von den Banken nur entgegengenommen, wenn die betreffenden Effekten zum Terminhandel zugelassen sind und wenn der Kunde, der den Auftrag erteilt, ein im Handelsregister eingetragener Kaufmann oder einem solchen gemäß § 53 des Börsengesetzes gleichgestellt ist oder wenn für die Erfüllung des Geschäfts ausreichende Sicherheit in Geld oder Wertpapieren mit Kurswert geleistet ist und der Besteller der Bank gegenüber schriftlich und ausdrücklich erklärt hat, daß die Sicherheit zur Deckung von Verlusten aus Börsentermingeschäften dienen soll; denn aus einer solchen Sicherheit ist die Bank oder der Bankier dann, wenn es auf der Seite des Kunden an den subjektiven Voraussetzungen für ein vollwirksames Börsentermingeschäft mangelt, befugt, Befriedigung zu suchen. Auch ist das Geschäft dann für Bank oder Bankier verbindlich. Das Schriftstück, in dem die Erklärung abgegeben wird, darf andere Erklärungen des Bestellers der Sicherheit nicht enthalten. Die Wertpapiere müssen in der Erklärung nach Gattung und nach Zahl oder Nennwert bezeichnet sein. Telegraphische Übermittlung der Erklärung genügt; nachträgliche Abgabe einer schriftlichen Erklärung kann aber verlangt werden. Üblicherweise und mit Rechtsgültigkeit wird eine derartige Sicherheit nicht für das einzelne Termingeschäft bestellt, sondern für eine ganze Verbindung, die den Abschluß von Termingeschäften in sich begreift. Für diese Sicherheiten gilt es insbesondere, daß der Bank daran durch ihre allgemeinen Bedingungen — mit Wirksamkeit, insoweit nicht eine ausdrückliche und schriftliche Erklärung für den einzelnen Fall gesetzlich erfordert wird — ein Pfandrecht für alle ihre Ansprüche gegen den Kunden eingeräumt wird. Die Voraussetzungen der Zulassung zum Börsenterminhandel sind im Gesetz geregelt. Hervorzuheben ist, daß Börsentermingeschäfte in Anteilen von Bergwerks- und Fabrikunternehmungen nur mit Genehmigung des Bundesrats zulässig sind und daß letzterer Börsentermingeschäfte in bestimmten Wertpapieren verbieten oder die Zulässigkeit von Bedingungen abhängig machen kann. Im übrigen kann auch das auf Grund eines unwirksamen Börsentermingeschäfts Geleistete nicht wegen seiner Unwirksamkeit zurückgefordert werden und die Aufrechnung mit Ansprüchen aus unwirksamen Termingeschäften gegen Forderungen aus anderen Termingeschäften ist zulässig; wenn also ein börsentermingeschäftsunfähiger Kunde einer Bank, der ihr etwa eine Sicherheit für Verluste aus Termingeschäften bestellt hat, gegen sie einen Anspruch aus einem Termingeschäfte erlangt, so kann die Bank dagegen mit Forderungen aufrechnen, die ihr aus anderen mit dem Kunden abgeschlossenen und für diesen unverbindlichen Termingeschäften erwachsen sind. Im Kontokurrentverkehr ist nach der Praxis des Reichsgerichts verhältnismäßig aufzurechnen in der Art, daß die beiderseitigen börsentermingeschäftlichen Forderungen nicht abgesondert gegenseitig verrechnet werden, sondern jeder Posten der höheren Summe als verhältnismäßig getilgt angesehen wird, und zwar zu einem Bruchteil, dessen Nenner der Gesamtbetrag der Posten der größeren Seite und dessen Zähler der Gesamtbetrag der Posten der kleineren Seite ist. Die hiebei als ungetilgt geltenden Restbeträge der unverbindlichen Posten auf der größeren Seite bilden den unwirksamen Teil des Saldos; der nach Abzug dieser Summe etwa verbleibende Saldoteil ist wirksam. Die Banken pflegen aber in ihren Formularien diese verhältnismäßige Aufrechnung auszuschließen; insbesondere bedingen sie, daß bei der Saldofeststellung zuerst die aus Börsentermingeschäften herrührenden Posten gegeneinander aufgerechnet werden und die danach für den einen oder den anderen Teil verbleibende Forderung aus Börsentermingeschäften bei der weiteren Aufrechnung in erster Reihe getilgt wird; oder es wird schlechtweg vereinbart, daß die Bank berechtigt sein soll, sich für ihre Forderungen im Wege der Aufrechnung aus allen Forderungen ihrer Kunden zu befriedigen und die Begleichung solcher Forderungen bis zur vollen Befriedigung der Bank zu verweigern. Für Börsentermingeschäfte werden übrigens vielfach besondere Konten geführt. Die tatsächliche Erfüllung, die im Einverständnis mit dem anderen Teil erfolgt, macht des weiteren ein unwirksames Börsentermingeschäft zu einem von Anfang an rechtsgültigen. Insoweit nach Vorstehendem ein Börsentermingeschäft Rechtswirksamkeit äußert, ist auch der Spiel- und Differenzeinwand dagegen unbehelflich; § 764 BGB. bestimmt nämlich, daß das Differenzgeschäft als Spiel anzusehen sei; durch ein Spiel wird aber nach § 762 BGB. eine Verbindlichkeit nicht begründet; nur kann das auf Grund des Spiels Geleistete nicht deshalb zurückgefordert werden, weil eine Verbindlichkeit nicht bestanden hat. Die für die Börsentermingeschäfte gegebenen Vorschriften gelten auch für Vereinbarungen zum Zwecke der Erfüllung einer Schuld daraus, insbesondere für Saldoanerkennungen im Kontokurrentverkehr. Vor allem aber finden sie auch Anwendung auf die Erteilung und Übernahme von Aufträgen sowie auf Gesellschaftsverträge zum Zwecke des Abschlusses von Börsentermingeschäften. Hienach sind diese Grundsätze insbesondere maßgebend bei Kommissionsaufträgen, die Börsentermingeschäfte zum Gegenstand haben, wozu aber zu bemerken ist, daß es dieses Umwegs bei den Kommissionsaufträgen, die den Banken erteilt werden, auf Grund des von diesen stets ausbedungenen Selbsteintrittsrechts nicht bedarf. Gehört jedoch ein Börsentermingeschäft zu den verbotenen, sei es daß es Anteile von Bergwerks- oder Fabrikunternehmungen betrifft, ohne daß der Bundesrat den Börsenterminhandel darin genehmigt hat, sei es daß es gegen ein Verbot des Bundesrats verstößt, so ist es schlechthin unwirksam. Auch eine Sicherheit kann dafür mit Rechtswirksamkeit nicht bestellt werden. Lediglich das auf Grund des verbotenen Geschäftes Geleistete kann nicht zurückgefordert werden. Wer sich darauf beruft, daß ein Börsentermingeschäft ungültig sei, verletzt Treu und Glauben, auch wenn das positive Recht ihm dabei zur Seite steht; denn einen Gewinn aus solchen Geschäften einzustecken, die Bezahlung eines Verlustes aber zu verweigern, ist unanständig. Insbesondere ein Kaufmann handelt solchenfalls unehrenhaft und, wer Börsenbesucher ist, wird vom Börsenehrengericht bestraft, wenn er die Unklagbarkeit von Börsentermingeschäften geltend macht, besonders wenn er den Differenzeinwand vorbringt. Eine Art der Börsentermingeschäfte sind die Prämiengeschäfte. Zu erwähnen ist hier noch, daß nach § 94 des Börsengesetzes bestraft wird, wer gewohnheitsmäßig in gewinnsüchtiger Absicht andere unter Ausbeutung ihrer Unerfahrenheit oder ihres Leichtsinns zu Börsenspekulationsgeschäften verleitet, welche nicht zu ihrem Gewerbebetrieb gehören. Spekulationsgeschäft kann auch ein Kassageschäft sein. Ultimo-Engagements werden entweder am Termin in der Art beendigt, daß einfach die gekauften Effekten abgenommen, die verkauften geliefert werden, oder sie werden durch ein schon vorher auf denselben Ultimo abgeschlossenes Gegengeschäft und Ausgleich mittels Lieferung und Bezahlung unmittelbar zwischen den beiden Gegenkontrahenten des Spekulierenden glatt gestellt oder sie werden verlängert. Die Verlängerung des Geschäfts erfolgt in der Form eines neuen Abschlusses. Die Bankbedingungen sehen meistens vor, daß die Bank bei Ultimogeschäften berechtigt ist, nach ihrem Ermessen das Engagement zu verlängern oder ganz oder teilweise zu lösen, wenn der Kunde sie nicht rechtzeitig vor dem sogenannten Liquidationstage — dem drittletzten Börsentage des Monats — mit bestimmter Weisung versieht. Gleiches wird vorgesehen für den Fall, daß der Kunde einen von der Bank verlangten Einschuß oder eine geforderte Sicherheit nicht sofort nach Aufforderung leistet.

Im engsten Zusammenhang mit dem Terminhandel steht das

Reportgeschäft:

Wer am Ultimo gekaufte Effekten zu beziehen hat, kann oder will nicht immer die Mittel dafür aufwenden. Um sie zu erhalten, gibt er daher, wie man sich ausdrückt, die Effekten bei einer Bank hinein oder in Prolongation, d. h. er verkauft sie ihr, verwendet den Erlös zur Erfüllung seiner Verpflichtung, kauft aber gleichzeitig von der Bank für den Ultimo des nächsten Monats einen Posten Effekten derselben Art im gleichen Betrage. Die Operation läßt sich beliebig wiederholen. Der Kaufpreis bestimmt sich jeweils nach dem am Liquidationstage festzusetzenden Liquidationskurse. Das Reportgeschäft ist also seinem rechtlichen Wesen nach eine Verbindung von einem Kauf und einem Verkauf auf Zeit; wenn man aber lediglich seinen wirtschaftlichen Zweck und seine wirtschaftlichen Wirkungen ins Auge faßt, kann man es als ein potenziertes Lombardgeschäft betrachten. Der Spekulant schiebt auf diesem Wege die Abwicklung hinaus und kann weiter auf Kurssteigerung hoffen. Für die Banken ist das Reportgeschäft ein Mittel, Gelder in flüssiger Weise anzulegen und dabei eine höhere Verzinsung zu erzielen als bei Anlage in Wechseln. Wegen der Gefahr des Kursrückganges muß die Bank in der Person des Hereingebers oder in einer anderweitigen Sicherheit Deckung besitzen. Beim Rückkauf der Effekten ist vom Hineingeber als Zinsvergütung der Report zu entrichten, ein Zuschlag zum Kaufpreise, berechnet in Prozenten des ausmachenden Betrags, wie dieser sich aus dem Liquidationskurse und bei festverzinslichen Werten auch den Stückzinsen ergibt; der Reportsatz ist in der Regel etwas höher als der Lombardsatz. Es kann aber auch sein, daß die Bank dem Hereingeber eine Vergütung zu leisten hat, Deport genannt; dies dann, wenn festverzinsliche Papiere den Gegenstand des Geschäfts bilden und ihr Zinsfuß höher ist als der augenblickliche und bedungene Satz für Geldleihzinsen oder wenn bei der Liquidation die Nachfrage nach den hereinzunehmenden festverzinslichen oder Dividendenwerten wesentlich größer ist als ihr Angebot. Entsprechend kann, wer per Ultimo verkauft hat und seine Spekulation auf ein Fallen der Kurse fortsetzen will, die Effekten am Monatsende hereinnehmen, d. h. kaufen und gleichzeitig dem Verkäufer per Ultimo des folgenden Monats einen gleichen Posten wieder verkaufen.

Käufe und sonstige Anschaffungsgeschäfte über Wertpapiere unterliegen gemäß §§ 18 ff. des

Reichsstempelgesetzes

und Nummer 4 des Tarifs dazu einer Abgabe. Die Steuersätze bewegen sich je nach der Art des Wertpapiers zwischen $^2/_{10}$ und 2 — letzterer Satz bis auf weiteres erhöht auf 3 — vom Tausend vom Werte des Gegenstands des Geschäfts; dieser wird nach dem vereinbarten Kauf- oder Lieferungspreise, sonst durch den mittleren Börsen- oder Marktpreis am Tage des Abschlusses bestimmt; Zins- und Gewinnanteilscheine bleiben außer Betracht. Für Banken und Bankiers ermäßigen sich die Sätze. Gewisse Geschäfte über Schuld- und Rentenverschreibungen, dann über Schatzanweisungen des Reichs und der Bundesstaaten bleiben von der Abgabe befreit. Die Bank hat über das abgabepflichtige Geschäft spätestens am dritten Tage nach dem Tage des Geschäftsabschlusses eine vorschriftsmäßige Schlußnote doppelt auf einem mit den erforderlichen Stempelmarken versehenen Formular auszustellen, von dem je eine Hälfte für sie und ihren Kunden bestimmt ist; innerhalb der bezeichneten Frist hat sie die nicht für sie bestimmte Hälfte abzusenden. Die Schlußnoten sind nach der Zeitfolge numeriert von der Bank 5 Jahre lang aufzubewahren. Die Steuerbehörden kontrollieren zeitweilig die Beachtung der gesetzlichen Bestimmungen. Von der Verpflichtung zur Ausstellung von Schlußnoten können Banken und Bankiers entbunden und berechtigt werden, die Abgabe auf Grund eines Steuerbuchs, in das die abgabepflichtigen Geschäfte täglich einzutragen sind, an die Steuerstelle im Abrechnungsverfahren abzuführen. Bei Kommissionsgeschäften ist die Abgabe zweimal zu entrichten, für das Geschäft zwischen dem Kommissionär und dem Dritten und für das Abwicklungsgeschäft zwischen dem Kommissionär und dem Kommittenten. Wird aber bei Kommissionsgeschäften für einen auswärtigen Kommittenten, der als Kommissionär eines Dritten handelt, die Schlußnote mit dem Zusatz „in Kommission" ausgestellt, so erfordert das Abwicklungsgeschäft mit dem Dritten die Abgabe nur noch insoweit, als dieses Geschäft einem höheren Stempel als dem für das Geschäft zwischen den beiden Kommissionären verwendeten unterliegen würde; die Ermäßigung oder Befreiung ist davon abhängig, daß der Kommissionär des Dritten die Schlußnote mit dem Vermerk versieht, daß sich eine versteuerte, über denselben Betrag lautende Schlußnote mit zu bezeichnender Nummer in seinen Händen befindet. Die Mitteilung des Provinzbankiers an den Börsenbankier, daß er den Auftrag an letzteren als Kommissionär eines Dritten erteile, braucht nicht in jedem Einzelfall gemacht zu werden; vielfach wird sie ein für allemal für alle Aufträge gemacht, wenn nicht etwas anderes bemerkt werden sollte. Die Anwendung der Ausnahmebestimmung setzt aber voraus, daß wirklich zwei Kommissionsgeschäfte vorliegen; eine Bank, die Verkäuferin ist, z. B. eine Hypothekenbank, welche ihre Pfandbriefe emittiert und an einen auswärtigen Bankier liefert, der von seinem Kunden beauftragt ist, darf keine Kommissionsschlußnote ausstellen. Es steht aber nicht entgegen, wenn der hauptstädtische Bankier Papiere auf Grund seines Selbsteintrittsrechts seinen eigenen Beständen entnimmt. § 24 des Gesetzes sieht eine Sonderbesteuerung vor für die sogenannten Kompensationsgeschäfte: Wenn nämlich eine Bank an demselben Tage eine Einkaufskommission und eine Verkaufskommission über Wertpapiere derselben Gattung durch Eintritt als Selbstkontrahent ausführt, so ist für jedes der beiden Geschäfte, insoweit sie sich ausgleichen, neben der tarifmäßigen Abgabe eine weitere Abgabe in Höhe der Hälfte des Tarifsatzes, und zwar des ermäßigten, zu entrichten, es sei denn daß die Bank zur Deckung eines der beiden Aufträge ein abgabepflichtiges Geschäft mit einem Dritten abgeschlossen hat. Die Zusatzabgabe wird durch Verwendung von Stempelmarken auf besonderen Zusatzscheinen entrichtet. Eine weitere Abgabe wird auch nach näherer Bestimmung des nun ergänzten § 24 erforderlich, wenn bei Geschäften über Aktien, Kuxe usw., die für gemeinschaftliche Rechnung abgeschlossen sind, ein Teilhaber am Geschäft keinen Anspruch auf Ermäßigung hat. Mehrere Niederlassungen einer Bank bilden natürlich ein Rechtssubjekt. Hat aber eine Bank ein Geschäft mit einem auswärtigen Kunden durch Vermittlung einer auswärtigen inländischen Geschäftsstelle im eigenen Namen und für eigene Rechnung abgeschlossen, so ist zu dem Geschäft eine weitere Abgabe in Höhe der Hälfte der ermäßigten Tarifsätze zu entrichten. Bei Reportgeschäften wird der Stempel nur für das dem Werte nach höhere der beiden Geschäfte und nur in halber Höhe des tarifmäßigen Satzes berechnet, wenn die Schlußnote über das Kaufgeschäft und das Rückkaufgeschäft zusammen ausgestellt wird; sie muß aber mit dem Vermerk „Reportgeschäft", „Deportgeschäft" oder „Kostgeschäft" versehen sein. Im Abrechnungsverfahren sind in all diesen Fällen entsprechende Vermerke im Steuerbuch zu machen.

Den Käufern und den Verkäufern von Wertpapieren erteilt die Bank

Abrechnungen.

Darin wird der Nennbetrag und die Bezeichnung des Wertpapiers angegeben und der Kurswert berechnet. Beigefügt wird, welcher nächtsfällige Zins- oder Gewinnanteilschein am Papier haftet. Bei festverzinslichen Papieren werden dem berechneten Effektivbetrag die Stückzinsen zugeschlagen, nämlich Zinsen zum Satz, wie das Papier verzinslich ist, vom Tage der Fälligkeit des letztabgetrennten Zinsscheines bis zum Tage, auf den die Valuta gestellt wird; denn der Käufer hat Anspruch auf den Zinsgenuß vom Tage der Bezahlung des Preises an, muß also dem Verkäufer die im nächstfälligen Zinsschein steckenden Zinsen für die Zeit vorher vergüten. Bei Dividendenwerten werden keine Stückzinsen berechnet; der Anteil am Jahresgewinn drückt sich bei ihnen im Kurs aus. Am Schlusse werden Provision, Maklergebühr und Schlußnotenstempel in üblicher oder von den Bankenvereinigungen festgesetzter Höhe berechnet und bei gekauften Wertpapieren zugeschlagen, bei verkauften abgezogen. Nach all dem ergibt sich die Summe, die dem Käufer zu belasten, dem Verkäufer gutzuschreiben ist. Für den Fall, daß die in dem offiziellen Kurszettel der Börse des Ausführungsorts notierten Kurse nachträglich berichtigt werden, bedingen die Banken sich gewöhnlich aus, daß die bereits erteilte Abrechnung ebenfalls geändert wird. Wenn die Bank als Eigenhändler auftritt, kommt in der Abrechnung Provision und Maklergebühr naturgemäß nicht in Ansatz. Aber auch als Kommissionär kann sie einen sogenannten Nettokurs berechnen, der Provision und Maklergebühr in sich schließt, vorausgesetzt daß der Kunde dabei nicht schlechter fährt als bei Einzelberechnung.

Die Banken verdienen als Kommissionäre im Effektenhandel an Provisionen und, wenn sie in der Lage sind Aufträge zu kompensieren, auch an von ihnen nicht verauslagten Maklergebühren und Stempeln — vgl. dazu § 24 des Reichsstempelgesetzes. Hierin liegt ein Vorteil für die großen Banken, die leichter unter Umgehung der Börse Aufträge zu kompensieren imstande sind. Da der Wettbewerb der Banken und Bankiers die Provisionssätze in einem Maße gedrückt hat, daß sie in keinem Verhältnisse mehr zu den Aufwendungen standen, haben sich die Vereinigungen von Banken und Bankiers über gewisse Mindestsätze geeinigt. Das Ergebnis des Effektengeschäfts für die Banken ist aber auch abhängig vom Zinserträgnis ihres eigenen Effektenbestandes und vom Steigen oder Fallen der Kurse ihrer Effekten; es ist daher wechselnd. An- und Verkauf von Effekten für eigene Rechnung der Bank wird, abgesehen von den nötigen Beständen für das sogenannte Tafelgeschäft und für Sicherheitsleistungen, besonders gepflogen im Hinblicke auf ein beabsichtigtes Finanzierungs- und Emissionsgeschäft oder in Verbindung damit oder im Verfolge eines solchen. Zu den erwähnten Beständen kommen unverkaufte Reste von Emissionen, noch nicht emissionsreife Papiere, auch solche, die erworben wurden, um ein schwer einbringliches Guthaben zu retten. Andere Bestände können aus Interventionskäufen herrühren, die gemacht wurden, um in Krisenzeiten ermutigend auf die Stimmung einzuwirken, sei es hinsichtlich einer einzelnen Effektengattung, sei es im allgemeinen. Die von den Banken erworbenen erstklassigen Fonds sind zugleich eine sichere, im Bedarfsfalle lombardierbare und jederzeit veräußerliche, deshalb in entsprechendem Umfange stets notwendige Anlage der Mittel der Bank. Man hält aber im allgemeinen daran fest, Effekten, die nicht benötigt sind, baldmöglichst abzustoßen, vor allem wegen der Gefahr eines Kursrückgangs. Lediglich um zu spekulieren, soll keine Bank Effekten kaufen oder verkaufen. Der Gewinn auf Effektenkonto wird in den Gewinn- und Verlustrechnungen mancher Banken zusammen aufgeführt mit dem Erträgnis der Konsortialgeschäfte.

Die Organisation des Effektenhandels bei den Banken und an der Börse macht es möglich, daß jedermann, der im Besitz der nötigen Mittel ist, für die meisten Wertpapiere einen Markt findet, wo sich die Kurse möglichst ausgleichen und wo er gegen geringes Entgelt für die vermittelnde Tätigkeit der Banken tunlichst billig zu kaufen und zu tunlichst hohen Preisen zu verkaufen in der Lage ist. Da schon wegen ihrer Bequemlichkeit unter den Kapitalanlagen die in Wertpapieren vor allen anderen in Betracht kommt, ist diese Einrichtung, insoweit sie dem Ankauf von Effekten dient, das wichtigste Hilfsmittel für die Kapitalsbildung. Für die an der Börse nicht notierten Papiere wird durch die Banken und Bankiers, die den Handel darin pflegen, ein Markt außerhalb der Börse geschaffen; sie suchen Angebote zu erhalten, Nachfragen festzustellen oder hervorzurufen, sie vermitteln Angebote und Nachfragen, indem sie als Käufer und Verkäufer auftreten, sie stellen die gebotenen, verlangten und bezahlten Preise fest und geben Kursblätter solcher Werte heraus. Eine selbstverständliche Voraussetzung dafür, daß diese ganze Organisation für den einzelnen Kunden und die Volkswirtschaft nutzbringend wirkt, ist, daß den Banken und Bankiers das Interesse ihrer Kunden, die sie beraten sollen, allen anderen Interessen vorgeht. Nicht alle Effekten taugen für alle. Der eine will und braucht ruhige Anlagewerte, der andere will kaufen und verkaufen, um am Kurs zu gewinnen. Kleinkapitalisten sollen in der Regel sich keine Papiere kaufen, die einen spekulativen Charakter haben. Eine entsprechende Mischung ist vor allem zu empfehlen. Zu beherzigen ist, daß auch der Erfahrenste die Zukunft nicht kennt. Das wichtigste ist natürlich, daß Papiere, die empfohlen werden, nicht unsolid sein dürfen. Bei der Empfehlung von Werten eigener Emission wird eine Bank zur Wahrung ihres Emissionskredites doppelt vorsichtig sein. Über die Verbindung des Effektenhandels mit dem Depotgeschäft ist am Ende des zweiten, über Spekulationskonten wird gegen Ende des vierten Abschnitts einiges bemerkt. Termingeschäfte sind insbesondere nicht jedermanns Sache; daher auch die gesetzlichen Bestimmungen dafür. Ein Terminhandel, auch ein solcher in Wertpapieren, ist aber von volkswirtschaftlichem Nutzen: wer ein Zeitgeschäft gemacht hat, kann jederzeit auf denselben Termin ein Gegengeschäft abschließen und nur den Unterschied zwischen den beiden Kursen einstecken oder bezahlen. Daher wirkt der Terminhandel besonders ausgleichend auf die Preise. Auch benötigt er weit weniger Kapital als das Kassageschäft. Er ist das technisch vollendetste Mittel der gewerbsmäßigen Börsenspekulation, deren Bestehen durch diese Wirkungen ihrer Tätigkeit gerechtfertigt wird. Der Terminhandel in Effekten wird aber erst durch das Reportgeschäft in einem in Betracht kommenden Umfang ermöglicht. Ende 1913 betrugen bei den deutschen Banken die Reports und Lombards gegen börsengängige Wertpapiere unter Zurechnung der Vorschüsse auf Waren und Warenverschiffungen etwas über zwei Milliarden Mark.

4. Der Bankkredit.

Unter den Formen, in welchen von Banken Kredit gegeben wird, steht nach seiner Bedeutung der Kontokurrentkredit ohne Vergleich obenan. Er wird in der Weise gewährt, daß dem Kunden das Recht eingeräumt wird, im Kontokurrent über seine eigenen oder von Dritten geleisteten Einzahlungen hinaus bis zu einem bestimmten vereinbarten Betrag schuldig zu werden.

Das Kontokurrent.

Ein Kontokurrent ist eine Rechnung, welche in den Büchern der Bank für einen Kunden geführt wird und worin die während der Verbindung von der Bank an oder doch für den Kunden gemachten Zahlungen, seine Erhebungen, und andererseits die vom Kunden oder für ihn an die Bank geleisteten Zahlungen, die sogenannten Anschaffungen, fortlaufend aufgezeichnet werden; wie die Aus- und Einzahlungen werden Beträge behandelt, die der Kunde, z. B. aus einem Kauf oder Verkauf von Effekten oder Wechseln der Bank schuldig wird oder von ihr zu fordern hat, dann die Soll- und die Habenzinsen, die den Kunden treffenden Provisionen und dergleichen. Das Kontokurrent ist das rechnerische Bild der gesamten häufig die mannigfaltigsten Geschäfte enthaltenden Verbindung zwischen dem Kunden und der Bank; nur die unentgeltlichen Leistungen sind daraus nicht zu ersehen. Jedem Kunden wird üblicherweise ein doppelseitiges Blatt gewidmet, die linke — Sollseite — bestimmt für die Belastungen, die rechte — Habenseite — für die Gutschriften. Die Buchungen werden in der Weise vorgenommen, daß ihr Datum, in kurzer Fassung der Anlaß der Buchung, der Betrag, der zu belasten oder gutzuschreiben ist, und die Valuta eingetragen wird. Valuta oder Gegenwert wird der in der Landeswährung ausgedrückte Wert einer Sache, vor allem eines Wertpapieres oder einer Forderung genannt, wie er sich unter Berücksichtigung der in Betracht kommenden Umstände darstellt, insbesondere auch — mit Rücksicht auf Verzinsung — berechnet für einen bestimmten Tag. Da für die Bewertung einer Barsumme in Reichswährung als Posten in der Rechnung es nur darauf ankommt, von wann an Zinsen darauf zu rechnen sind, so versteht man im Bankwesen unter Valuta oder Wert im engeren Sinn auch — und dies ist hier die Bedeutung des Wortes — den Tag, für welchen eine Summe im Konto belastet wird, weil die Bank sie an diesem Tage auszahlen oder wenigstens zur Verfügung halten muß, bzw. den Tag, für welchen eine Summe gutgeschrieben wird, weil die Bank von demselben an darüber verfügen, also sie nutzbringend verwenden kann. Für manchen Kunden werden aus verschiedenen Gründen mehrere Konten geführt je mit besonderen Bezeichnungen, z. B. Konto ordinario, Konto separato, oder es hat ein Kunde neben seinem Kontokurrent ein Scheckkonto.

Der Kontokurrentkreditvertrag.

Den Kontokurrentkunden wird häufig ein Kredit eingeräumt; dies ist aber für den Begriff des Kontokurrents nicht notwendig, zumal vielfach in Norddeutschland alle Bankkonten, die nicht bei Depositenkassen geführt werden, als Kontokurrente bezeichnet und behandelt werden. Der Verkehr auf einem Kontokurrent, mit dem keine Kreditgewährung verbunden ist, ist sachlich nur ein Scheckverkehr. Der Kunde, dem ein Kredit bewilligt worden ist, hat der Bank gegenüber einen Anspruch darauf, daß sie innerhalb der vereinbarten Grenze nach Maßgabe seiner Verfügungen und entsprechend den allgemeinen Kontokurrentbedingungen der Bank und allenfallsigen besonderen Abmachungen an ihn selbst oder an Dritte Zahlungen oder andere Vergütungen leistet oder Haftungen übernimmt. Allerdings pflegen die Banken sich in ihren allgemeinen Bedingungen das Recht zu wahren, das Kontokurrentverhältnis jederzeit ohne Kündigungsfrist zu lösen, ein Recht, das übrigens ebenso dem Kunden eingeräumt wird. Diese Klausel soll für die Fälle, wo Kredite gekündigt werden müssen, einen klaren Rechtsboden schaffen; keineswegs wird sie von den deutschen Banken benutzt, um willkürliche, plötzliche und den Kunden gefährdende Kreditkündigungen vorzunehmen. Die Bank hat dem Kreditnehmer gegenüber keinen Anspruch darauf, daß er den Kredit ausnutze, sondern nur auf die Gegenleistung, die sie so bedingen kann, daß sie keinen Schaden erleidet, wenn der Kredit nicht benutzt wird. Abmachungen, wonach der Kredit ausgenutzt werden muß, haben regelmäßig auch nur den Sinn, daß andernfalls doch die Gegenleistung gefordert werden kann. Als Gegenleistung sind Zinsen und Provisionen zu entrichten. Die Zinsen vom jeweils schuldigen Betrag in vereinbarter Höhe, meist nach dem Reichsbanklombardsatz oder etwas darüber mit einem Mindestsatz. An Provisionen unterscheidet man Kreditprovision und Umsatzprovision; erstere wird berechnet nach der Höhe des bewilligten oder nach der des in Anspruch genommenen Kredites, also des höchsten Debetsaldos während der Rechnungsperiode, letztere nach der Höhe des Umsatzes auf dem Konto, also aus der größeren Seite, beide in einem bestimmt vereinbarten Prozentsatz. Eine Umsatzprovision kann natürlich auch zur Berechnung kommen, wenn dem Kontoinhaber kein Kredit bewilligt ist. In ihrer Höhe kann aber auch die Vergütung für einen Kredit liegen. Wenn ein Kredit gewährt ist, wird meist eine Mindestprovision vereinbart, damit Streitigkeiten ausgeschlossen sind, wenn der Kontoinhaber den ihm genehmigten Kredit nicht oder nur zu einem geringen Teil in Anspruch nimmt; denn die Bank kann ein Entgelt beanspruchen für ihre Mühewaltung und die Notwendigkeit, ihre Mittel für die mögliche Kreditinanspruchnahme bereit zu halten. Meist wird die Vereinbarung so getroffen, daß eine Kreditprovision in gewisser Höhe und für den höheren Umsatz eine prozentual niedrigere Umsatzprovision berechnet wird. Natürlich richtet sich die Höhe der Provisionen nach der Sicherheit und der Liquidität des Kredites, wie nach dem Grade der Arbeit, die die Kontoführung macht. Die Provisionen werden regelmäßig für die Rechnungsperiode berechnet, das halbe, das Vierteljahr. Es gibt aber auch Provisionen, die nach Vereinbarung nur einmal zum Ansatz kommen, insbesondere sofort nach Kreditinanspruchnahme. Gewisse Posten, sogenannte Frankoposten, bleiben bei der Berechnung einer Umsatzprovision außer Ansatz, z. B. weil aus ihnen schon eine besondere Provision berechnet worden ist, wie dies bei Buchungen aus Effektengeschäften, bei gutgeschriebenen diskontierten oder Inkassowechseln und bei belasteten Ziehungen auf die Bank vorkommt. Auch Posten, welche wieder zurückgebucht werden, sogenannte Stornoposten, werden als Frankoposten behandelt. Insolange Kredit nicht beansprucht wird, also von Guthaben werden von der Bank Zinsen vergütet, deren Sätze meist von den Bankenvereinigungen von Zeit zu Zeit für ihre Bezirke festgesetzt werden, und zwar ist für einen Unterschied in der Höhe der Habenzinsen nicht die Bezeichnung Scheckkonto oder Kontokurrent, sondern der Gesichtspunkt bestimmend, ob das Konto provisionsfrei oder provisionspflichtig ist. Bei Konten ohne Kredit kommen natürlich an Zinsen nur diese Habenzinsen in Betracht, wenn nicht ausnahmsweise vorübergehend aus irgendwelchen besonderen Gründen eine Schuld des Kunden entsteht, z. B. infolge Irrtums des Kunden, der Bank oder eines Dritten, in welchem Falle natürlich auch die üblichen Debetzinsen gerechnet werden. Schließlich sind der Bank noch ihre Auslagen zu vergüten, Porti, Stempel und

Gebühren, besonders für Telegraph und Telephon, Wertversicherungsgebühren, Kosten von Auskünften und dergleichen.

Der Kredit wird entweder nur für eine bestimmte Zeit oder ohne eine solche Begrenzung erbeten und zur Verfügung gestellt. Oft ist im Antrag eine bestimmte Zeit angegeben, für welche der Kredit nur benötigt wird, oder die Zeit ergibt sich aus dem im Antrag bezeichneten Zweck der Kreditaufnahme. Gewöhnlich aber geht der Kreditsucher stillschweigend davon aus, daß er auf den Kredit verzichten wird, wenn er ihn nicht mehr braucht, schon um Kosten zu ersparen. Die Bank beschränkt häufig die Zeit, für welche der Kredit gewährt wird, dem Antrag des Kunden entsprechend oder aus eigenem Antrieb, besonders weil es ihr vorsichtiger erscheint, den Kredit zunächst nur für kurze Zeit zu gewähren. Nicht selten wird schon bei der Bewilligung des Kredits dessen Rückführung in bestimmten Fristen und Teilbeträgen vorgeschrieben; das vorhin erwähnte beiderseitige Recht, den Kredit jederzeit zurückzuzahlen und zurückzufordern, wird dabei regelmäßig ausdrücklich aufrecht erhalten. Im allgemeinen kann sich auch die Bank dabei beruhigen, daß sie fortlaufend prüfen wird, ob die Voraussetzungen der Kreditgewährung unverändert bestehen, und daß sie den Kredit kündigen kann, wenn er ihr nicht mehr dient; dies führt dazu, daß die meisten Kredite „bis auf weiteres" zur Verfügung gehalten werden. In Fällen, wo die Sicherheit zweifellos ist, hat die Bank gar keinen Anlaß, eine Änderung herbeizuführen, wie bei besonders guter Effektendeckung. Ein Kredit, der nach der ursprünglichen Vereinbarung oder nach der tatsächlichen Entwicklung alljährlich immer nur während einiger Monate in Anspruch genommen wird, in denen das Geschäft des Kunden größere Mittel beansprucht, dann aber wieder zurückgezahlt wird, heißt Saisonkredit. Vielfach wird neben einem Kredit, der ständig bewilligt ist, ein Saisonkredit beansprucht. Wohl zu unterscheiden davon, wie lange ein Kredit verlangt und bereitgehalten wird, ist natürlich immer, in welchem Maße, insbesondere ob er voll ausgenützt wird und wie lange.

Die allgemeinen Kontokurrentbedingungen.

Auch der Eröffnung eines Kontokurrents muß die Anerkennung der allgemeinen Bedingungen der betreffenden Bank für den Verkehr auf diesen Konten vorausgehen. Wo, wie in Preußen, die Anerkennung nach landesrechtlichen Bestimmungen eine Stempelpflicht bedingen würde, lassen sich die Banken von den Kunden lediglich den Empfang und die Kenntnisnahme bestätigen. Gleichzeitig sind die Unterschriften der Verfügungsberechtigten einzureichen. Die allgemeinen Bedingungen sollen nicht nur die gemeinsamen Grundsätze für alle Kontokurrente der Bank geben, einerlei, ob mit, ob ohne Kredit; sie regeln auch bestimmte besondere Gegenstände, z. B. die Behandlung der Kontokurrentdepots, die Befriedigung der Bank daraus und aus anderen Wertsachen des Kunden, endlich das Effektengeschäft; hierüber wurde gegebenenorts gesprochen. Für die Art und Weise, wie Anschaffungen auf Kontokurrent erfolgen können, gilt Gleiches wie für Einlagen auf Scheckkonto. Insbesondere behalten sich die Banken stets ausdrücklich das Recht vor, Wechsel, die im Laufe des Geschäftsverkehrs an sie giriert wurden und dann mangels Annahme, Sicherstellung oder Zahlung unter Protest gingen, entweder im Kontokurrent zu belasten oder unabhängig von demselben ihre Rechte aus solchen Wechseln geltend zu machen oder beide Wege zu vereinigen; dasselbe gilt für der Bank übergebene unbezahlt bleibende Schecks. Meist ermächtigen die allgemeinen Bedingungen auch die Bank, Zahlungen für Rechnung des Kontoinhabers entgegenzunehmen. Auch hinsichtlich der Verfügung über das Guthaben auf Kontokurrent, d. i. die Summe des Habensaldos des Kontos und des dem Kontoinhaber etwa bewilligten Kredits kann auf alles verwiesen werden, was in Ansehung der Erhebungen von Guthaben auf Scheckkonto bemerkt wurde. Auch diese Verfügungen erfolgen in der Regel mittels Schecks. Die Grundsätze für die Valutierung auch der Anschaffungen auf Kontokurrent werden meist von den Bankenvereinigungen für ihre Bezirke festgesetzt, verschieden für provisionsfreie und provisionspflichtige Konten, und demgemäß in den allgemeinen Bedingungen mit dem Kunden vereinbart. Die Gutschrift von Schecks auf auswärtige Plätze erfolgt soviel Tage nach Einreichung, als notwendig, um den Scheck an die bezogene Stelle zu senden und den Betrag von ihr überwiesen zu bekommen. Wenn nichts anderes vereinbart wird, geschieht der Rechnungsabschluß je für den 30. Juni und den 31. Dezember, auf Wunsch des Kunden auch noch zu einem anderen Zeitpunkt — z. B. weil er seine Bücher nicht mit dem Kalenderjahr abschließt —, ferner bei Lösung der Kontokurrentverbindung. Der Rechnungsabschluß besteht darin, daß Zinsen und Provisionen für die mit dem Abschlußtage endigende Rechnungsperiode berechnet werden und der Saldo gezogen wird. Eine vollständige Abschrift des abgeschlossenen Kontokurrents für die letzte Rechnungsperiode wird dem Kunden mit dem Ersuchen übersandt, die Richtigkeit des Rechnungsauszuges und des Saldos anzuerkennen. Erinnerungen gegen die Abrechnung müssen meist nach den Kontokurrentbedingungen binnen einer bestimmten kurzen Frist schriftlich vorgebracht werden, widrigenfalls sie als anerkannt gilt. Es ist üblich, mit dem Rechnungsauszug dem Kunden die allgemeinen Kontokurrentbedingungen zur wiederholten Anerkennung oder Kenntnisnahme zu übersenden. Nach dem Tode des Kontoinhabers wird für die Verfügungen über das Konto und über seine bei der Bank befindlichen Wertpapiere und sonstigen Wertgegenstände regelmäßig ein Erbschein oder ein entsprechendes amtliches Zeugnis verlangt; doch kann der Kontoinhaber auch die Bank rechtswirksam beauftragen, sein Guthaben und seine Wertstücke nach seinem Tode an einen bestimmten Dritten auszuliefern. Ausdrücklich pflegt, wie schon bemerkt, in den Bedingungen beiden Teilen das Recht ausbedungen zu werden, das Kontokurrentverhältnis jederzeit ohne Einhaltung einer Kündigungsfrist zu lösen, unabhängig davon, ob mit demselben ein Krediteinräumungsvertrag verbunden ist, und mit der Maßgabe, daß die Kündigung des Kontos die sofortige Fälligkeit des Debetsaldos des Kunden bewirkt. Endlich werden gewöhnlich der Erfüllungsort für die aus dem Kontokurrentverhältnis für beide Teile entspringenden Verpflichtungen und der Gerichtsstand für allenfallsige Rechtsstreitigkeiten in den allgemeinen Kontokurrentbedingungen vereinbart.

Die Berechnung der Kontokurrentzinsen.

Für diese gibt es verschiedene Methoden. Man unterscheidet die progressive und die retrograde, sowie die Staffelrechnung. Die letztere hat wenigstens in Süddeutschland mehr und mehr die anderen Methoden verdrängt. Man nennt Staffel eine für die Zinsenberechnung bestimmte Begleitrechnung des Kontokurrents, worin dessen sämtliche Soll- und Habenposten, je unter Beifügung des Tages, an dem sie belastet oder gutgeschrieben werden, untereinander gesetzt werden und für jeden Verfalltag der Saldo gezogen wird, indem die Soll- und die Habenposten unter sich zusammen gezählt, voneinander aber abgezogen werden; in einer eigenen Spalte wird jedem Posten die Anzahl der Tage beigefügt, die zwischen seinem Verfalltag und demjenigen des unmittelbar nachfolgenden Postens liegt; in der letzten Doppelspalte endlich werden unter Soll bzw. unter Haben die sich danach ergebenden Zinsnummern eingesetzt, d. h. je das Produkt von Kapital mal Tagen, geteilt durch 100; der Monat wird jeweils zu 30 Tagen berechnet. Beim Wechsel der Zinssätze wird mit der Zählung der Tage und der Berechnung der Zinsnummern stets neu begonnen. Beim Abschluß werden die Soll- wie die Habenzinsnummern zusammengezählt und hierauf die Zinsen berechnet, indem man die Zinsnummern durch diejenige Zahl teilt, die sich ergibt, wenn man die Zahl der Tage im Jahr — 360 — durch den Zinssatz teilt, also beispielsweise bei 4% durch 90. Bei den Soll-Zinszahlen kommen die Sollzinssätze, bei den Haben-Zinszahlen die Habenzinssätze zur Anwendung. Die sich aus dem Unterschied zwischen den je zusammengezählten Soll- und Habenzinsen ergebenden Zinsen werden in das Konto eingesetzt, ebenso Provision und Spesen und dann der Saldo gezogen. Auch bei Scheckkonten wird die Staffelrechnung angewandt.

Das Recht des Kontokurrents.

Das HGB. regelt die aus dem Kontokurrentverkehr entspringenden Rechtsverhältnisse in den §§ 355 bis 357. Ein Kontokurrent liegt darnach vor, wenn jemand mit einem Kaufmann derart in Geschäftsverbindung steht, daß die aus der Verbindung entspringenden beiderseitigen Ansprüche und Leistungen nebst Zinsen in Rechnung gestellt und in regelmäßigen Zeitabschnitten durch Verrechnung und Feststellung des für den einen oder anderen Teil sich ergebenden Überschusses ausgeglichen werden. In einem solchen Falle kann derjenige, welchem beim Rechnungsabschluß ein Überschuß gebührt, von dem Tage des Abschlusses an Zinsen von dem Überschusse verlangen, auch soweit in der Rechnung Zinsen enthalten sind. Der Rechnungsabschluß geschieht jährlich einmal, soferne nicht ein anderes bestimmt ist. Das Kontokurrent kann im Zweifel auch während der Dauer einer Rechnungsperiode jederzeit mit der Wirkung gekündigt werden, daß derjenige, welchem nach der Rechnung ein Überschuß gebührt, dessen Zahlung beanspruchen kann. Der Zweck des Kontokurrents ist nach der Denkschrift zum neuen HGB., die aus einem dauernden Geschäftsverkehr sich ergebenden Beziehungen zu vereinfachen und die Vielheit der gegenseitigen Ansprüche durch periodische Feststellung eines einzigen Forderungspostens zu ersetzen. Um diesen Zweck zu erreichen, werden die aus der Verbindung entstehenden Forderungen bis zum Abrechnungstag gestundet und, wenn die Abrechnung von beiden Teilen anerkannt ist, als getilgt angesehen, dem Saldoanerkenntnis aber wird die Wirkung eines neuen selbständigen Verpflichtungsgrundes beigelegt und das Zinseszinsenverbot ist im Kontokurrentverkehr aufgehoben. Die Erteilung des Rechnungsauszuges stellt sich als Angebot dar, die Verbindung auf Grundlage des Saldos fortzuführen, die Fortsetzung des Kontokurrentverhältnisses nach Zustellung des Rechnungsauszuges und Ablauf der Zeit für dessen Prüfung enthält die Annahme dieses Angebotes und die Genehmigung aller bisherigen Abschlüsse; doch schließt die ausdrückliche oder stillschweigende Anerkennung des Rechnungsabschlusses die Anfechtung wegen Irrtums oder wegen ungerechtfertigter Bereicherung nicht aus; die Klausel „Irrtum und Auslassung vorbehalten“ pflegt unter den Auszug gesetzt zu werden, ist aber rechtlich ohne Bedeutung. Durch die Anerkennung des Rechnungsabschlusses wird der Gläubiger — hier also die Bank — nicht gehindert, aus einer Sicherheit für eine in das Konto aufgenommene Forderung insoweit Befriedigung zu suchen, als sein Guthaben aus dem Kontokurrent und die Forderung sich decken. Haftet ein Dritter für eine in das Konto aufgenommene Forderung als Gesamtschuldner, so gilt Entsprechendes für die Geltendmachung der Forderung gegen ihn.

Im Bankwesen wurde stets daran festgehalten, daß es bei allen dauernden Bankverbindungen mit Rechnungsführung, einerlei, wie ihr Name ist, also bei Scheck-, Depositen-, Giro-Konten und Kontokurrenten mit und ohne Kreditgewährung in gleicher Weise erlaubt sei, periodisch die Rechnung abzuschließen, Zinsen in Rechnung zu stellen und den Saldo zu ziehen, ihn anerkennen zu lassen, in neue Rechnung zu stellen und wieder Zinsen daraus, sei es für die Bank, sei es für den Kunden zu berechnen, ohne Rücksicht darauf, daß der Saldo selbst Zinsen enthält. Die herrschende Meinung der Juristen dagegen in Wissenschaft und Rechtsprechung verlangt dafür, daß ein Kontokurrent im Sinne des HGB. angenommen werden könne, daß für beide Teile Forderungen aus der Geschäftsverbindung entstehen. Sie faßt die gesetzlichen Worte „beiderseitigen Ansprüche und Leistungen“ in diesem Sinne auf, nicht in dem Sinn: die Ansprüche und Leistungen, welche für einen jeden der beiden Teile entstehen. Darnach wären die erwähnten gesetzlichen Bestimmungen auf reine Scheckverbindungen, bei welchen nur Einzahlungen wieder abgehoben werden, nicht ohne weiteres anwendbar, auch nicht, wenn sie als Kontokurrente bezeichnet sind; ebensowenig auf Kontokurrente, bei welchen der Kunde nur eine Schuld bei der Bank aufnimmt und sie wieder abzahlt. Man hilft sich damit, daß man solche Verbindungen als uneigentliche laufende Rechnungen ansieht, auf welche durch Vereinbarung der Parteien die Regeln des Kontokurrents übertragen seien; nur die Aufhebung des Zinseszinsenverbots kann durch den bloßen Parteiwillen nicht bewirkt werden. Für die Konten, auf welchen nur Guthaben unterhalten werden, sind Streitigkeiten wegen der Zinseszinsenberechnung durch § 248 BGB. ausgeschlossen, wonach Sparkassen, Kreditanstalten und Inhaber von Bankgeschäften im voraus vereinbaren können, daß nicht erhobene Zinsen von Einlagen als neue verzinsliche Einlagen gelten sollen. Im übrigen soll es nur notwendig sein, daß die gegenseitige Kreditierung beabsichtigt ist, und unerheblich, ob sie auch wirklich durchgeführt wird. So bleiben als zweifelhaft nur die allerdings seltenen Fälle, in denen eine Bank einen Kredit gewährt und bei beiden Teilen Einverständnis darüber besteht, daß kein weiterer Umsatz auf dem Konto statthaben wird; in diesen Fällen kann es zweifelhaft sein, insbesondere von einem bestimmten neuen Rechnungsabschluß an zweifelhaft werden, ob Zinseszinsen berechnet werden dürfen; doch ist die Vereinbarung, daß fällig gewordene Zinsen wieder verzinst werden sollen, gültig. Erhebliche Gründe sprechen allerdings dafür, die Richtigkeit der herrschenden Rechtsauffassung zu bezweifeln. Denn — darüber besteht Übereinstimmung — das Kontokurrent ist eine Einrichtung, die sich durch Handelsgewohnheit herausgebildet hat und die, bestimmte Voraussetzungen erfordernd und mit bestimmten Rechtswirkungen ausgestattet, zu einem Rechtsinstitut geworden ist; es geht aber nicht an, durch eine logisch nicht erforderliche Unterscheidung ein so gewordenes Gebilde zu zerreißen; dies muß vielmehr so hingenommen werden, wie das Recht es vorfindet. Darnach wäre jede laufende Bankverbindung ein Kontokurrent im Rechtssinne. Man darf auch nicht befürchten, daß eine feste Umgrenzung wegfiele, wenn man für das Kontokurrent nicht mehr verlangt, daß beide Teile Forderungen gegeneinander haben; in den selteneren Fällen, in denen außerhalb des Bankverkehrs Kontokurrente vorkommen, liefern die vom § 355 HGB. geforderten Tatbestandsmerkmale einen genügenden Anhalt. Hier ist aber nicht der Ort, näher auf diese Frage einzugehen.

Der Trassierungskredit.

Ein Kontokurrentkredit kann nicht nur durch Erhebung von Barbeträgen oder Anweisung zur Vergütung solcher an Dritte, also als Barkredit, sondern auch in der Weise ausgenutzt werden, daß der Kunde einen Wechsel auf die Bank zieht, ihn von dieser annehmen läßt und ihn dann bei einer anderen Bank verkauft. Ein solcher Kredit wird von der Seite des Kunden Trassierungskredit, von der Seite der Bank Akzeptkredit genannt. Üblicherweise sind die Wechsel, welche die Banken annehmen, Dreimonatswechsel. Die Bank erhält dafür, daß sie den Akzeptkredit gewährt, eine Provision, genannt Akzeptprovision. Für dieselbe sind in den letzten Jahren durch die Bankenvereinigungen gewisse Mindestsätze festgelegt worden. Bei Erteilung des Akzepts belastet die Bank den Kunden mit dem Betrage des Wechsels und der

Akzeptprovision; ersterer wird Valuta einen Werktag vor Verfall des Wechsels, letztere Valuta Tag der Annahme des Wechsels belastet. Der Kreditnehmer erhält also in einem solchen Falle die baren Mittel, deren er bedarf, nicht von der Bank, die ihm den Kredit gewährt, sondern aus dem Erlös des von ihr angenommenen Wechsels, d. i. der Wechselsumme abzüglich des Diskonts. Da das Akzept einer angesehenen Bank von den Käufern von Diskonten mit einem mäßigeren Abzuge als andere Wechsel, dem sogenannten Privatdiskont oder etwas über demselben angekauft wird, kommt der Kaufmann, dem ein Trassierungskredit gewährt ist, meist unter Einrechnung der Akzeptprovision und des Wechselstempels, dann des Zinsverlustes mit Rücksicht auf die angegebene Art der Valutierung billiger weg als bei einem Barkredit. Bei Verfall des Wechsels muß dieser von der Bank eingelöst werden; damit sie aber hiefür keine Barmittel aufwenden muß, werden die Kreditnehmer in den allgemeinen Kontokurrentbedingungen verpflichtet, dafür zu sorgen, daß die Bank spätestens einen Werktag vor Verfall des Wechsels im Besitz der Wechselsumme ist, widrigenfalls sie sich das Recht vorbehält, dem Kunden eine besondere Provision zu belasten. Um dieser Verpflichtung zu genügen, verkauft der Kreditnehmer, der die Wechselsumme nicht aus Eigenem erlegen kann und dem die Bank die Fortsetzung des Akzeptkreditverhältnisses gestattet, die von der Bank noch nicht angenommene Erneuerungstratte an eine andere Bank, welche die Wechselsumme abzüglich Diskont bei der kreditgewährenden Bank gegen Annahme des gleichzeitig vorzulegenden Wechsels einzahlt. Die sich durch den Diskontabzug ergebende Differenz nebst der Provision und den Spesen bilden, wenn kein Ausgleich durch andere Posten eintritt, einen Debetsaldo, der längstens nach dem Semesterabschluß abgedeckt werden muß. Manchmal kaufen die Banken selbst ihre Akzepte an, besonders an kleineren Plätzen, wo der Kunde zum Verkauf an Dritte weniger Gelegenheit findet; sie verkaufen sie dann gewöhnlich weiter, insbesondere im Wege des sogenannten Akzeptaustausches, indem zwei Banken vereinbarungsgemäß je die hereingenommenen eigenen Akzepte in gleichen Posten austauschen; eine solche Vereinbarung sichert beiden Teilen Material für ihren Bestand an jederzeit begebbaren Wechseln. Der Kunde, dem ein Kontokurrentkredit eingeräumt wird, hat aber ein Recht auf die Ausnutzung als Trassierungskredit nur, wenn ihm dies ausdrücklich eingeräumt worden ist. Nur kaufmännischen Firmen, welche im Handelsregister eingetragen sind, werden Trassierungskredite bewilligt, und auch ihnen meist nur für einen Teil des Kredites, oft auch nur zeitlich begrenzt, z. B.

nur für eine einmalige Ziehung; denn zu gewissen Zeiten dient es der Bank weniger, Akzeptkredite statt Barkredite zu gewähren, zu anderen Zeiten ist es umgekehrt.

Bankiers an kleineren Plätzen ziehen wohl auch ihrerseits auf ihre Kunden und mobilisieren so die denselben gegebenen Kredite, indem sie diese Wechsel weiterverkaufen.

Die Deckung der Kredite.

Die Kredite sind teils gedeckte, teils ungedeckte oder Blankokredite.

Die Deckung kann auf mannigfaltige Weise geschehen.

Eines der vornehmsten Deckungsmittel ist die Hinterlegung von Wertpapieren. Hinsichtlich der durch Effekten gedeckten Kredite kann auf alles verwiesen werden, was im Abschnitte über das Depotwesen von der Belehnung von offenen Depots und dem, was sich aus dem Depotgesetz ergibt, bemerkt ist. Man nennt die Depots, welche zur Deckung von Kontokurrentkrediten hinterlegt werden, gewöhnlich Kontokurrentdepots im Gegensatz zu den offenen Depots, eine Verschiedenheit in der Bezeichnung, die im Wesen keinen Unterschied bedeutet. Beim offenen Depot ist nur der Regel nach die Hinterlegung das Primäre, während ein Kredit wenn nötig dazukommt; dagegen werden die Kontokurrentdepots hinterlegt, damit darauf ein Kredit gegeben werde. In ihren allgemeinen Kontokurrentbedingungen übernehmen die Banken meist eine Haftung für sichere und getreue Aufbewahrung von Kontokurrentdepots nur innerhalb der Grenzen der Sorgfalt, die sie ihren eigenen Beständen widmen; auch besorgen sie darnach zwar die Erhebung von Zinsen und Gewinnanteilen, die Beschaffung neuer Bögen, sowie die Überwachung der Kontokurrentdepots in bezug auf Verlosungen, Kündigungen, Konvertierungen, Bezugsrechte und dergleichen, lehnen aber eine Haftung ab für oder aus Ausführung solcher Handlungen oder aus ihrer Unterlassung. In den allgemeinen Bedingungen pflegt auch der Bank für alle ihre Ansprüche gegen den Kunden an allen Wertpapieren, wie auch an allen Waren, Forderungen und sonstigen Wertstücken des Kunden, welche durch oder für ihn in den Besitz der Bank kommen, ein Pfandrecht eingeräumt zu werden, für dessen Geltendmachung dieselben Erleichterungen vereinbart werden wie beim offenen Depot. Wenn die Wertpapiere nicht vom Kreditnehmer, sondern von einem Dritten hinterlegt werden muß dieser eine eigene Verpfändungserklärung unterzeichnen; in dieser unterwirft er sich gewöhnlich auch für die Verwertung des Pfandes den Bestimmungen, welche in den Kontokurrentbedingungen der Bank festgesetzt sind. Mit den Halbjahresabrechnungen ist es üblich, dem Kunden ein Verzeichnis der in seinem Kontokurrentdepot enthaltenen Effekten zur Prüfung und Anerkennung zu übersenden; für die letztere pflegt in den allgemeinen Kontokurrentbedingungen wie für die Anerkennung der Abrechnungen vereinbart zu werden, daß sie als erteilt gilt, wenn nicht innerhalb einer gewissen Frist Erinnerungen schriftlich vorgebracht worden sind. Aktien einer kreditnehmenden Gesellschaft, die zugunsten des Kredites hinterlegt werden, vermehren dessen Sicherheit nicht, da ihr Wert nur in der Güte der Gesellschaft besteht, die bereits haftet; der Vorteil, den ein solches Pfand bietet, kann nur erblickt werden in der — insoweit vorhanden — leichteren Möglichkeit, die Aktien zu versilbern und daraus den Kredit zu decken.

Auch Wechsel — sogenannte Depotwechsel — dienen dazu, Kredite zu sichern. Wenn es nur Solawechsel oder von der Bank als Aussteller auszufüllende Akzepte des Kreditnehmers sind, geben sie natürlich eine Erhöhung der Sicherheit nur insofern, als zu seiner Haftung die Wechselstrenge hinzutritt. Solche Wechsel lassen sich die Banken häufig als Sichtwechsel geben; in anderen Fällen werden sie auf bestimmte Termine ausgestellt, an welchen der Kredit zurückbezahlt werden soll; dann werden sie manchmal diskontiert und gutgeschrieben, statt als Depotwechsel behandelt zu werden, so daß formell kein oder nur ein geringerer Kredit gegeben ist, vorausgesetzt daß die Wechsel eingelöst werden. Wegen der Grundsätze, gemäß welcher zu hinterlegende Wechsel mit Unterschriften Dritter als Deckungsmittel für einen Kredit angenommen werden, kann analog auf das verwiesen werden, was unten über den Diskontkredit bemerkt wird. Die Wechsel werden aber nicht abgerechnet, sondern dienen als Pfand; sie müssen mit Giro versehen sein, um bei Geltendmachung des Pfandrechtes verwertet werden zu können. Wenn ein hinterlegter Wechsel fällig wird, ehe der Kredit zurückbezahlt ist, wird er zurückgezogen und durch einen anderen ersetzt oder er wird im Einverständnis mit den Beteiligten entsprechend verlängert.

Kredite werden auch gegen die Abtretung von Forderungen gegeben. Der Kreditnehmer hat eine Urkunde zu unterzeichnen, worin er die genau nach Betrag und Schuldner, wenn noch nicht fällig, auch nach dem Fälligkeitstermin zu bezeichnende Forderung, allenfalls mit Nebenansprüchen, insbesondere Zinsen der Bank zur Sicherung für alle ihre Ansprüche gegen ihn abtritt. Die Bank legt dem Schuldner der Forderung die Urkunde vor und läßt sich darauf die Vorlegung von ihm bestätigen. Mit der letzteren erlangt die Abtretung auch gegen den Schuldner volle Wirksamkeit. Wenn ausnahmsweise von der Anzeige der Abtretung an den Schuldner abgesehen wird, kann dieser der Bank gegenüber die Zahlung verweigern und nur der Kreditnehmer ist verpflichtet, eine Zahlung, die ihm von dem Schuldner geworden, an die Bank herauszugeben; denn im Verhältnis zwischen Kreditnehmer und Bank ist die Abtretung ohne weiteres wirksam; der Kredit ist dann ein Übergang zu einem Blankokredit. Manchmal läßt man sich aus besonderen Gründen vom Drittschuldner noch eine ausdrückliche Anerkennung der Forderung und ein Zahlungsversprechen geben und bestätigen, daß ihm von einer anderweitigen Abtretung oder Verpfändung der Forderung nichts bekannt sei. Da die Forderungsabtretung nur zur Sicherung des Kredites, nicht an Zahlungs Statt erfolgt, ist die Bank berechtigt, aber nicht verpflichtet sich aus der Forderung bezahlt zu machen, sie kann sich vielmehr auch an den Kreditnehmer selbst halten, und zwar nicht nur wegen allenfallsiger Ausfälle, die sie bei der Einziehung der Forderung erleidet.

Eine Art der Kreditgewährung gegen Forderungsabtretung ist die sogenannte Diskontierung von Buchforderungen, welche erst vor nicht langer Zeit aus Österreich in Deutschland eingeführt worden ist und von einigen Banken systematisch, von anderen nur ausnahmsweise betrieben wird. Ihr Name gründet sich darauf, daß sie in den Fällen Ersatz bieten soll, wo ein Kaufmann nach der Art seines Geschäftszweiges oder seines Geschäftes von seinen Kunden keine Wechsel erhält und deshalb keinen Wechseldiskontkredit bekommen kann. Der Gleichheit des wirtschaftlichen Zweckes entspricht aber nicht eine Gleichheit der Natur des Geschäftes; denn die Buchforderungen werden nicht von der Bank unter Zinsenabzug angekauft. Nach dem gewöhnlich geübten Verfahren hat der Kreditnehmer die Forderungen, welche der Bank entsprechen, an diese abzutreten und erhält darauf einen Vorschuß bis zu 80%. Für diesen hat er ein Akzept auszustellen, das bei der Bank zahlbar gestellt und dessen Laufdauer derjenigen der Forderung angepaßt, jedoch auf höchstens 95 Tage vom Tage der Abrechnung an begrenzt wird. Sobald die Bareingänge aus den abgetretenen Forderungen die Höhe des Akzeptes erreichen, wird letzteres dem Kreditnehmer zurückgegeben und der überschießende Betrag sowie die weiteren Eingänge aus den abgetretenen Forderungen zu dessen freier Verfügung gestellt. Der Forderung muß eine Warenlieferung an einen zahlungsfähigen Geschäftsmann im Inland zugrundeliegen, sie muß mindestens 150 ℳ betragen, unbestritten sein und innerhalb dreier Monate fällig werden. Die Abtretung der Forderung wird im allgemeinen dem Drittschuldner nicht mitgeteilt, der Kreditnehmer hat aber die an ihn gelangenden

Zahlungen und sonstigen Leistungen ohne Verzug der Bank zuzuführen. Die Abtretungsanzeige wird in jedem Falle der Bank behändigt. Diese kann von derselben Gebrauch machen, wenn der Kreditnehmer ihr gegenüber seinen Verpflichtungen nicht nachkommt oder wenn in seinen Verhältnissen sich die Bank bedrohende Veränderungen ergeben. Unbeschadet ihrer gegen den Drittschuldner erworbenen Rechte darf die Bank die sofortige Abdeckung des Kredits oder Sicherheitsleistung dafür verlangen, wenn sie für ihre Forderung keine genügende Sicherheit mehr erblickt, insbesondere in den Fällen, die sie zur Anzeige an den Drittschuldner berechtigen. Der Kreditnehmer darf die Forderungen nicht stunden und sie an keinen Dritten abtreten oder verpfänden. Die Bank ist berechtigt, nach ihrer Wahl die Forderung auf Kosten des Kreditnehmers einzuklagen oder von diesem die Einklagung zu beanspruchen.

Damit ein Kredit gegen Forderungsabtretung gewährt werde, muß der Bank, abgesehen von der Kreditwürdigkeit dessen, der den Kredit erhalten soll, der Schuldner der abzutretenden Forderung zweifellos zahlungsfähig und zahlungspflichtig erscheinen. Über seine Zahlungsfähigkeit wird sich die Bank durch Erholung von Auskünften ein Urteil verschaffen, vorausgesetzt daß dies nötig, denn nicht selten ist der Drittschuldner der Staat oder eine Gemeinde oder sonst eine als zahlungsfähig bekannte juristische Person. Insbesondere aber muß man sich hüten, einen Kredit gegen eine Forderung zu geben, die noch nicht rechtsbeständig ist, weil die Leistung, von der ihr Entstehen abhängig, noch nicht erfolgt ist. Eine Gefahr besteht hauptsächlich, wenn Kredit gegeben wird gegen die Abtretung von Forderungen aus fortlaufenden Leistungen oder Lieferungen; in solchen Fällen — z. B. bei der Herstellung von Gebäuden oder von Tief- oder Eisenbahnbauten, aber auch bei der Lieferung von Waren, die in einzelnen Posten betätigt werden soll — muß man sich mindestens vergewissern, ob der Kreditnehmer seine Verpflichtungen in einwandfreier Weise in dem Maße erfüllt hat, daß eine so hohe Forderung für ihn entstanden ist, als ihm kreditweise im ganzen gegeben werden soll; auch dann ist aber die Kreditgewährung, solange das ganze Geschäft noch nicht abgewickelt ist, nicht ohne Gefahr; denn wenn die Leistungen oder Lieferungen nicht vertragsmäßig fortgesetzt werden, kann der Drittschuldner nicht nur weitere Zahlungen verweigern, so daß ein Kredit ungedeckt bleibt, sondern dem Drittschuldner kann auch ein Anspruch auf Schadenersatz wegen nicht ordnungsgemäßer und rechtzeitiger Erfüllung erwachsen, der ihm eine Einrede gegen die Forderung gibt, insoweit sie auf Grund vorausgegangener einwandfreier Leistung zu Recht besteht. Bei der Abtretung von Forderungen solcher Art wird auch am häufigsten verstoßen gegen die Rechtsvorschrift, daß die Abtretung nur gültig ist, wenn die abzutretende Forderung derart individualisiert ist, daß genau bestimmt oder bestimmbar ist, was abgetreten ist. Um der darin liegenden Gefahr zu begegnen, werden vielfach in solchen Fällen zunächst allgemein alle aus dem Geschäft entspringenden Ansprüche abgetreten und die Abtretung bei jeder Ausstellung einer Abrechnung oder einer Faktura spezialisiert, z. B. indem die Abrechnungen oder Fakturen mit Abschriften davon und entsprechenden Vermerken der Bank übergeben und durch diese dem Drittschuldner zugestellt werden.

Unter den Forderungen, die zugunsten eines Bankkredits abgetreten werden, sind besonders zu erwähnen die aus einem Lebensversicherungsvertrag. Die Versicherungspolice ist in jedem Falle der Bank zu übergeben, weil die Versicherungssumme nur gegen Aushändigung der Police ausbezahlt zu werden braucht; im übrigen bestimmt der Versicherungsvertrag, welche Formalitäten zu beachten sind, damit die Übertragung von der Versicherungsgesellschaft als rechtswirksam anerkannt werden müsse. Sicherheit besteht für den Kredit gegen eine solche Deckung nur bis zur Höhe des sogenannten Rückkaufswertes der Police, d. i. der Summe, um welche diese von der Gesellschaft jeweils nach näherer Bestimmung des Versicherungsvertrages zurückgekauft wird. Denn über diesen Betrag hinaus wird die Versicherungssumme nur ausbezahlt, wenn die vertragsmäßigen Voraussetzungen vorliegen, insbesondere der Tod des Versicherten oder die Erreichung eines bestimmten Zeitpunktes und wenn jeweils bis dahin die Prämien bezahlt werden. Ist der Schuldner dazu nicht mehr imstande, so wird der Bank nichts übrig bleiben, als die Police durch die Versicherungsgesellschaft zurückkaufen zu lassen und sich mit der Rückkaufssumme zu begnügen. Unter Umständen, insbesondere wenn der Zeitpunkt, da die Lebensversicherungssumme ausbezahlt wird, nahe ist, wird es mehr im Interesse der Bank gelegen sein, selbst die Prämien weiterzuzahlen. Wenn dies der Fall, kann der Kredit ohne Schaden für die Bank auch die Höhe der Rückkaufssumme übersteigen. Im übrigen werden Kredite, die durch Lebensversicherungspolicen gedeckt werden, nur ausnahmsweise gewährt; meist dient diese Deckung nur als Zusatzsicherung oder als Aushilfe, wenn sich für einen gewährten Kredit Bedenken ergeben haben.

Manchmal werden Forderungen, insbesondere solche aus Versicherungsverträgen als Kreditunterlage nicht abgetreten, sondern der Bank verpfändet. Hierfür gilt im wesentlichen dasselbe wie für die Forderungsabtretung. Doch ist zum

Unterschied von letzterer die Bank bei der Verwirklichung des Pfandrechtes in verschiedenen Beziehungen an die Mitwirkung des Kreditnehmers gebunden; aus diesem Grunde gibt die Verpfändung der Bank geringere Rechte als die Forderungsabtretung und wird nur aus besonderen Gründen als Sicherheit angenommen.

Eine weitere Art der Kreditdeckung ist die Verpfändung von Waren oder anderen Sachen. Damit ein Pfandrecht zustande komme, ist die Übertragung des Besitzes der Pfandgegenstände an die Bank notwendig; die Fortsetzung des Besitzes durch den Kreditnehmer mit dem Willen, von nun an für die Bank zu besitzen, ist nicht genügend; wohl aber reicht es aus, wenn der Verpfänder der Bank den Mitbesitz in der Weise einräumt, daß der Pfandgegenstand nur beiden gemeinschaftlich zugänglich ist, z. B. in der Weise, daß Rohmaterialien, die einer Fabrik gehören, in einen abgesonderten Raum gebracht werden, der nur mit 2 Schlüsseln geöffnet werden kann, von denen je einen die Fabrik und die Bank haben. Wenn die zu verpfändenden Gegenstände sich bei einem Dritten, z. B. in einem Lagerhaus befinden oder in dessen Besitz gebracht werden, muß der Dritte als Pfandhalter des Kreditnehmers und der Bank auftreten, der das Pfand für beide zusammen verwahrt und nur an beide zusammen herausgibt, oder es muß durch den Kreditnehmer sein Anspruch gegen ihn auf Herausgabe des Pfandes an die Bank abgetreten und die Verpfändung ihm angezeigt werden. Über den Wert der Pfandgegenstände wird, wenn nicht durch Fakturen und andere Urkunden sich ein genügender Anhalt ergibt, die Schätzung eines Sachverständigen erholt. Gewöhnlich werden in einer Vertragsurkunde die beiderseitigen, aus der Verpfändung erwachsenden Rechte und Verpflichtungen vereinbart, unter anderem daß der Verpfänder für Lagergebühren, allenfalls für die Miete der Räume, worin die Pfandgegenstände untergebracht werden, und für die Kosten der notwendigen Versicherung gegen Feuer und Einbruch aufzukommen hat, auch für die Kosten des Transportes an einen anderen Ort, wenn ein solcher der Bank nötig erscheint. Wenn ein Pfand durch Zufall zerstört oder beschädigt wird, ist ein Ersatzstück zu liefern.

Um Schwierigkeiten zu entgehen, die sich bei einer Verpfändung ergeben können, insbesondere aus dem Grund mangelnder Besitzübertragung, wird zur Deckung von Krediten auch die Sicherungsübereignung verwendet, allerdings meist nur um Deckung zu beschaffen für einen zweifelhaft gewordenen Kredit, allenfalls unter Hingabe neuer Mittel, seltener zur Deckung eines neu bewilligten Kredites. Die zu übereignenden Gegenstände, welche in der Vertragsurkunde genau verzeichnet werden — vor allem das Warenlager, Rohprodukte und sonstige Materialien, aber auch das Inventar des Kreditnehmers, das z. B. bei Bauunternehmungen oft einen hohen Wert hat —, werden der Bank zur Sicherung aller ihrer Ansprüche aus der Krediteinräumung zu Besitz und Eigentum übertragen, jedoch dem Kreditnehmer auf Ruf und Widerruf zur einstweiligen Aufbewahrung und bestimmungsgemäßen Verwendung im Geschäft in unmittelbarem Besitz gelassen. Er hat sie unentgeltlich und ordnungsgemäß innerhalb seiner Lagerräume zu verwahren und auf eigene Kosten instandzuhalten, auch gegen Feuer und nötigenfalls gegen Einbruch zu versichern und der Bank alle Eigentumsbeeinträchtigungen, so vor allem Pfändungen anzuzeigen. Die Waren hat er als Kommissionär der Bank zu verkaufen. Neuangeschaffte Waren übernimmt er an Stelle der verkauften als Eigentum der Bank. Mit den betreffenden Einträgen in den Lagerbüchern sollen nach den üblichen Vertragsbedingungen das Eigentum übertragen und zurückübertragen und diese Eigentumsübergänge bewiesen werden. Wenn die Bank für ihre Ansprüche aus dem Kreditverhältnisse befriedigt ist, hat sie das Eigentum wieder an den Kreditnehmer zurückzuübertragen. Sollte dieser seinen vertragsmäßigen Verpflichtungen insbesondere zur Rückzahlung des Kredites nicht nachkommen, so ist die Bank berechtigt, sich aus den ihr überlassenen Gegenständen durch Versteigerung oder freihändigen Verkauf bezahlt zu machen; die Restschuld hat der Kreditnehmer zu begleichen, einen Überschuß die Bank herauszugeben. Mit der Sicherungsübereignung wird vielfach die Abtretung der Außenstände verbunden. Die Gültigkeit von Sicherungsübereignungsverträgen ist häufig bestritten worden, nach der Praxis des Reichsgerichts, und zwar an sich auch, wenn sie Dritten nicht bekannt gemacht werden, ohne Erfolg, insolange nicht gegen die guten Sitten verstoßen wird; dies geschieht, wenn die Dritten irregeführt und zu einer wegen Mangels eines freien Vermögens des Schuldners sie schädigenden Kreditgewährung veranlaßt werden. Solchenfalls können Dritte die Nichtigkeit der Kreditsicherungsverträge geltend machen und Schadensersatz verlangen. Doch braucht der Kreditgeber nicht für andere zu sorgen und auf Sicherheiten zu verzichten, damit diese vor Schaden behütet werden; sie müssen vielmehr selbst sich über die Kreditwürdigkeit des Schuldners vergewissern. Für Verträge, durch welche statt einer Sicherungsübereignung ein Pfandrecht an Vermögensbestandteilen des Schuldners eingeräumt wird, gilt Analoges. Die Sicherungsübereignungen sind in den Handelsbüchern und Bilanzen entsprechend zu berücksichtigen, widrigenfalls der Kreditnehmer sich im Falle seines Konkurses eines einfachen Bankeruttes schuldig machen kann.

Statt eines Gutes können der Bank mit gleicher Wirkung darüber ausgestellte Lagerscheine von staatlichen zur Ausstellung solcher Urkunden ermächtigten Anstalten, Ladescheine oder Konnossemente als Pfand oder zu Eigentum überlassen werden, vorausgesetzt daß sie an Order lauten und gehörig indossiert sind.

Die Übergabe eines Konnossements an die Bank bildet ein wesentliches Element bei einer wichtigen Kreditart, die nach ihrer Deckung Kredit gegen Dokumente, nach ihrem Zwecke Rembourskredit genannt wird; sie dient nämlich dem Zahlungsausgleich bei der überseeischen Einfuhr und Ausfuhr. Diese bietet aber gleichzeitig Gelegenheit zu sonstiger Kreditgewährung, und da der Rembourskredit auf verschiedene Weise gegeben wird, so ergeben sich mannigfache Kombinationen von Bankkreditgewährung bei der Warenverschiffung, übrigens auch von anderen Bankgeschäften. Ein häufiger Fall ist der, daß nach Vereinbarung zwischen dem deutschen Käufer und dem überseeischen Verkäufer meist von Rohprodukten letzterer, der gegen mehrmonatiges Ziel verkauft, auf die Bank des Käufers zieht, nicht auf ihn selbst, weil im internationalen Verkehr ein Akzept benötigt wird, das einen überall als zahlungsfähig bekannten Namen nennt. Der Verkäufer verkauft die Tratte an seine Auslandsbank unter Übergabe des Konnossements, der Seeversicherungspolice, der Faktura und etwa weiter nötiger Urkunden. Die Sicherheit für die Auslandsbank besteht abgesehen von der persönlichen Sicherheit des Verkäufers in der Ware, die ihr mittels des Konnossements sicherungsweise zu Eigentum oder als Pfand überlassen wird. Vorsorglicherweise werden die Tratte, das Konnossement und die übrigen Urkunden in mehreren Ausfertigungen erstellt und von der Auslandsbank mit verschiedenen Dampfern an ihre Bankverbindung in Deutschland versandt. Diese holt das Akzept ein gegen Übergabe der Urkunden. Die Sicherheit der Bank in Deutschland ist dann die gleiche wie bis dahin die der Auslandsbank, welche nunmehr das Akzept der ersteren hat. Wenn der Käufer bei seiner Bank Kredit in blanko oder gegen eine anderweitige Sicherheit hat, kann die Bank ihr Akzept schon auf Grund dieses Kredits gegeben haben und deshalb dem Käufer die Verfügung über die Urkunden und die Ware gestatten. Die Ware kann aber auch nach Ankunft in einem Lagerhaus hinterlegt und der Bank für das an den Schiffer zurückzugebende Konnossement Zug um Zug ein Lagerschein ausgehändigt werden, so daß sie die Sicherheit in der Ware behält. Diese wird vom Käufer während des Seetransports oder nach ihrer Einlagerung weiter verkauft werden und zwar, wenn er im Besitze der Urkunden ist, insbesondere des Konnossements bzw. des Lagerscheins, unter Übergabe derselben; wenn sie im Besitze der inländischen Bank sind, indem er diese ersucht, sie dem Käufer auszuhändigen, was die Bank im Einverständnis mit dem Importhaus tun wird gegen Barzahlung oder gegen Wechsel, deren Diskontierung ihr dient. Wenn die Waren, meist Industrieprodukte, aus dem Inland über See verkauft werden, so wickelt sich der Vorgang entsprechend umgekehrt ab. Die Sicherheit dafür, daß die vom Verkäufer auf die Bank des Käufers gezogene Tratte von dieser akzeptiert wird, beruht für letzteren in bezüglichen Abmachungen, die Teil ihrer Geschäftsverbindung sind. In gleicher Weise kann der Verkäufer sicher sein, daß seine Bank die Tratte diskontieren wird. Aber der Verkäufer sowohl als seine Bank wollen regelmäßig ebenfalls dessen sicher sein, daß das Akzept von der Bank des Käufers nicht verweigert wird. Um einem solchen Wunsche zu entsprechen, kann die Bank des Käufers der Bank des Verkäufers ihre Bereitwilligkeit erklären, die Tratte zu akzeptieren, und gleichzeitig bei ihr den Verkäufer in der Weise akkreditieren, daß ihm seine Tratte diskontiert wird; mit der Einlösung des Akzepts befreit sich die Bank des Käufers von ihrer Verpflichtung gegenüber der Bank des Verkäufers aus dem gegebenen Kreditauftrag. Man spricht in einem solchen Falle von einem bestätigten Rembourskredit. Die Bank des Käufers kann aber auch im Auftrage des letzteren eine Bank im Ausfuhrlande anweisen, an den Verkäufer gegen Auslieferung der Urkunden eine bestimmte Summe bar auszuzahlen; dann wickelt sich das Geschäft also ab ohne Wechselziehung. Es kann aber auch vom Verkäufer auf den Käufer selbst gezogen werden, so wenn der Bank des ersteren mit den Urkunden ein nach Ankunft der Ware im Bestimmungshafen zu bezahlender Wechsel übergeben wird, den der Käufer vorher akzeptiert und zu treuen Händen eines Geschäftsfreundes im Ausfuhrlande versandt hatte mit der Maßgabe, daß er nur bestimmungsgemäß verwendet werde; dies wenn der Wechsel nicht in den Handel kommen soll. Ein entsprechendes Giro kann natürlich einem Wechsel Verkehrsfähigkeit im Welthandel verleihen; ein Rembourskredit kann daher auch so gewährt werden, daß eine vom Verkäufer auf den Käufer gezogene Tratte vereinbarungsgemäß bei der Bank des Verkäufers diskontiert und an eine Bank an einem Platze mit internationalem Zahlungsausgleich weiter giriert wird, welche die Wechselsumme auf Grund ihres Rechnungsverhältnisses mit der Bank des Käufers auszahlt. Auch in den beiden vorerwähnten Fällen erfolgt der Ausgleich zwischen den beteiligten Banken an einem solchen Platze, etwa durch Scheck auf eine dortige Bank. Auch kann ein Kaufmann, der zum Einkauf in ein fremdes Land reist, oder ein Vertreter von ihm einen Kreditbrief erhalten oder mit einer bestimmten Summe akkreditiert werden; alsdann kann auf Grund dieses Kreditauftrages nicht nur eine Barerhebung gemacht werden, sondern auch eine Trassierung auf die Ausstellerin des Kreditbriefes oder des Akkreditivs vorgemerkt werden. Tratten auf das Ausland werden nicht nur diskontiert, sondern unter Umständen auch nur mit einem bestimmten Teil des Wertes des Gutes bevorschußt. Beim Transport auf Flüssen tritt an Stelle des Konnossements ein Ladeschein; im übrigen wickelt sich der Verkehr in gleicher Weise ab. Eine Deckung, welche die Rücksichtnahme auf die persönliche Kreditwürdigkeit unnötig machen würde, gewährt übrigens der Kredit gegen Dokumente keineswegs; nicht nur daß Fälschungen von Konnossementen vorkommen, es besteht auch die Gefahr, daß die Ware minderwertig ist, daß sie im Preise zurückgeht usw.

Die Deckung eines Kredites kann auch in einer Hypothek bestehen. Entweder läßt sich die Bank antragsgemäß eine Sicherungshypothek eintragen oder eine bestehende Hypothek oder Grundschuld — auch Eigentümergrundschuld — abtreten oder verpfänden. Dabei pflegt man dafür zu sorgen, daß der Kredit um etwa 10% von der Hypothek überstiegen wird, damit auch für Zinsen, Provisionen und sonstige Nebenforderungen Deckung vorhanden ist. In der Urkunde über die Bestellung der hypothekarischen Sicherheit wird natürlich der Umfang der Ansprüche, für welche diese haften soll, umgrenzt und zwar entsprechend weit. Auch bedingt sich die Bank darin gewöhnlich aus, daß sie berechtigt ist, den Kredit auch den Rechtsnachfolgern des Kreditnehmers oder den jeweiligen Eigentümern des verpfändeten Grundbesitzes im ganzen oder im beschränkten Umfang weiterzugewähren, für welchen Fall die Hypothek auch für alle aus dem fortgesetzten Kreditverhältnis erwachsenden Ansprüche haften soll; durch eine solche Vereinbarung werden neue Hypothekbestellungen in diesen Fällen und damit Kosten erspart. Um bei gänzlicher oder teilweiser Rückzahlung der Vorhypotheken im Range nachzurücken, läßt die Bank auch Vormerkung gemäß § 1179 BGB. eintragen.

Die Sicherheit, welche eine angebotene Hypothek gewährt, ist stets mit besonderer Vorsicht zu prüfen. Meist sind die Grundstücke, worauf eine Hypothek angeboten wird, schon belastet. Nach den dafür bestehenden gesetzlichen Bestimmungen dürfen Hypothekenbanken und Versicherungsgesellschaften Grundstücke bis zu 60% des sorgfältig ermittelten Verkaufswertes beleihen; in Bayern ist die Beleihung der Hypothekenbanken sogar für die Regel auf die ersten 50% beschränkt und nur für Ausnahmefälle und bei Zustimmung des Staatskommissars der Bank bis zu 60% zugelassen. Bei vielen Grundstücken, besonders solchen in den größeren Städten, reihen sich an die erste Hypothek zweite und oft noch weitere Hypotheken. Diese sind seltener ohne weiteres Kapitalanlagen, sondern meist Kaufschillingsreste, Erbteile von Geschwistern und sonstigen Verwandten des Eigentümers, Kindergelder, Reste von Baukapitalien, Forderungen von Baumeistern, Darlehen von Freunden und Verwandten, Sicherheiten für Schulden an Lieferanten usw. Bei Landgütern ist es gewöhnlich ähnlich, wie bei städtischen Grundstücken. Die dingliche Sicherheit ist in der Regel, wenn die erste Hypothek bis an die zulässige Grenze geht, durch diese, mindestens aber ist sie durch die erste und die zweite Hypothek erschöpft, so daß ein weiterer Eintrag einer Bank keine Sicherheit mehr bietet. Denn schon wer Inhaber der zweiten Hypothek ist, muß darauf vorbereitet sein, unter ungünstigen Umständen, wenn die Verpflichtungen aus der ersten Hypothek nicht erfüllt werden und nicht ein Nachgläubiger die erste und die zweite Hypothek überbietet, das Grundstück zur Rettung seiner Hypothek zu erwerben. Da dies nicht der Wunsch einer Bank sein kann, so möchte man geneigt sein anzunehmen, daß eine hypothekarische Deckung eines Bankkredites überhaupt nicht in Betracht kommen kann. Allein dies ginge zu weit. Es fehlt nicht an Grundstücken, die auch an erster Stelle unbelehnt sind, seien es nun Häuser, Landgüter, Bauplätze oder Grundstücke, die gewerblichen oder industriellen Zwecken dienen; um so weniger an Grundstücken, die in so geringer Höhe belehnt sind, daß auch eine Nachhypothek eine ausreichende Sicherheit bietet, insbesondere weil sie nach dem Werte des Grundstücks mit der vorausgehenden Hypothek durch ein erststelliges Darlehen, etwa einer Hypothekenbank oder Versicherungsgesellschaft, abgelöst werden kann; z. B. weil an erster Stelle ein Amortisationskapital eingetragen ist, von dem ein erheblicher Betrag getilgt ist. Wenn Grundstücke keine Rente bringen, wie dies bei Bauplätzen der Fall, so muß allerdings stets berücksichtigt werden, daß aus dem Kredit immer wieder Zinsen und Provisionen zu zahlen sind; mindestens muß also dann die Sicherungshypothek eine ausreichende Höhe haben. Der Wert des Grundstücks wird ermittelt auf Grund einer Schätzung eines geeigneten Sachverständigen, als welche in Städten gewöhnlich Baumeister verwendet werden, die den Platz genau kennen und die bisher in der betreffenden Lage für die Maßeinheit bezahlten Kaufpreise. Darnach und auf Grund des baulichen Zustandes können sie den Flächen- und Bauwert feststellen. Der sogenannte Rentewert ergibt sich aus einer entsprechenden Kapitalisierung der Mietrente, die der Eigentümer, insoweit eine solche vorhanden, durch ein von ihm unterschriftlich anzuerkennendes Mietrenteverzeichnis nachzuweisen hat und von welcher vor der Kapitalisierung zunächst ein gewisser Prozentsatz für Steuern, bauliche Unterhaltung usw. abzuziehen ist. In den regelmäßigen Fällen, in denen die Bebauung des Grundstückes und seine Vermietung normal sind, wird als Wert das arithmetische Mittel des Flächen- und Bauwertes und des Rentewertes angesehen.

Auch in den Fällen, in welchen eine Hypothek von entsprechender Güte ist, kommt in Betracht, daß die Hingabe von Mitteln gegen hypothekarische Sicherheit stets für die Bank eine weniger flüssige Anlage darstellt als z. B. die gegen Effektendeckung. Zahlt der Schuldner nicht an dem vereinbarten Termin oder nach Kündigung des Kredites und will die Bank sich aus dem Grundstück befriedigen, so muß sie die Zwangsversteigerung und unter Umständen die Zwangsverwaltung durchführen, ein Verfahren, das immer umständlich und weitwendig ist. Soll eine Hypothek als Sicherheit dienen, die erst in späterer Zeit fällig oder kündbar wird, so muß von Anfang an mit einer Festlegung der Bankmittel gerechnet werden. Aber auch sonst wird man sein Augenmerk darauf zu richten haben, daß nicht entweder von Anfang an die Absicht besteht, statt eines durch Hypothek gesicherten Kredites, auf Grund dessen bei der Bank ein entsprechender Umsatz gemacht werden soll, eine feste Hypothek aufzunehmen, oder daß nicht nach und nach aus dem Kredit eine feste Hypothek wird. Beim Kredit gegen Effektendeckung kann die Sicherheit, die der Kreditnehmer an sich bietet, unter Umständen völlig zurücktreten, beim Kredit gegen hypothekarische Sicherheit spielt sie eine um so größere Rolle.

Eine Kreditsicherung kann schließlich noch dadurch beschafft werden, daß der Kreditnehmer einen tauglichen Bürgen stellt. Die Bürgschaft kann ihrerseits durch ein Effektendepot oder sonstwie gedeckt werden. Ist dies nicht der Fall, so ist natürlich die Sicherheit des Kredites auch in Ansehung des Bürgen nach den Grundsätzen für die Bewilligung von Blankokrediten zu beurteilen. Um Weitwendigkeiten und Einwänden zu entgehen, die ihnen auf Grund der Bestimmungen des BGB. entgegengesetzt werden könnten, lassen sich die Banken in ihren Bürgschaftsformularen bestätigen, daß der Bürge als Selbstschuldner haftet, und zwar für alle Verbindlichkeiten des Hauptschuldners gegenüber der Bank bis zur Höhe der verbürgten Summe, dann daß die Bürgschaft sich auch auf Nebensachen wie Zinsen und Kosten erstreckt und daß die Haftung daraus sich nicht ändert, wenn die Bank dem Hauptschuldner eine Stundung gewährt oder wenn sie auf irgendein Vorzugs- oder Sicherungsrecht verzichtet;

auch werden aus dem gleichen Grunde Bürgschaften mit zeitlicher Begrenzung regelmäßig abgelehnt und es dem Bürgen überlassen dafür zu sorgen, daß der Hauptschuldner bei Ablauf der Zeit, für welche er haften will, den Kredit zurückbezahlt hat und der Bürge so aus der Haftung befreit wird. Wenn der Bürge kein Kaufmann, sondern Privatmann ist, läßt man sich gewöhnlich eine Deckung geben, insbesondere Effektendeckung; gleiches gilt für die Bürgschaft von Frauen, die keine Handelsfrauen sind.

Ein Blankokredit wird nur gewährt, wenn die Person des Kreditsuchers und sein Vermögen, besonders sein Geschäft genügende Sicherheit geben. Aber auch bei gedeckten Krediten gilt regelmäßig das gleiche, außer wenn die Deckung in jeder Beziehung so einwandfrei ist, daß es auf weiteres nicht ankommt, wie wenn erstklassige Wertpapiere in jedenfalls ausreichender Höhe die Sicherheit bilden.

Auskünfte.

Über die Person und die Verhältnisse des Kreditsuchers schafft sich die Bank vor allem Kenntnis durch Auskünfte. Es ist eine alte Gepflogenheit des Kaufmannsstandes, sich gegenseitig Auskünfte zu geben, und es ist Ehrensache eines Kaufmanns, hiebei möglichst gewissenhaft zu verfahren. Im Laufe des 19. Jahrhunderts hat sich die entgeltliche Auskunftserteilung als ein besonderes Gewerbe herausgebildet. Auch Vereine zur Auskunftserteilung an die Mitglieder bestehen. Auskünfte von Behörden kommen ebenfalls in Frage, so von Bürgermeistern wegen Geschäfte auf dem Lande, von Konsuln wegen ausländischer Firmen. Die Banken pflegen ihre Auskünfte sowohl von Auskunftsbüros einzuziehen als von Geschäftsleuten, welche ihre Mitteilungen aus Gefälligkeit machen, unter anderen von solchen, die vom Kreditsucher als Auskunftsstellen angegeben werden. Das Auskunftswesen beruht auf dem Gedanken, daß man von dem Charakter und den Verhältnissen eines Kaufmanns in dem engeren Kreise, mit dem er in Berührung kommt, im allgemeinen ein richtiges Bild hat; natürlich kann es einem Betrüger gelingen, selbst lange Zeit hindurch zu täuschen. Aufgabe der Auskunftsbüros ist es, durch Sammeln der nötigen Tatsachen und von Urteilen kundiger Leute ein mit der Wahrheit möglichst übereinstimmendes Bild zu geben. Vielfach erteilt man aber den Auskunftsbüros, besonders bei Neubegründung eines Geschäftes, selbst die nötigen Aufschlüsse auf deren Ersuchen oder aus eigenem Antrieb. Auskünfte von Geschäftsleuten, die aus besonderen Gründen eine genaue Kenntnis der Person und der Vermögensverhältnisse eines Kaufmanns haben, sind besonders wertvoll; solche Auskünfte zu erlangen, ist aber nur ausnahmsweise möglich. Meist sind die Auskünfte, die unentgeltlich erteilt werden, nicht so verlässig wie Auskünfte vertrauenswürdiger Auskunftsbüros, weil sie gewöhnlich subjektiv und auf kein so umfassendes Material aufgebaut sind. Die Auskunftsstellen, an die der Kreditsucher verweist, werden nur eine günstige Meinung von ihm haben, manchmal deshalb, weil er ihnen gegenüber sich bemüht, als vertrauenswürdig zu erscheinen und sie gewohnheitsmäßig als Auskunftsstellen benennt. Konkurrenten haben gewöhnlich eine richtige Auffassung über einen Kaufmann, selten eine zu gute. Lieferanten werden wünschen, daß ihr Kunde Kredit erhalte und wenig geneigt sein, durch eine zu strenge Beurteilung dies zu verhindern. Die Auskünfte, besonders die der Büros, pflegen sich auszusprechen über die Person des Angefragten, also Befähigung, Charakter, Gesundheit, Familienverhältnisse, Lebensweise, Vergangenheit, Ansehen, dann über sein Vermögen, dessen Anlage und Rentabilität, vor allem über sein Geschäft, insbesondere auch die Zahlungsweise und den Privatverbrauch und nach all dem über den Grad seiner Kreditwürdigkeit. Wichtige Umstände, wie Eintragung im Handelsregister, eheliches Güterrecht, Gesellschaftsverhältnisse, Grundeigentum und Hypotheken, aber auch Wechselproteste, Klagen und Vollstreckungen, Offenbarungseid, Konkurs, dürfen nicht verschwiegen werden. Natürlich wird die Bank auch selbst nötigenfalls Einblick in das Handelsregister und in das Güterrechtsregister nehmen. Über die zur Beurteilung von Aktiengesellschaften wichtigen Tatsachen unterrichten vor allem deren Geschäftsberichte, ferner Presseberichte. Durch gewisse stehende Ausdrücke wird oft in den Auskünften das Geschäftsgebaren des Angefragten, besonders ein solches, das zur Vorsicht mahnt, charakterisiert. In der Auskunft, wie meist allgemein in den Geschäftsbedingungen der Auskunftsbüros, wird der Empfänger zu vertraulicher Behandlung verpflichtet und jede Gewähr abgelehnt, so daß, von Fällen abgesehen, wo sich aus besonderen Vertragsverhältnissen anderes ergibt, der Auskunftgeber nur für Arglist, nicht auch für grobes oder gar leichtes Versehen haftet. Klagen wegen Schädigung durch falsche Auskünfte beruhen nicht selten auf der Absicht, die Gefahr, die ein Kaufmann bei einer Kreditgewährung läuft, auf den Erteiler einer Auskunft abzuwälzen. Die Folge davon ist, daß bei der Auskunftserteilung an Geschäftsfreunde oder gar an Fernstehende mehr und mehr Zurückhaltung beobachtet wird. Da auch die Banken um Auskunft ersucht werden, ist dies für sie nicht von geringer Bedeutung. Selbstverständlich veralten Auskünfte unter Umständen schnell; deshalb ist es von Wert, daß eine Auskunft neu ist. Wie in anderen Geschäften, so pflegt man auch bei Banken alle erhaltenen Auskünfte in einem Archiv zu sammeln. Wenn die Auskünfte nicht befriedigend sind, wird der Kreditantrag abgelehnt, außer es würden Beweise dafür beigebracht, daß die Auskünfte irrig waren. Die Berichtigung von Irrtümern von Auskunftsbüros ist natürlich von besonderem Interesse für einen Kaufmann.

Eine Auskunft gibt aber immer nur, was ein Dritter über den Kreditsucher denkt. Die Bank wird bestrebt sein müssen, sich über die Verhältnisse ihres Kunden ein eigenes Urteil zu bilden. Dies gelingt ihr am ehesten durch Einblick in seine Bilanz. Der Eindruck, den die Person des Kreditsuchers macht, ist von Wert, kann aber täuschen. Eine genaue Bekanntschaft der Bankleitung mit ihm ist natürlich ein besonders günstiger, aber seltenerer Fall; auch wenn sie gegeben ist, ist es gut und üblich, zu verfahren wie in anderen Fällen, um die Richtigkeit der eigenen Auffassung zu prüfen.

Die Bilanzen der Kundschaft.

Immer noch gibt es Geschäftsleute, welche es nicht einsehen wollen, daß, wer einen Kredit haben will, der Bank genauen Aufschluß über seine Verhältnisse geben muß. Die übereinstimmende Haltung der angeseheneren deutschen Banken hat aber aufklärend gewirkt. Sie halten daran fest, daß man als Kreditsucher der Bank seine Bilanz nebst Gewinn- und Verlustkonto vorzulegen und alle nötigen Aufschlüsse über seine Verhältnisse zu erteilen hat. Ein Bild von der Entwicklung eines Geschäftes läßt sich übrigens erst gewinnen, wenn man die Bilanzen auf eine Reihe von Jahren zurück einsehen kann. Von einfacheren Leuten und solchen, die keine kaufmännische Buchführung haben, ist häufig nur eine Vermögensaufstellung, enthaltend die Aktiven und die Schulden, mit einer Gegenüberstellung der jährlichen Einnahmen und Ausgaben zu erlangen. Die Bilanz ist nach dem HGB. vom Geschäftsinhaber zu unterschreiben, bei Gesellschaften von allen Gesellschaftern, bei einer Aktiengesellschaft von allen Vorstandsmitgliedern. Auch der Bank gegenüber muß durch Unterzeichnung der Bilanz deren Richtigkeit bestätigt werden. Alle Bilanzen werden streng vertraulich behandelt und unter Verschluß der Direktion oder besonders vertrauenswürdiger Beamter gehalten. Wenn Zweifel an der Glaubwürdigkeit der Vorlagen bestehen, kann ihre formelle Richtigkeit an der Hand der Geschäftsbücher geprüft werden. Gegen einen Betrug ist natürlich ein vollkommener Schutz nicht zu finden. Von besonderem Werte ist es, wenn die rechnerische Prüfung der Bilanz und ihre Übereinstimmung mit den Büchern von einer Treuhandgesellschaft oder einem verlässigen Bücherrevisor bestätigt ist.

Eine Bilanz soll ein deutliches Bild von den Aktiven und den Passiven des Geschäftes geben. Sie wird bei Geschäftsbeginn und dann je für den Schluß eines Geschäftsjahres aufgestellt. Inventur darf, wenn anders nicht gut möglich, alle zwei Jahre gemacht werden. Die Bilanz enthält auf der Aktivseite sowohl die Betriebsmittel als die Anlagen, auf der Passivseite die Schulden und das Vermögen sowie etwaige Rücklagen, regelmäßig demnach Kasse, Wechsel, Waren, Außenstände, allenfalls Grundstücke, besonders das Geschäftshaus, Wasserkräfte, Einrichtung, Maschinen, Werkzeuge, Rohstoffe, Halbfabrikate, Wertpapiere, Beteiligungen; andererseits Geschäftsschulden, insbesondere Akzepte, allenfalls Hypotheken, Anleihen, Reserve- und Erneuerungsfonds, und als Ergebnis das Geschäftsvermögen. Die Gewinn- und Verlustrechnung, welche das Ergebnis der einzelnen Konten und damit des Geschäftes für das abgelaufene Jahr ausweist, enthält Gehälter, Löhne, Unkosten, Steuern, Miete, Zinsen usw., ferner Abschreibungen als Ausgaben, andrerseits das — nach Abzug der Ausgaben für Rohstoffe und sonstige Materialien verbleibende — Roheinkommen, dazu allenfalls Nebeneinkommen an Zinsen, Miete und dergleichen als Einnahmen, dazu einen etwaigen Gewinnvortrag aus dem Vorjahr; die Differenz bildet den Reingewinn, oder den Verlust, die auch in der Bilanz vom Kapital ausgeschieden eingesetzt sein sollen; für Aktiengesellschaften ist dies vorgeschrieben. Sämtliche Vermögensgegenstände und Schulden sind nach dem Werte anzusetzen, der ihnen im Zeitpunkt beizulegen ist, für welchen die Aufstellung stattfindet. Für die Bank als Kreditgeberin ist es nur von Interesse, daß die Bilanz nicht günstiger abgefaßt ist, als dem wahren Stande des Geschäftes entspricht; ungünstiger darf sie sein. Bei Aktiengesellschaften sind auch die Geschäftsberichte für die Beurteilung der Lage der Gesellschaft von Interesse. Neben dem Geschäftsvermögen muß auch über ein etwa vom Geschäftsvermögen abgesondert vorhandenes Privatvermögen Aufschluß gegeben werden, sei es durch Aufnahme in die Geschäftsbilanz, sei es in einer eigenen Aufstellung; so über Haus- und Grundbesitz, Wertpapiere, Hypotheken und Forderungen, die dem Geschäftsinhaber als Privatmann gehören, andrerseits über Verpflichtungen, die nicht aus dem Geschäftsbetrieb herrühren. Wer seine Bilanz unterschrieben einreicht, gibt damit stillschweigend die Erklärung ab, daß er über seine Vermögensverhältnisse erschöpfenden Aufschluß erteilt habe, daß seine Aktiven nicht zu hoch und seine Passiven vollständig angegeben sind. Verluste, die nach der Bilanzziehung eingetreten sind, dürfen nicht verschwiegen werden.

Für Aktiengesellschaften schreibt das HGB. vor, daß Wertpapiere und Waren, die einen Börsen- oder Marktpreis haben, höchstens zu dem Börsen- oder Marktpreis des Zeitpunkts angesetzt werden, für welchen die Bilanz aufgestellt wird, soferne dieser Preis jedoch den Anschaffungs- oder Herstellungspreis übersteigt, höchstens zu dem letzteren, andere Vermögensgegenstände höchstens zu dem Anschaffungs- oder Herstellungspreis und, wenn die Gegenstände veräußert werden sollen, jedenfalls nicht über dem Nettopreis, der bei einer Veräußerung erzielt werden kann. Herstellungspreis ist die Summe der Materialien und der Löhne; Spesen, auch allgemeine, welche auf Anschaffung oder Herstellung erwachsen, dürfen nach richtiger Meinung in den Anschaffungs- oder Herstellungspreis eingerechnet werden. Nach diesen Bilanzierungsgrundsätzen richtet man sich mehr oder weniger auch bei anderen Geschäften als Aktiengesellschaften. Unter Außenstände dürfen nur die einbringlichen Forderungen aufgeführt werden; verlorene Forderungen sind abzuschreiben, zweifelhafte nach ihrem wahrscheinlichen Werte einzusetzen. Für die Bewertung von Hypothekenforderungen ist, wenn nicht der Schuldner zweifellos gut ist, der Wert maßgebend, den die Hypothek als solche hat, der sogenannte dingliche Wert. Dieser kann so sein, daß die Hypothek nach dem Werte des Grundstücks, als welcher regelmäßig der Rentewert erscheint, ganz oder teilweise als gedeckt oder als wertlos erachtet werden muß. Natürlich gibt es verschiedenerlei Fälle dazwischen, insbesondere Fälle, in denen man zwar bei einer Zwangsversteigerung das Grundstück, um seine Forderung zu retten, wird erwerben müssen, aber damit rechnen kann, daß die aufgewandten Mittel sich dann aus der eingehenden Miete abzüglich Zinsen für vorausgehende Hypotheken entsprechend rentieren werden und der Erwerber nach einiger Zeit durch Verkauf des Grundstücks auch zu seinem Kapital kommen wird. In manchen Fällen geben die Nachhypotheken insofern einen Schutz, als damit gerechnet werden kann, daß um diese zu retten, die Vorhypotheken überboten werden; es ist aber immer zu prüfen, welcher Grad von Wahrscheinlichkeit dafür besteht. Öfters wird für die Bewertung der Betrag maßgebend sein, um den die Hypothek sich mit Nachlaß verkaufen lassen wird. Der Geschäftswert (Firmenwert) darf in die Bilanz eingestellt werden, wenn das Geschäft entgeltlich von einem anderen erworben worden ist. Patente, Musterschutz- und andere besondere Berechtigungen können als Aktiven gebucht werden, insoweit Aufwendungen dafür gemacht worden sind an Gebühren, Auslagen und anderen Kosten, insbesondere auch mit dem Kaufpreis für solche Rechte. Die Aufnahme von Organisationskosten unter die Aktiven ist für Aktiengesellschaften ausdrücklich verboten.

Die Erhöhung und die Verminderung des Wertes von Aktiven, die seit ihrer Anschaffung eingetreten ist, ist natürlich alljährlich bei Aufstellung der Bilanz zu berücksichtigen. Ob dies geschehen, ergibt sich insbesondere aus der Vergleichung mit älteren Bilanzen. Der Wert von Waren kann aus den verschiedensten Gründen wechseln, Grundstücke können durch Straßenverlegungen, Änderungen an Bahnhöfen oder Bahnstrecken oder aus anderen Gründen an Wert gewinnen oder verlieren. Die Bank interessiert es nur, ob angenommene Werterhöhungen gerechtfertigt und Wertminderungen berücksichtigt sind. Für Wertpapiere und Waren, welche einen Börsen- oder Marktpreis haben, ist im letzteren ein bestimmter Anhalt für ihre jeweilige Bewertung gegeben. Abgesehen von den Wertänderungen, die aus besonderen Gründen eintreten, kommt aber in Betracht, daß fast alle Gegenstände einer fortwährenden Wertminderung unterliegen. Sie werden abgenützt, der Geschmack, die Mode wechseln, neue Erfindungen treten an die Stelle älterer Gebrauchsgegenstände, gewisse Berechtigungen wie Patente werden nur auf eine bestimmte Reihe von Jahren verliehen, der Inhalt von Bergwerken, Gruben, Steinbrüchen zehrt sich auf, bei den Außenständen gibt es erfahrungsgemäß Verluste. Um dieser Wertminderung gerecht zu werden, hat man die Abschreibungen eingeführt, die gewöhnlich in jeder Jahresbilanz nach Prozentsätzen vorgenommen werden. So pflegt man bei Wohnhäusern 1—2, bei Fabrikgebäuden 2—5% abzuschreiben, bei Maschinen 10—20%, ebensoviel bei Geschäfts- und Fabrikeinrichtungen; Werkzeuge sind regelmäßig mit einem höheren Betrage abzuschreiben, $33^1/_3$—50%. Der Firmenwert, Patente und ähnliche Berechtigungen, Muster und Modelle sind tunlichst bald auf ℳ 1.— herunterzuschreiben, womit sie in einer schönen Bilanz zu erscheinen pflegen. Die angemessene Höhe der Abschreibungen auf Waren einschließlich Rohstoffe und Halbfabrikate, sowie auf Außenstände kann nur nach Maßgabe der Verhältnisse des einzelnen Falles bestimmt werden; irgendwelche Abschreibungen darauf sind aber aus Gründen der Vorsicht immer nötig, auch wenn sich bisher kein unmittelbarer Anlaß dafür ergeben hat. Maßgebend für den Prozentsatz, mit dem eine Abschreibung zu machen ist, ist stets der besondere Fall, insbesondere die Frist, innerhalb welcher eine Anlage ihrem Zwecke dient. Der Prozentsatz ist immer zu berechnen von der Summe, mit der der Posten ursprünglich in die Bilanz eingestellt wurde, nicht von der durch Abschreibungen in der vorausgegangenen

Bilanz gewonnenen Summe. Denn würde z. B. eine 10%ige Abschreibung nicht vom Anschaffungswert, sondern vom jeweiligen immer um 10% gekürzten Buchwert gemacht, so wäre der Posten nach 10 Jahren erst auf 35% und nach 21 Jahren erst auf 10% abgeschrieben, statt innerhalb von 10 Jahren ganz. Auch sinkt sonst die Abschreibungsquote beträchtlich in ihrer Höhe. Statt Abschreibungen an den Aktiven können Rückstellungen in gleicher Höhe auf der Passivseite gemacht werden. Für die Anlagen von Aktiengesellschaften und ihre sonstigen Gegenstände, die nicht zur Weiterveräußerung, sondern dauernd zum Geschäftsbetrieb bestimmt sind, ist dies im HGB. ausdrücklich erwähnt, indem die Gegenüberstellung eines Erneuerungsfonds zugelassen ist. Zur Deckung von Ausfällen bei den Außenständen bildet man vielfach eine Delkredererücklage.

Die Schulden müssen in ihrer vollen Höhe angegeben werden. Unzulässig ist es, sie von den Außenständen abzuziehen oder umgekehrt und nur den Unterschied in die Aktiven oder die Passiven einzusetzen; ebensowenig darf unter Abzug der Hypotheken vom Werte eines Gebäudes oder eines Grundstücks nur der Unterschied in die Aktiven eingestellt werden. Die Einlage des stillen Gesellschafters in ihrem jeweiligen Bestande ist eine Schuld des Kaufmanns. Bedingte und betagte Schulden dürfen nicht weggelassen werden. Auch solche aus Bürgschaften nicht; sie werden ordnungsgemäß als durchlaufende Posten, nämlich mit gleichen Beträgen auf beiden Seiten der Bilanz gebucht; wenn die Zahlungspflicht mindestens droht und der Hauptschuldner, gegen den das Rückgriffsrecht besteht, nicht zweifellos sicher ist, ist die Verpflichtung aus der Bürgschaft eine Schuld wie eine andere. Zu beachten sind die aus dem ehelichen Güterrecht entspringenden Wirkungen. Das eingebrachte Gut der Frau ist kein Bestandteil des Vermögens des Mannes. Das gemeinschaftliche Vermögen der Ehegatten bei der Gütergemeinschaft dagegen ist Vermögen des Kaufmanns und gehört ganz in seine Bilanz. Wenn ein Unternehmen Filialen hat, so müssen deren sämtliche einzelne Konten in die der Hauptbilanz aufgenommen werden; wenn in letztere nur ein Saldo eingesetzt wird, werden die wahren Verhältnisse, insbesondere die Verpflichtungen des Unternehmens verdunkelt.

Um die Kreditwürdigkeit des Einreichers einer Bilanz zu prüfen, sieht man zuerst darauf, welche Schulden er hat, dann wie sie aus seinen Aktiven gedeckt werden können. Die Schulden müssen vor allem in einem angemessenen Verhältnis zum Reinvermögen stehen; ist es zu ungünstig, wird man nicht geneigt sein, Kredit zu geben, auch wenn die Schulden an sich nach der Bilanz aus den Aktiven gedeckt werden können.

Dann ist es von Interesse, wann jede Schuld fällig wird; im Zeitpunkte der Fälligkeit müssen genügend Aktiven zur Deckung bereit sein. Das Alter der Verpflichtungen ist aber auch an sich für die Kreditwürdigkeit von Bedeutung, weil es zeigt, wie der Kreditsucher zahlt, insbesondere ob er die Rechnungen seiner Lieferanten unter Abzug von Skonto per Kasse reguliert oder welche Fristen er in Anspruch nimmt. Gewöhnlich trennt man die Hypotheken und die Kurrentschulden und stellt erstere den Immobilien, letztere den anderen Aktiven gegenüber. Dies ist aber nur mit einer gewissen Einschränkung richtig: Man wird annehmen können, daß die ersten Hypotheken von Banken, Versicherungsgesellschaften, Sparkassen usw. der Regel nach durch den Wert der Grundstücke gedeckt werden, weil sie bei Fälligkeit durch eine Hypothek gleicher Höhe werden ersetzt werden können. Dagegen müssen zur Deckung weiterer Hypotheken unter Umständen die beweglichen Aktiven herangezogen werden. Einen genauen Anhalt ergibt erst eine Schätzung des Grundstücks. Eine große Hypothekenlast ruft an sich ungünstige Urteile über die Vermögenslage hervor, besonders wenn am Schlusse der Hypotheken kleine Posten stehen, die offenbar davon herrühren, daß sie als scheinbare Deckung für nicht bezahlte Verbindlichkeiten gegeben worden sind. Bei Zweifeln über die Hypothekenlasten werden Grundbuchauszüge verlangt. Warenschulden sind natürlich regelmäßig als ohne weiteres fällig anzusehen, ebenso Akzepte; ein verhältnismäßig hoher Betrag der Akzepte läßt die Bilanz weniger günstig erscheinen, sowohl wegen des Überwiegens sofort zu erfüllender Verpflichtungen als, weil angenommen werden kann, daß die Lieferanten darauf gedrungen haben, Wechselsicherheit zu bekommen, also ihrem Kunden geringeres Vertrauen entgegenbringen; doch ist auch die Handelssitte des betreffenden Geschäftszweiges zu berücksichtigen. Bei Darlehensforderungen, insbesondere von Verwandten, kommt es auf die vereinbarte Kündigungsfrist an. Oftmals kann angenommen werden, daß diese ihre Ansprüche mindestens zur Unzeit nicht geltend machen werden. Dies gilt besonders von Ansprüchen der Ehefrau und Kindergeldern. Forderungen von Eltern, die der Geschäftsinhaber einmal beerbt, brauchen unter Umständen nicht unter die Schulden gerechnet zu werden. Natürlich darf eine bloße Hoffnung, daß eine Forderung nicht geltend gemacht wird, nicht in Rechnung gestellt werden. Wenn unter den Darlehensschulden solche aus einem bereits bestehenden Bankkredit sind, wird die Bank die Frage prüfen, ob und unter welchen Voraussetzungen sie neuen Kredit gewährt. Von besonderem Interesse ist es, wann große Posten an Hypotheken, Anleihen oder auch anderen

Schulden fällig werden. Die Tilgung im Wege der Amortisation läßt die Kreditwürdigkeit des Schuldners in günstigerem Licht erscheinen, als wenn eine größere Schuld auf einmal zurückbezahlt werden muß. Da die Haftung aus weiter begebenen Wechseln aus den Bilanzen gewöhnlich nicht zu ersehen ist, so wird die Bank sich darüber Aufschlüsse erteilen lassen. Insoweit eine Inanspruchnahme aus solchen Wechseln droht, ohne daß der Rückgriff gegen einen zahlungsfähigen Vormann möglich ist, muß ein entsprechender Posten unter die Schulden eingestellt werden. Der Teil des Reingewinns einer Aktiengesellschaft, der als Dividende und als Tantieme zur Ausschüttung kommen soll, darf bei Berechnung der Schulden nicht weggelassen werden; bei anderen Gesellschaften gilt entsprechendes. Um die Konkurrenz älterer Gläubiger, die am Bestand eines Geschäfts und daran, daß es neuen Kredit erhält, interessiert sind, bei einem allenfallsigen Vorgehen gegen den Kreditsucher auszuschließen, wird mit ihnen nicht selten vereinbart, daß sie in der Weise hinter den neuen Kreditgeber zurücktreten, daß sie erst dann Anspruch auf Befriedigung haben, wenn er bezahlt ist; dies z. B. mit Verwandten, aber auch mit großen Lieferanten des Kreditsuchers, Gesellschaftern und stillen Teilhabern sowie Vorbesitzern, die noch mit Forderungen beteiligt sind.

Jeder Schuld muß nun nach Größe und Fälligkeit ein entsprechendes Aktivum gegenüberstehen, und zwar der Sicherheit halber mit einem reichlichen Überschusse. Maschinen und sonstige Zubehörungen von Grundstücken sind als den Hypotheken mitunterworfen vom beweglichen Vermögen abzurechnen. Der Wert der Einrichtung, von Werkzeugen, Mustern und Modellen ist regelmäßig nicht zu beachten, weil der Erlös daraus fast immer unverhältnismäßig gering ist. Ebenso zweifelhaft ist es, was für Firmenwert, Patente und ähnliche Berechtigungen erzielt wird. Auch diese Posten werden daher der Regel nach bei der Berechnung des Wertes der Aktiven gestrichen. Fertige Waren und Rohstoffe sind an sich im allgemeinen als Deckungsmittel für die Schulden anzusehen, nicht dagegen halbfertige Waren. Als Wert der Waren nimmt man vorsichtshalber nur das an, was dafür erzielt werden kann, wenn sie zwar nicht verschleudert, aber doch binnen angemessen kurzer Frist verkauft werden sollen; die Kosten des Verkaufs muß man aber abziehen. Die Güte der Außenstände und der Wechsel kann nötigenfalls geprüft werden, indem Auskünfte eingezogen werden. Zum mindesten sieht man darauf, ob die Gefahr verteilt ist, indem nicht eine geringe Zahl großer Posten, sondern mehr kleinere Schuldner vorhanden sind. Natürlich dürfen die Firmeninhaber nicht unter den Schuldnern sein. Im übrigen wird man die Außenstände daraufhin prüfen, ob sie im Durchschnitt rasch bezahlt werden — etwa binnen drei Monaten — oder lange unbezahlt bleiben, was schon Mißtrauen gegen ihre Güte erwecken muß, dann ob die Schuldner im Inland oder im Ausland sind, ob die Buchforderungen und Wechsel aus dem Warengeschäft oder aus Darlehen herrühren, inwieweit darin Guthaben bei Banken sind, gedeckte Forderungen und wie gedeckt, wie viele Außenstände als zweifelhaft abzuziehen sind, wie viele von den abgeschriebenen Posten gewöhnlich noch eingehen usw. Natürlich können verpfändete Wertpapiere, Waren und sonstige Gegenstände nur als Mittel zur Deckung der mit dem Pfandrecht ausgestatteten Forderungen in Ansatz gebracht werden. Aus den Bilanzen sind Verpfändungen meist nicht zu ersehen; es ist aber Pflicht der Einreicher, sich über Absonderungsrechte auszusprechen, die bestimmte Aktiven dem Zugriffe der übrigen Gläubiger entziehen. Natürlich können Verpfändungen die Kreditwürdigkeit des Bilanzeinreichers in ungünstigem Licht erscheinen lassen, insofern sie darauf schließen lassen, daß man nicht ohne eine besondere Sicherung geneigt war, Kredit zu gewähren. Wenn es eine Bankschuld ist, wofür eine Sicherheit bestellt ist, so wird ein weiterer Bankkredit, wenn überhaupt, jedenfalls nicht ohne ausreichende neue Sicherheit gegeben werden. Den Überwert verpfändeter Gegenstände, auch der Grundstücke über die Hypotheken bei der Berechnung der Aktivwerte, aus denen die Schulden zu decken sind, heranzuziehen, geht in den seltensten Fällen an, weil bei einer Zwangsversteigerung regelmäßig nur ein geringerer Erlös erzielt wird.

Damit aus den Aktiven die Schulden bei Verfall bezahlt werden können, und im entsprechenden Verhältnis zu denselben, müssen die Aktiven aber nicht nur gut, sondern auch flüssig sein. Unter Flüssigkeit einer Vermögensanlage versteht man ihre Eigenschaft, leicht in bares Geld umgewandelt werden zu können. Man darf die Flüssigkeit nicht als eine Eigenschaft ansehen, die in der Güte eingeschlossen sein müsse, um diese voll zu machen: Grundstücke und Hypotheken können zweifellos gute Vermögensanlagen, zu gewissen Zeiten bessere als andere sein, sind aber doch nicht flüssig. Als flüssig sind ohne weiteres zu erachten die Posten Kasse, Guthaben auf Postscheckkonto, Guthaben bei der Reichsbank und sonst einer soliden Bank, dann Wechsel, vorausgesetzt daß die daraus Verpflichteten so gut sind, daß damit gerechnet werden kann, daß sie eingehen; sie verwandeln sich dann binnen kurzer Frist in Bargeld und können außerdem jederzeit rediskontiert werden. Flüssig sind ferner Waren, welche jederzeit benötigt werden, wie die meisten Nahrungs- und Genußmittel — nur dürfen diese nicht zu raschem Verderben unterliegen —, Kohlen, Holz, Getreide, Vieh, Pferde, bei Brauereien Bier, Hopfen, Gerste, Fässer. Nicht oder weniger flüssig sind dagegen Waren, welche nur einem besonderen Geschmack entsprechen, selten begehrt werden, einem Luxusbedürfnis dienen, das nicht häufig auftritt, kostbare Möbel, Gemälde und andere Kunstgegenstände; wenn sie ohne weiteres veräußert werden sollen, ist dies regelmäßig nur mit Verlust möglich. Von dem, dessen Vermögen im wesentlichen in nicht flüssiger Weise angelegt ist, sagt man, daß er seine Mittel festgelegt habe. Dies gilt vor allem von Anlagen in Grundbesitz und Hypotheken, weil diese sich am schwersten jederzeit flüssig machen lassen. Zeitweilig kann ja die Konjunktur eine solche sein, daß wenigstens gewisse Grundstücke leichter anbringlich sind. Häufig aber ist dies schwer. Miethäuser, die eine gute Rente bringen, sind eher zu veräußern. Anwesen, die industriellen Zwecken dienen, und Einfamilienhäuser, die für den besonderen Geschmack ihres Bewohners eingerichtet sind, insbesondere Villen sind selten gesucht, meist nur mit Verlusten zu verkaufen. Von unbebauten Grundstücken sind diejenigen, die landwirtschaftlichen Zwecken dienen, meist am ehesten veräußerlich. Auch Hypotheken können, wenn sie noch nicht fällig sind, meist nur mit Verlust verkauft werden. Es kommt dazu, daß beim Verkauf von Grundstücken der Verkäufer von seltenen Fällen abgesehen nur einen Teil seiner Forderung sofort in bar erhält; im übrigen werden meist Hypotheken in Anrechnung auf den Kaufpreis übernommen und für den Rest eine Hypothekenforderung eingetragen, die in gewissen Fristen fällig wird. Dabei fällt es natürlich ins Gewicht, daß die Immobiliarwerte im allgemeinen höher sind als Mobiliarwerte. Als flüssig sind im allgemeinen auch börsengängige Wertpapiere zu erachten. Gleiches gilt von guten Außenständen mit kurzer Verfallfrist; üblicherweise sieht man aber darauf, daß die Schulden tunlichst aus Vermögen des Firmeninhabers gedeckt werden können, das dem sofortigen Zugriffe zugänglich ist, ohne daß Schritte gegen einen Dritten notwendig wären. Dauernde Beteiligungen an Geschäften sind regelmäßig nicht in Kürze abzuwickeln oder zu veräußern.

Die Anforderungen an Güte und Flüssigkeit sind übrigens nicht zu beschränken auf den Teil der Aktiven, aus dem die Schulden gedeckt werden sollen, sie haben vielmehr auch zu gelten für die Aktiven, in welchen das Vermögen und allenfallsige Reservefonds angelegt sind; denn diese sollen einen Sicherheitsfonds für den zu gewährenden Kredit bilden. Auch wo in der Bilanz keine Schulden ausgewiesen sind, sollen also flüssige Mittel vorhanden sein, aus denen der Kredit zurückgezahlt werden kann. Allerdings müssen die notwendigen Anlagen aus dem Geschäftskapital geschaffen werden, insoweit darauf nicht langfristiger Kredit verwertet wird. Aber auch Betriebsmittel in genügender Höhe sollen als eigenes Kapital vorhanden sein. Im allgemeinen können die Betriebsmittel als flüssig angesehen werden oder sollten es doch, während die Anlagen meist als nicht flüssig zu erachten sind; doch decken sich beide Unterscheidungen nicht völlig. Das richtige Verhältnis von Anlagen und Betriebsmitteln, nach dem sich auch das richtige Verhältnis langfristiger und kurzfristiger Schulden bestimmt, ist abhängig von der Natur des Geschäfts. Handelsunternehmungen weisen regelmäßig flüssigere Bilanzen auf als industrielle Unternehmungen; aber auch unter letzteren gibt es hinsichtlich der Möglichkeit flüssig zu sein große Unterschiede nach dem Geschäftszweig. Immer ist aber eine Bilanz schöner, die überwiegend flüssige Mittel ausweist, und letzterer müssen genügend vorhanden sein, daß eine langfristige Schuld, die zur Rückzahlung kommen soll und nicht durch eine andere ersetzt werden kann, daraus zurückgezahlt werden kann. Bei einer Aktiengesellschaft kommt es auch auf die Größe der Reserven und ihr Verhältnis zum Grundkapital an, vor allem darauf, ob der ordentliche Reservefonds seine gesetzliche Höhe hat; wenn letzteres nicht der Fall, ist entweder die Gesellschaft noch jung oder der Reservefonds mußte einmal angegriffen werden. Der aufzunehmende Kredit bringt in die Bilanz eine neue Schuld. Es interessiert daher, was dafür angeschafft wird. Sind es flüssige Mittel, insbesondere Waren, die wieder mit Nutzen verkauft werden können, so wird dies die Bilanz nicht ungünstig beeinflussen. Anders, wenn die gewonnenen Mittel in Anlagen festgelegt werden, ohne daß sich erkennen ließe, ob das aufgewandte Kapital in kurzer Frist mit Nutzen sich wieder erneuert. Erst recht wird man nicht geneigt sein, einen Kredit zu gewähren, wenn dieser nur zur Tilgung einer Schuld verwendet werden soll, die der Kreditsucher nicht bezahlen kann. Der Zweck der Kreditaufnahme ist daher etwas, worüber die Bank sich genau vergewissern wird.

Schließlich ist auch eine entsprechende Rentabilität des Geschäftes Voraussetzung. Die Bank wird niemand Kredit gewähren, der nicht vorwärts oder gar zurückkommt. Inwieweit das Geschäft Ertrag bringt, ergibt sich aus dem Gewinn- und Verlustkonto, das einen entsprechenden Reingewinn ausweisen muß; da es aber nur das Ergebnis eines Jahres ersehen läßt, insbesondere aus dem Zusammenhalte verschiedener Bilanzen und Gewinn- und Verlustrechnungen, woraus die Entwicklung auf eine Reihe von Jahren zurück zu ersehen ist. Die Vorlagen sind darauf zu prüfen, ob alle wirklich gemachten Ausgaben und Verluste berücksichtigt und die nötigen Abschreibungen gemacht sind. Zu dem zu verzinsenden Geschäftskapital muß der Reingewinn dann in einem entsprechenden Verhältnis stehen. Auch der Privatverbrauch des Firmeninhabers ist zu beachten; er muß in angemessener Höhe zu dem Ertrag stehen; wenn er noch nicht unter den Ausgaben steht, so daß der Reingewinn als Überschuß erscheint, sondern erst vom Kapitalkonto abgeht, ist aus dem Vergleich der aufeinanderfolgenden Bilanzen festzustellen, ob er nicht etwa den Reingewinn aufzehrt oder gar übersteigt, um wieviel das Vermögen — Kapital und allenfalls Reservefonds — jeweils gewachsen oder geringer geworden ist, ob der Gewinn gleichmäßig ist, steigt oder fällt. Anschließend daran wird man aber vergleichen, welche Konten gewachsen sind, ob die mehr oder die weniger ertragbringenden, wie verhältnismäßig die Geschäfts- und Privatschulden angewachsen sind oder sich vermindert haben und ob die Änderungen in jeder Beziehung beruhigend sind. In gleicher Weise können günstige oder ungünstige Schlüsse zu ziehen sein aus der Veränderung einzelner Ausgabe- oder Einnahmeposten in den Gewinn- und Verlustrechnungen aufeinanderfolgender Jahre. Insbesondere bei Aktiengesellschaften pflegt man die Rentabilität in einer Prozentzahl auszudrücken; keineswegs ist dies aber ohne weiteres die Dividende. Anlagen, die im Verhältnis zum Betriebskapital hoch sind, schmälern meist die Rentabilität. Hohe Kreditoren wirken regelmäßig ebenso, weil sie Zinsen kosten. Die Rentabilität eines Geschäftes leidet, wenn der Umsatz des Kapitals langsam erfolgt. Deshalb ist es auch für die Rentabilität von Interesse, ob die Waren lang beim Kreditsucher bleiben und wie lange seine Forderungen im Durchschnitt ausstehen. Eine hohe Rentabilität kann unter Umständen auch bedenklich sein, indem häufig Rentabilität und Sicherheit im umgekehrten Verhältnis zueinander stehen.

Von Bedeutung sind auch statistische Aufstellungen über die Entwicklung des Geschäftes, die neben Bilanz und Gewinn- und Verlustkonto vorgelegt zu werden pflegen, insbesondere eine Umsatzstatistik. Steigerung des Umsatzes und damit Ausdehnung des Geschäftes bewirkt regelmäßig eine Erhöhung der Rentabilität, wenn auch nicht immer im gleichen Verhältnis, und damit auch eine Erhöhung der Sicherheit des im Geschäft angelegten Kapitals.

Der Bürgschaftskredit.

Neben dem Kontokurrentkredit wird häufig ein Bürgschaftskredit — auch Avalkredit genannt — eingeräumt: die Bank verbürgt sich für ihren Kunden gegenüber einem

Dritten durch Unterzeichnung einer Bürgschaftsurkunde oder durch Annahme eines Sichtwechsels, dessen Aussteller der Kunde ist, welcher die Bürgschaft beizubringen hat. Der Dritte ist meist eine Behörde, indem die Bürgschaft für gestundete Frachten, Steuern, Stempel oder Zölle geleistet wird oder als Sicherheitsleistung dient für die vertragsmäßige Ausführung von Bauten oder für die richtige Erfüllung eingegangener Lieferungsverträge gegenüber dem Staat, aber auch gegenüber Gemeinden oder Privaten. Der Bank ist als Entgelt die sogenannte Avalprovision zu vergüten; sie wird berechnet nach der Zeitdauer, während welcher die Bürgschaft aufrechterhalten wird, und jeweils für eine bestimmte Zeit im Kontokurrent belastet. Wird die Bürgschaft gegenstandslos, so sind die Urkunde oder die Wechsel der Bank zurückzugeben; wird sie in Anspruch genommen, so hat gleiches zu geschehen, aber erst nach Bezahlung des Betrags, mit dem die Bürgschaft in Anspruch genommen wird. Die buchmäßige Behandlung ist die, daß der Kunde, für den Bürgschaft geleistet wird, auf einem Avalkonto mit der Bürgschaftssumme belastet wird; wird die Bürgschaft wieder freigegeben, so wird der Kunde wieder erkannt; wird die Bürgschaft in Anspruch genommen, so wird der Kunde im Kontokurrent belastet und gleichzeitig für den dadurch frei werdenden Bürgschaftsbetrag auf Avalkonto erkannt. Die Voraussetzungen für die Gewährung eines Avalkredites — entsprechende Deckung oder ausreichende Gründe für einen Blankokredit — sind die gleichen wie beim Kontokurrentkredit. Als Deckungsmittel kommt insbesondere die Abtretung der Forderung des Kreditnehmers gegen den Dritten in Betracht, welche jedoch in sehr vielen Fällen keine ausreichende Sicherheit bietet, weil sie noch nicht zur Entstehung gekommen ist oder weil ihr eine Einrede entgegengesetzt werden kann, insbesondere daß sich während der Garantiezeit Mängel herausgestellt haben. Die Forderung des Dritten gegen den, für welchen Bürgschaft geleistet wird, geht mit der Zahlung der Bürgschaftssumme nach den Bestimmungen des BGB. auf den Bürgen über; ist es eine Forderung wegen öffentlicher Abgaben, so hat auch der Bürge als Rechtsnachfolger das Vorrecht im Konkurs, welches öffentlichen Kassen in gewissem Umfang zusteht, ein Umstand, der allein schon als eine Sicherheit für den Kredit anzusehen ist, natürlich ohne daß dieselbe immer ausreichend sein müßte. Für die Behörden ist der Kreis von Banken, deren Bürgschaft angenommen werden darf, häufig durch Verwaltungsvorschriften begrenzt.

Der Diskontkredit.

In der Regel braucht ein Kaufmann neben dem Kontokurrentkredit einen Diskontkredit. Oft genügt ihm der letztere allein. Die Diskontkreditgewährung besteht darin, daß die Bank ihrem Kunden einen oder mehrere bestimmte Wechsel oder einen Posten Wechsel oder fortlaufend Wechsel bis zu einer vereinbarten Höchstgrenze abkauft, unter Abzug des Diskonts, d. h. der Zinsen bis zum Fälligkeitstag, meist auch einer Provision. Für die Höhe der Zinsen ist der jeweilige Reichsbankdiskont maßgebend. Abweichungen für den einzelnen Fall nach oben wie nach unten werden aus besonderen Gründen vereinbart, insbesondere ein höherer Satz für Wechsel, welche nicht bei der Reichsbank rediskontierbar sind. Primadiskonten, d. h. Akzepte erster Firmen, vor allem Banken, die bestimmten Anforderungen, insbesondere hinsichtlich der Wechselsumme entsprechen und zu einem Vorzugszinssatz, dem Privatdiskont, gehandelt werden, pflegen in die für den Diskontkredit vereinbarte Summe nicht eingerechnet zu werden. Ein Wechseldiskontkredit wird immer nur dem Einreicher der Wechsel gewährt, nicht dagegen dem Akzeptanten oder sonst einem Mitverbundenen. Der Einreicher muß der Bank gegenüber mit seinem Giro die wechselmäßige Haftung übernehmen und die Bank prüft die Frage, ob und in welcher Höhe ihm ein Diskontkredit gewährt werden kann, in gleicher Weise, wie sie seine persönliche Kreditwürdigkeit bei der Gewährung eines Kontokurrentkredites prüft. Nötigenfalls wird auch die Gewährung eines Diskontkredits davon abhängig gemacht, daß reale Sicherheiten für ihn geleistet werden oder daß ein bestimmtes weiteres Giro beigebracht wird. Auch wo ein Diskontkredit bis zu einer bestimmten Summe bewilligt ist, behält sich die Bank regelmäßig vor, die Güte der Mitverpflichteten der eingereichten Wechsel zu prüfen und solche, die ihr nicht genügen, zurückzuweisen. Nötigenfalls zieht sie zunächst Auskünfte ein. Bei der Hereinnahme der Wechsel sieht die Bank darauf, daß innerhalb der zugelassenen Grenze nicht zu viel Wechsel mit denselben Akzeptanten oder Mitgiranten eingereicht werden. Oft bedingt sie für dasselbe Akzept oder dasselbe Giro eine gewisse Höchstgrenze, manchmal dafür eine weitere Sicherheit. Vor allem wird darauf gesehen, daß die Wechsel aus dem regelmäßigen Warenverkehr herrühren, erkennbar der Regel nach daraus, daß der Produzent auf den Großhändler, dieser auf den Kleinhändler zieht. Finanzwechsel, d. h. solche, die aus einem Darlehensverkehr herrühren oder die gar nur geschaffen worden sind, um einem der Beteiligten zu einer Geldsumme zu verhelfen, werden zurückgewiesen. Selbstverständlich ist es, daß die Beziehungen sofort abgebrochen werden, wenn Wechselreiterei nachgewiesen wird. Natürlich müssen die Wechsel akzeptiert sein, da der Ankauf unakzeptierter Wechsel die Gewährung eines Blankokredites an den Einreicher wäre; es werden aber auch unakzeptierte Wechsel bei Banken eingereicht zu dem Zweck, daß diese — durch befreundete Bankfirmen oder durch die Post — das Akzept einholen und die Wechsel dann diskontieren; wird die Annahme verweigert, so werden die Wechsel zurückgegeben, je nach Verabredung mit dem Einreicher nach Aufnahme des Protestes mangels Annahme oder ohne solchen. Für die Aufrechterhaltung des Kreditverhältnisses ist es natürlich von besonderer Bedeutung, wie die diskontierten Wechsel eingehen, insbesondere ob Verlängerungen hereingenommen werden sollen, was nur ausnahmsweise aus besonderen Gründen geschieht, z. B. wenn ein Teil der Wechselsumme bezahlt und nur für den Rest ein neuer Wechsel hereingegeben wird, ferner ob Proteste und in welchem Verhältnis sie vorkommen. Wechsel von Akzeptanten, die ihre Akzepte schon protestieren ließen, werden natürlich nicht angekauft. Die eigene Erfahrung, welche die Bank in dieser Richtung macht, wird unterstützt durch sogenannte Protestlisten, vertraulich an Interessenten verschickte Verzeichnisse von Firmen und Einzelpersonen, deren Akzepte in der jüngsten Zeit protestiert wurden. Wenn eingereichte Wechsel bei dem Einreicher domiziliert sind, erschwert dies die Kontrolle darüber, ob sie richtig eingehen; dies ist deshalb ein Umstand, der nicht selten zu Mißtrauen und Vorsicht mahnt. Wenn der Bank zur Diskontierung angebotene Wechsel nicht genehm sind, so übernimmt sie gewöhnlich deren Einzug, falls der Einreicher damit einverstanden. Natürlich werden vielfach Wechsel den Banken überhaupt nicht zur Diskontierung, sondern nur zum Einzug übergeben. Vertrauenswürdigen Kunden werden solche Wechsel manchmal nicht erst nach Eingang, sondern gleich „per Verfall" gutgeschrieben. Für den Einzug von Wechseln wird von den Banken nur eine sehr geringe oder überhaupt keine Gebühr berechnet, indem die Bank sich letzterenfalls mit dem geringen Nutzen begnügt, der ihr aus einer ihr günstigen Valutierung des Gegenwerts erwächst. Über die angekauften Wechsel erteilt die Bank dem Einreicher eine Wechselabrechnung. Ein Verzeichnis der zu diskontierenden Wechsel pflegt übrigens mit diesen schon von den Kunden eingereicht zu werden. Entsprechende Rückwechselrechnungen werden ausgestellt, wenn ein Wechsel nicht eingeht und dem Kunden wieder belastet wird. Das sogenannte Wechselobligobuch der Bank enthält für jeden Kunden, dem ein Diskontkredit eingeräumt ist, ein Verzeichnis der von ihm eingereichten Wechsel, aus welchem, da die eingelösten Wechsel abgetragen werden, sofort zu ersehen ist, in welchem Maße ihm nach den bestehenden Vereinbarungen noch Wechsel abgenommen werden dürfen. Die fälligen diskontierten und Einzugwechsel werden den Akzeptanten durch Kassendiener vorgezeigt. Wenn eine Zahlung nicht erfolgt, wird ein Zettel hinterlassen, worauf mitgeteilt wird, daß die Zahlung gewöhnlich noch bis 10 Uhr vormittags des nächsten Werktages erfolgen kann. Andernfalls veranlaßt die Bank die Protesterhebung, abgesehen von den Wechseln, bei welchen neben jedem Giro der Vermerk steht: „Ohne Kosten", durch welchen der Girant erklärt, auch ohne Protesterhebung die Wirkung einer solchen auf sich zu nehmen. Wechsel auf andere Plätze als den Sitz der Bank werden durch Vermittlung einer anderen Bank, auch der Reichsbank, oder der Post eingezogen, allenfalls auch durch Vermittlung einer Firma, die keine Bank ist, was besonders bei Wechseln auf das Ausland, sogenannten Devisen vorkommt. Die Reichsbank und die Privatnotenbanken widmen sich dem Diskontgeschäfte in besonderem Maße und nach besonderen Grundsätzen.

Das Verfahren der Banken im Kreditgeschäft.

Auf den Antrag des Kreditsuchers hin trifft die Bank zunächst Entschließung, ob es ihr dient, aus Gründen der Disposition und anderen Gesichtspunkten überhaupt einen Kredit, wie beantragt, zu bewilligen. Bejahendenfalls tritt sie in die Prüfung der angebotenen Sicherheit und der persönlichen Kreditwürdigkeit des Kreditsuchers ein und, wenn auch diese, allenfalls nach einer Abänderung des Gesuches, dazu führt, daß dasselbe Genehmigung findet, wird die Kreditbewilligung meist schriftlich ausgesprochen. Erfolgt sie mündlich, so pflegt sie nachträglich schriftlich bestätigt zu werden. Im Krediteinräumungsbrief erklärt sich die Bank bereit, dem Kunden einen Kredit in bestimmter Höhe zu gewähren, wenn als gedeckten Kredit, unter der Bedingung der Bestellung der angebotenen Sicherheit, allenfalls noch unter weiteren Bedingungen und unter der Voraussetzung der Erfüllung gewisser Verpflichtungen, wie sie sich insbesondere aus dem ergeben, was bei Besprechung der einzelnen Kreditdeckungen bemerkt ist; regelmäßig, besonders bei Blankokrediten, wird auch ausbedungen, daß jeweils Bilanz nebst Gewinn- und Verlustkonto vorgelegt und alle der Bank nötig erscheinenden Aufschlüsse erteilt werden; ferner hat der Krediteinräumungsbrief sich auszusprechen über die Dauer des Kredites, auch ob er etwa als Saisonkredit bewilligt wird und je für welche Monate im Jahr, und über die Zins- und Provisionsbestimmungen, sowie den Ersatz von Auslagen der Bank; auch werden damit die allgemeinen Kontokurrentbedingungen zur Anerkennung oder zur Kenntnisnahme übersandt, wenn dies nicht schon geschehen. Wenn der Kontokurrentkredit ganz oder teilweise als Trassierungskredit ausgenützt werden darf, ist auch hierüber näheres zu sagen. Der Brief kann auch die Bewilligung eines Bürgschaftskredites und die eines Wechseldiskontkredites enthalten. In Fällen, wo für den Kredit keine völlig ausreichende Deckung gegeben ist, läßt sich die Bank geeignetenfalls durch den Kunden noch die Zusicherung geben, daß er während der Verbindung mit ihr sein Warenlager und seine Außenstände nicht verpfändet oder letztere an einen Dritten abtritt — denn so könnten aus dem Vermögen des Schuldners Aktiven weggebracht werden, auf deren Vorhandensein die Bank ihr günstiges Urteil über seine Kreditwürdigkeit aufgebaut hat —; manchmal auch aus dem gleichen Grunde der Erhaltung der Aktiven den Nachweis erbringen, daß das Warenlager oder sonstige bewegliche oder unbewegliche Gegenstände gegen Feuer, allenfalls auch gegen Einbruch versichert sind, auch wenn die Sachen nicht der Bank verpfändet werden; auch daß kein Kredit bei einer anderen Bank aufgenommen werde, läßt sich die Bank, die einen Blankokredit gibt, gewöhnlich zusichern; denn damit würde ihr ein genügender Einblick in die Verhältnisse ihres Schuldners genommen. Wenn der Kunde seine Zustimmung zum Krediteinräumungsbriefe erteilt hat und die Bedingungen für die Kreditgewährung erfüllt sind, wird der Kredit eröffnet.

Aber auch dann hat die Bank noch Anlaß zu fortlaufender Beobachtung. Vor allem ob der Saldo jeweils sich innerhalb des vereinbarten Rahmens hält, weswegen die Höhe des Kredites über den Kopf des Kontos geschrieben oder in ein besonderes in der Hand des zuständigen Bürovorstehers befindliches Büchlein eingetragen zu werden pflegt. Für die Anerkennung der periodischen Abrechnungen und der Depotauszüge ist zu sorgen ebenso wie dafür, daß nach dem Halbjahresende Zinsen und Provisionen bezahlt werden, wenn der Debetsaldo die Kreditgrenze überschreitet. Es ist zu verfolgen, daß das Konto einen entsprechenden Umsatz aufweist, denn die Bank will Kredite und keine festen Darlehen geben. Von Zeit zu Zeit holt man Auskünfte ein über Schuldner und Bürgen. Man sorgt dafür, daß regelmäßig die Bilanzen nebst Gewinn- und Verlustrechnungen vorgelegt und dazu die nötigen Aufschlüsse erteilt werden, unter anderem auch um sich über die Verwendung der von der Bank gegebenen Mittel zu vergewissern. Die Bank prüft den jeweiligen Kurswert der hinterlegten Effekten, den Eingang von Wechseln und abgetretenen Forderungen, die Zahlung von Lebensversicherungsprämien und den Eingang der Versicherungssummen, die Verwahrung und den Zustand verpfändeter und übereigneter Gegenstände wie auch ihre Versicherung gegen Feuer und gegen Einbruch, zeitweilig auch den Wert eines Grundstückes, das ihr verpfändet ist. Auch Anträge des Kreditnehmers oder von seinem Willen unabhängige Ereignisse geben Anlaß zum Tätigwerden für die Bank: Depots werden verstärkt und der Kredit soll deshalb erhöht werden, Effekten oder andere Pfandgegenstände sollen freigegeben werden, Blankokredite sollen erhöht oder vermindert werden, an den Sonderbedingungen sollen Änderungen vorgenommen werden; Kreditnehmer sterben und die Kredite müssen auf die Erben übertragen werden, oder es stirbt ein Bürge, so daß das Verhältnis zu seinen Erben geregelt werden muß; Pfändungen von Ansprüchen der Kreditnehmer gegen die Bank durch Gläubiger der ersteren kommen vor. All dies sind nur Beispiele. Bei fast jeder Bank werden mit Rücksicht auf die Notwendigkeit einer solchen fortlaufenden Verwaltung, getrennt vom laufenden Briefwechsel, für jeden Kredit eigene Kreditakten geführt, worin die für das beiderseitige Rechtsverhältnis maßgebenden Briefe und Vormerkungen gesammelt werden, aber auch was sonst zur Beurteilung des Kredites von Wert ist. Auch werden diese Angelegenheiten meist in eigenen Abteilungen unter der unmittelbaren Leitung der Direktion behandelt. Wenn sich Bedenken hinsichtlich der Sicherheit eines Kredites ergeben, wird die Bank versuchen, sich Aufklärungen über die Verhältnisse ihres Schuldners und allenfalls weitere Sicherheiten zu verschaffen; natürlich nimmt man dann auch Sicherheiten, auf die man einen neuen Kredit nicht geben würde, z. B. nicht notierte Effekten, Lebensversicherungspolicen ohne genügenden Rückkaufswert; immerhin dürfen es keine Scheinsicherheiten sein; besser einen Kredit als Blankokredit führen, der als solcher beobachtet wird, als ihn als gedeckt anzusehen, wenn er es nicht ist, z. B. durch eine Hypothek, die keine Sicherheit mehr bietet. Auch die Rückzahlung des Kredites ist unter Umständen zu veranlassen, nötigenfalls durch Kündigung des Kredites und gerichtliches Vorgehen, insoweit aber nach den Vereinbarungen zulässig, durch außergerichtliche Befriedigung, insbesondere bei Effektendeckung. Natürlich wird jede Bank, die auf ihren Ruf sieht, hiebei jede unnötige Härte vermeiden. Oft werden Abzahlungen in Fristen vereinbart, manchmal Nachlässe gewährt, damit wenigstens ein Teil eines zweifelhaft gewordenen Postens bezahlt wird, etwa aus Mitteln, die dem Schuldner von Verwandten oder Freunden zur Verfügung gestellt werden. Nicht selten müssen dem Schuldner auch hinsichtlich der Verzinsung Erleichterungen gewährt werden, etwa so daß er mäßige feste Zinsen zahlt ohne Provision. Natürlich kann eine Bank auch, ohne daß sie vorgeht, in ein Streitverfahren mit einem Kunden kommen, so wenn ein solcher in Konkurs gerät, mit seinen Gläubigern abhandeln will, wenn die Zwangsversteigerung oder die Zwangsverwaltung eines Grundstückes, das ihr verpfändet ist, von einem Dritten eingeleitet wird. Keine Bank kommt durch ohne Kreditkonten, bei welchen nicht alles nach Wunsch geht. Die Verpflichtung zu Abschreibungen und Rückstellungen auf die Debitoren ergibt sich für Banken aus denselben Rechtsvorschriften und Gesichtspunkten wie für andere Kaufleute. Daß die Verhältnisse eines Schuldners ungünstig werden, kündigt sich meist aus der Kontoführung an: Der Kredit wird dauernd in voller Höhe ausgenützt, Zinsen und Provisionen nicht rechtzeitig bezahlt, vereinbarte Rückzahlungstermine werden nicht eingehalten, aussichtslose weitere Kreditgesuche gestellt, besonders offenbar um Verpflichtungen der Bank gegenüber zu erfüllen, z. B. aus Zinsen und Provisionen; es kommt zu Überschreitungen der Kredite, und sie drohen ständig zu werden. Überschreitungen sind aber nicht nur eine Folge davon, daß der Kunde in eine schlechte Vermögenslage gerät; sie können auch auf einem erhöhten Kreditbedürfnisse beruhen, das sich aus einer Ausdehnung der Geschäfte ergibt. Überschreitungen lassen sich nicht immer vermeiden; es ist aber dafür zu sorgen, daß sie binnen entsprechender Zeit wieder abgedeckt werden, wenn nicht der Kredit ordnungsmäßig erhöht wird.

Die wirtschaftliche Bedeutung des Bankkredits.

Vom Kontokurrentverkehr ohne Kredit gilt alles, was vom Scheckverkehr gilt.

Das Kreditgeschäft bringt der Bank Zinsen regelmäßig in Höhe des Reichsbanklombardsatzes oder etwas darüber und Provisionen und damit die Anlage der eigenen und der fremden Mittel in Debitoren einen größeren Verdienst als z. B. die Anlage in Wechseln; natürlich sind für diese Anlage auch andere Gesichtspunkte maßgebend als der des möglichsten Gewinnes, worüber im sechsten Abschnitt weiteres. Im Akzeptgeschäft und bei der Gewährung von Bürgschaftskrediten arbeitet die Bank nur mit ihrem Kredit, vorausgesetzt, daß — was die Regel — das Akzept und das Bürgschaftsversprechen nicht eingelöst werden müssen. Die Diskontierung von Kundenwechseln liefert gute Warenwechsel für den Wechselbestand der Bank; allerdings werden diese seltener, seit im Großhandel die Erfüllung der Verpflichtungen durch Ausstellung und Einlösung von Wechseln vielfach ersetzt ist durch alsbaldige Überweisung. Im Auslandsgeschäft spielt aber der Warenwechsel noch eine große Rolle.

Anderseits erfordert das Kreditgeschäft eine größere Arbeit, einen umfänglichen und darum teureren Apparat, schon weil es in den Händen qualifizierterer Kräfte, meist der Direktion selbst liegen muß. Es macht Aufwendungen notwendig, die nicht immer unmittelbar ersetzt werden. Dazu kommt, daß ein ausgedehnteres Kreditgeschäft sich ohne Verluste nicht betreiben läßt, weshalb es auch mehr Reserven als andere Geschäftszweige erfordert; auch der Vorsichtigste kann einmal getäuscht werden — besonders gelingt dies bei mehrfachen Bankverbindungen desselben Kunden — und auch ohne Verschulden des Kreditnehmers können dessen Verhältnisse sich verschlechtern, ebenso Deckungen, welche man als ausreichend annahm. Um Verluste tunlichst zu vermeiden, beschränken sich die Banken örtlich und sachlich auf bestimmte Tätigkeitsgebiete, die ihrer Beurteilung zugänglich sind, und suchen sie ihre Gefahr möglichst zu verteilen; man unterläßt es, einem einzelnen Kunden zu hohe Beträge zu kreditieren und verteilt die Kreditgewährung auch örtlich und nach Geschäftszweigen und nach der Art der Deckung. Vielfach werden höhere Einzelkredite von mehreren Banken zusammen gewährt, z. B. indem eine Bank eine gemeinschaftliche Rechnung für die mehreren Kreditgeber führt. Unerwünscht ist es schon, wenn die Mittel, die in Debitoren stecken, zwar nicht verloren sind, aber als festgelegt erachtet werden müssen. Deswegen sieht man besonders darauf, daß die Anlage in Debitoren möglichst flüssig ist, also vor allem hinsichtlich der Deckung; die Kredite gegen Hypotheken werden daher nicht gerne gewährt, anders die gegen gute Effekten und besonders die Rembourskredite. Denn in Zeiten von Krisen, wenn die Banken mit Rücksicht auf ihre Kreditoren ganz besonderen Anlaß haben, so liquid als möglich zu sein, ist die Rückzahlung von Krediten gewöhnlich am schwersten zu erhalten, weil dann jeder von seinen Schuldnern zu bekommen sucht, was er zu fordern hat. In solchen Zeiten müssen nicht selten die Kredite einzelner Kunden erhöht werden, um sie vor Verlegenheiten zu bewahren; insoweit möglich, soll eine Bank dies auch tun. In Krisenzeiten erleiden auch die Effektenwerte oft größere Rückgänge und sind deshalb die durch Effekten gedeckten Kredite keineswegs ganz sicher, wenn keine größere Spannung da ist; eine solche sichert übrigens auch den Kunden vor allzu rascher Anforderung von Einzahlungen oder Effektennachschüssen, wenn die Kurse sinken. Rembourskredite haben den Vorzug, daß sie sich in kurzer Zeit abwickeln. Auch Kredite gegen

Forderungsabtretung erledigen sich in absehbarer Zeit, allerdings meist erst in etwas längeren Fristen, so daß sie der Regel nach als liquide Anlage angesehen werden können. Einwandfrei hinsichtlich ihrer Flüssigkeit sind auch Kredite, die durch lagernde Waren gedeckt sind, welche jederzeit leicht veräußert werden können. Um die Festlegung ihrer Mittel tunlichst zu vermeiden, wirken die Banken besonders auf Umsatzreichtum der Konten hin und sehen den Mangel an einem solchen als ein übles Kriterium für ein Konto an; deshalb auch die Vorliebe der Banken für Saisonkredite.

Wegen der Gefahr sowohl des Verlustes als der Festlegung der Mittel der Bank verdienen die Kredite, die an industrielle Unternehmungen gewährt werden, stets eine strengere Prüfung als die an Handelsfirmen gegebenen. Da die Industrie wesentlich mehr fixe Kapitalien braucht als der Handel, besteht für sie viel mehr die Gefahr, daß ihre Mittel in Bauten, Maschinen usw. festgelegt werden und daß die Bankkredite dazu verwendet werden, statt zu ihrem eigentlichen Zwecke, das nötige Betriebskapital zu ergänzen. Dazu kommt, daß die Verhältnisse fast eines jeden industriellen Unternehmens schwieriger zu beurteilen sind als die von Handelsfirmen; dann die Möglichkeit von Konjunkturwechseln; neue Erfindungen können rasche Änderungen in den Verhältnissen bringen. Bei der Gewährung von industriellen Krediten kann nach all dem eine Bank im vorhinein viel weniger leicht erkennen, wohin sie mit der Kreditgewährung schließlich kommen wird und die Gefahr besteht, daß die Bank aus einem Gläubiger zu einem Teilhaber des industriellen Unternehmens wird. Auch wenn dies einmal erkannt ist, so ist eine Änderung doch meist nicht ohne weiteres möglich. Zumal die Industrie meist große Kapitalien braucht, kann dann in kritischen Zeiten unter Umständen ein erheblicherer Teil des Bankkapitals zu Verlust gehen oder doch längere Zeit festliegen. Um sich dauernd einen Einblick in die Verhältnisse einer Gesellschaft zu sichern, die einen Bankkredit in Anspruch nimmt, wird häufig ein Mitglied des Vorstandes der Bank als Aufsichtsrat in die Gesellschaft abgeordnet; der Wert eines solchen Hilfsmittels ist aber nicht zu überschätzen.

Die besondere Gefahr des Akzeptkredits besteht darin, daß, wenn es dem Kunden aus irgendeinem Grunde nicht gelingt Deckung zu beschaffen, die Bank das Akzept aus eigenen Mitteln einlösen muß. Bei einem Barkredit ist das Geld bereits hingegeben und kann höchstens noch verloren werden. Beim Akzeptkredit besteht auch noch die Verpflichtung, das Geld auszuzahlen. In schwierigen Zeiten können diese Verpflichtungen sich für die Bank häufen. Verschiedene Maßregeln, die in der letzten Zeit getroffen wurden, so die durch die Bankenvereinigungen eingeführten Mindestsätze für die Akzeptprovision, bezielen eine Einschränkung der zweifellos immer noch zu ausgedehnten Akzeptkredite. Dieser ist grundsätzlich nur gerechtfertigt, wenn bei Fälligkeit des Akzeptes das Geschäft, um dessentwillen der Kredit aufgenommen wurde, abgewickelt ist, nicht aber wenn durch ihn Mittel, die längere Zeit benötigt werden, oder gar dauernd festzulegende Kapitalien beschafft werden sollen. Das ursprüngliche Anwendungsgebiet des Trassierungskredites ist denn auch das Remboursgeschäft, in dem das Bankakzept nicht entbehrt werden kann; denn im internationalen Verkehr, wo die Regelung der Verpflichtungen überwiegend durch Wechsel erfolgt, muß das bekannte Akzept einer großen Bank an die Stelle des unbekannten Akzeptes des Käufers treten. Auch wenn über das Remboursgeschäft hinaus von den Banken gegen flüssige Deckungen oder an zahlungsfähige Firmen in blanko Akzeptkredit gewährt wird, läßt sich nichts dagegen sagen, solange die Kreditgewährung nur vorübergehend ist oder wieder für neue Geschäfte dient, die sich in kürzerer Zeit abwickeln. Bankakzepte dagegen, die zur Mobilisierung von Krediten dienen, mit denen Immobilien, Maschinen und andere fixe Kapitalien industrieller Unternehmungen angeschafft sind, können keineswegs gebilligt werden. Die Akzepte aber, die nach all dem ungerechtfertigt sind, belasten als Diskontmaterial nur unnötig die Reichsbank.

Der Kreditbedarf wechselt zeitlich sowohl bei den einzelnen wie bei den verschiedenen Berufszweigen und die Banken sind deshalb in gewissem Maße in der Lage, bald dem einen, bald dem anderen Kunden wie Berufszweige auszuhelfen; immerhin tritt der Kreditbedarf hauptsächlich während des Winterhalbjahres auf, am stärksten in der Zeit vom 1. Oktober bis etwa Mitte Januar; in dieser Zeit pflegen daher auch die Sätze für kurzfristige Gelder am höchsten zu sein.

Der Kreditnehmer erhält bare Mittel zur Zeit, da er sie braucht. Für jede Produktion wird Kapital benötigt. Der Kunde bekommt von seiner Bank zu seinem eigenen weiteres Kapital geliehen und kann so aus beiden Gewinne erzielen. Und zwar erhält er von der Bank direkt oder — beim Trassierungskredit — indirekt bare Mittel. Die Banken sind die Bewahrer des größten Teils des flüssigen Vermögens der Nation. Bare Mittel aber sind es ausschließlich, die der Kreditnehmer benötigt, der Kaufmann, um Waren einzukaufen, die er für sein Lager als geeignet ansieht, der Industrielle und der Handwerker, um die Rohstoffe, die sie brauchen, anzukaufen und um Löhne zu bezahlen, der Landwirt zu ähnlichen Zwecken. Deshalb ist auf Kredit angewiesen nicht nur, wer sein Geschäft ausdehnen will, weil er sich in der Lage sieht, mit mehr Mitteln mehr Gewinn zu erzielen, sondern auch wer überhaupt nicht genug Mittel für sein Geschäft hat, für den aber ein zahlungsfähiger Bürge eintritt, ferner wer zwar Kapital genug, aber nicht in der nötigen flüssigen Form hat, z. B. der Landwirt, der Fabrikant, dem es an Betriebskapital fehlt, und endlich derjenige, dem die nötigen flüssigen Mittel wenigstens zurzeit fehlen; denn eine verkaufte Ware oder ein Werk, das der Kunde erstellen soll, wird erst nach Ablieferung, oft nach längerer Stundung bezahlt. Die Anschaffungen aber und Leistungen, die der Kaufmann und der Industrielle machen müssen, um liefern zu können, müssen regelmäßig vorher in bar bezahlt werden, so die Arbeiter meist an Samstagen, die kaufmännischen und technischen Beamten meist am Monatsende, Frachten, Steuern und manche andere Auslagen sofort nach Fälligkeit; gewisse große Lieferanten, insbesondere Verbände liefern grundsätzlich nur gegen Barzahlung innerhalb bestimmter kurzer Fristen, andere wenigstens nur gegen Wechsel, die natürlich Zahlung bei Verfall erfordern. Barzahlung sichert ferner häufig den Erwerb guter und billiger Ware, letzteres schon durch die Möglichkeit, Skonto abzuziehen; sie allein ermöglicht es, eine günstige Gelegenheit zum Ankauf zu benützen. Gleiches gilt vom Ankauf im Großen, der alsbaldige Zahlung erfordert. Gewisse Waren können auch überhaupt nur zu bestimmten Zeiten angekauft werden, während ihr Verkauf immer weiter geht oder zu anderen Zeiten geschieht. Dazu kommt, daß Barzahlung den Kredit des Geschäftsmannes aufs Günstigste beeinflußt. Die Herstellung von Bauwerken oder von kostspieligen beweglichen Gegenständen oder von umfangreichen Arbeiten erfordert ebenfalls unter Umständen große bereitzustellende Mittel, während die Bezahlung erst nach Fertigstellung oder geraume Zeit nachher erfolgt. Ein Kreditbedarf ergibt sich beim Fortschreiten des Wirtschaftsvorgangs im Geschäfte, wenn der Kaufmann, der Industrielle, der Handwerker, unter Umständen auch der Landwirt, seine Waren oder Erzeugnisse abgesetzt hat und ein Teil seiner Mittel in seinen Forderungen gegen seine Abnehmer für kürzere oder längere Zeit je nach den in Betracht kommenden Zahlungssitten festliegen, die vor allem im Kleinverkehr dem Geschäftsmann recht ungünstig zu sein pflegen. Der Flüssigmachung dieser Mittel dient vor allem der Diskontkredit, im Anschlusse an ihn der Kredit gegen Forderungsabtretung, auch die Diskontierung von Buchforderungen. Auf diesen Wegen verschafft sich der Bankkunde die ausstehenden Kapitalien wieder, um mit ihnen neue Geschäfte zu machen, abzüglich nur des Diskonts oder der Beträge, welche die Bank bei der

Kreditgewährung gegen Forderungsabtretungen und gegen Buchforderungen nach ihren Bestimmungen und der Lage des Einzelfalles bei Bemessung der Kreditsumme kürzt. Natürlich nimmt man einen Diskontkredit nur in Anspruch, insoweit nötig. Allenfalls genügt es, Wechsel zu verpfänden, um darauf nur eine gewisse Summe zu erhalten, die jederzeit wieder zurückbezahlt werden kann. Manche Kaufleute geben ihre Kundenwechsel ihren Lieferanten an Zahlungs Statt, weil sie ihnen so oft aus Gefälligkeit zu günstigen Bedingungen abgenommen werden. Manchmal werden diese Wechsel von den Lieferanten wieder bei einer Bank diskontiert. Kredite gegen Forderungsabtretung werden hauptsächlich beansprucht von größeren Unternehmungen. Die Diskontierung von Buchforderungen ist der Weg, auf dem kleine Händler und kleine Gewerbetreibende, deren Kunden keine Wechsel ausstellen, ihre Außenstände flüssig machen; diese Kredite finden übrigens keine ungeteilte Billigung: Man befürchtet, daß sie geeignet sind, die Borgwirtschaft im Kleinverkehr aufrecht zu halten, die doch zu vermindern ist; sicherlich geben sie auch manchem Gelegenheit zu doppelter Kreditaufnahme auf derselben Grundlage, weshalb auch die Reichsbank dem, der von dieser Kreditart Gebrauch macht, Wechsel nur gegen Sicherheiten abkauft. Je größer der Zeitunterschied zwischen dem Einkauf der Ware und der Bezahlung nach ihrem Verkauf oder von der Anschaffung für die industrielle Produktion bis zur Bezahlung des Erzeugnisses und je höher der Wert der umgesetzten Kapitalien ist, um so mehr wird Kredit benötigt.

Der Zweck der Kreditaufnahme kann aber auch ein anderer sein als der der Erhaltung und Ausdehnung des Geschäftes des Kreditnehmers. Ohne Belang ist es natürlich, wenn mit dem kreditweise Erhaltenen Verpflichtungen aus Einkäufen beglichen werden, die für das laufende Geschäft bereits gemacht sind. Anders, wenn der Kredit zur Bezahlung einer festen Schuld aufgenommen wird, für die der Kunde das Geld nicht aufbringt. Die Bank will ihre Mittel für diese Zwecke nicht festlegen und der Kreditnehmer ersetzt so nur einen Gläubiger durch einen anderen, regelmäßig zu ungünstigeren Bedingungen, denn ein Kredit kommt für ein dauerndes Schuldverhältnis zu teuer. Insbesondere aber kann der Gegenstand, der den Kredit decken soll, zugleich der Anlaß der Kreditaufnahme sein. So werden Kredite gegen Sicherungshypothek gesucht, um Grundstücke zu erwerben, unter Umständen um durch ihren Wiederverkauf zu gewinnen, da man ihre Wertsteigerung erwartet. Spekulationskonto im engeren Sinn pflegt man ein Konto zu nennen, auf welchem Kredit in Anspruch genommen wird, der durch Effekten gedeckt ist und wobei gekauft und verkauft wird, um aus dem Unterschied der Kurse zu gewinnen; und indem nur „mit Einschluß" gekauft wird, dienen dem Kunden die Mittel der Bank zum Spekulieren. Durch Voraussicht einer günstigen Konjunktur ohne Arbeit sein Vermögen zu vermehren, ist nichts Unerlaubtes, aber auch nichts, was gerade einer Unterstützung bedarf. Solche Kredite ermöglichen es vielen, erst an der Börse zu spekulieren. Sie sind daher einzuschränken, wenn Gefahr besteht, daß die Kredite, die notwendig sind für die wirtschaftliche Produktion, durch sie verkürzt werden könnten, was insbesondere bei steigendem Diskont der Fall sein wird. Für die Banken kommt die Gefahr dazu, daß sie bei Spekulationskonten laufen; denn die Effekten, die als Deckung dienen, sind natürlich solche, die erheblichen Wertschwankungen ausgesetzt sind, und die Kredite werden so hoch als möglich verlangt. Wenn die Kurse ins Weichen kommen, müssen daher die Banken entsprechende Rückzahlungen oder weitere Deckungen verlangen, und da manche Spekulanten dieser Aufforderung nicht nachkommen können, kommt es dann zu zahlreichen Zwangsverkäufen. Immerhin ist nicht zu vergessen, daß Effektenkredite und selbst reine Spekulationskonten ihren volkswirtschaftlichen Wert haben, indem sie mitwirken, den Zwecken, für welche Schuldverschreibungen und Aktien ausgegeben werden, besonders der Industrie die nötigen Kapitalien zuzuführen. Hierher gehört es auch, daß vielfach Provinzbankiers Kredite gegen Effekten bei Banken an Zentralplätzen in Anspruch nehmen und zwar großenteils gegen Effekten ihrer Kundschaft und mittels Trassierung.

Die Wege, auf denen und die Voraussetzungen, unter welchen gedeckter und ungedeckter Kredit erlangt werden kann, sind oben aufgewiesen im wesentlichen vom Standpunkt der Bank aus, die für ihre Sicherheit sorgt. Diese Grundsätze werden aber von allen deutschen Banken beachtet, und da sie durch den Wettbewerb genötigt werden, so weit in der Kreditgewährung zu gehen wie möglich, kann man folgern, daß dies die richtigen Grundsätze für die Kreditgewährung sind, nicht nur für den Kreditgeber, sondern auch für den Kreditnehmer, deren Interessen schließlich zusammenfallen; denn Verluste erleidet die Bank ja nur bei einem Kreditnehmer, der nicht zurückzahlen kann; den flüchtigen Genuß eines Kreditnehmers aber an dem von einer Bank unvorsichtig Gegebenen, das den Zusammenbruch nur hinausschiebt, wird wohl kein Vernünftiger als wenigstens im Interesse eines solchen Schuldners gelegen ansehen.

Ein Trassierungskredit hat für den Kunden den Vorteil, daß er, wie oben ausgeführt, in der Regel billiger ist. Anderseits muß der Trassierungskredit regelmäßig für drei Monate in Anspruch genommen werden; wenn der Kredit nur für kurze Zeit benötigt wird, wird daher der Barkredit billiger sein. Abgesehen hievon bietet der Kontokurrentkredit gegenüber einem festen Darlehen den Vorteil, daß immer nur Zinsen aus dem Betrag zu zahlen sind, der jeweils geschuldet wird. Sobald man Eingänge hat, kann man sie dem Konto zuführen und braucht nur mehr den geringeren Schuldbetrag zu verzinsen. Vielfach dient der zugesagte Bankkredit einem vorsichtigen Geschäftsmann als Rückhalt, von dem er nur in Notfällen Gebrauch macht, eine Sicherung, für die er gerne eine geringe Provision bezahlt. Bei allen Banken ist die Summe ihrer Debitoren kleiner als die Summe der bewilligten Kredite. Der Bürgschaftskredit ist, weil ohne Zinsverlust, für den Kunden in der Regel billiger als Hinterlegung von Barmitteln und billiger als Effektenhinterlegung, weil kein Kursverlust zu befürchten ist.

Die Kreditaufnahme bei einem Privaten kann unter Umständen vorzuziehen sein; meist ist sie entweder als Gefälligkeit, die Dank erheischt, oder wegen Gefahr ungünstigerer Bedingungen, vielleicht gar der Bewucherung, drückend, während für die Banken die Kreditgewährung ein Geschäft ist, für welches gewisse feste mäßige Sätze gerechnet werden.

Aber auch für den Kunden ist der Bankkredit nicht ohne Gefahren. Zwar der Umstand, daß ein Bankkredit jederzeit gekündigt werden kann, braucht nach den Geschäftsgrundsätzen der deutschen Banken dem Kreditnehmer kaum Sorgen zu machen, solange seine Verhältnisse sich nicht so verschlechtern, daß die Bank sich genötigt sieht, Schritte zu tun, um zu ihrem Gelde zu kommen; ein Grund einer solch ungünstigen Wendung kann aber eine unwirtschaftliche Kreditaufnahme sein. Zunächst muß der Kreditsucher sich immer fragen, ob die Kosten der Kreditaufnahme gedeckt werden durch den Gewinn, der mit den aufgenommenen Mitteln erzielt wird; bei der verhältnismäßigen Billigkeit des Bankkredits wird dies in aller Regel der Fall sein. Immerhin gibt es Fälle, wo der Nutzen aus einem Geschäft, wozu Bankkredit benötigt wird, so gering ist, daß es besser unterlassen würde. Eine Erhöhung des Diskonts wirkt deshalb einschränkend auf die Geschäfte, eine Ermäßigung anspornend. Zu den Kosten bei der Bank können übrigens weitere Kosten kommen, z. B. eine Provision für den Bürgen, Kosten der Einlagerung von Waren. Aber auch entgehender Gewinn ist in Rechnung zu stellen, indem berücksichtigt wird, wie die Kreditsicherung beschafft wird. Unverständlich ist es, warum manche jahrelang gegen niedrig verzinsliche Effekten Kredit, der sie teurer kommt, in Anspruch nehmen, statt die Effekten zu verkaufen und den Erlös für die Zwecke zu verwenden, denen der Kredit dient. Auch das Kapital, das unverzinslich oder geringeren Nutzen bringend in Grundbesitz angelegt ist, der als Kreditunterlage dient, würde häufig zweckentsprechender unmittelbar im Geschäfte verwandt. Allerdings kann oder will öfters aus besonderen Gründen der Vermögensteil, durch den ein Kredit gedeckt wird, nicht zu Bargeld gemacht werden. Aber die Spekulation des Kreditnehmers kann auch ganz oder teilweise sich als verfehlt erweisen, das geliehene Geld verloren oder doch festgelegt werden. Ein allzuleicht erlangter Bankkredit kann dazu führen, durch zu kühne Geschäfte Verluste zu erleiden, vor allem ein Unternehmen rascher und weiter auszudehnen als die Vorsicht geboten hätte. Wie andere Verpflichtungen sollten auch die aus einer Kreditaufnahme stets in angemessenem Verhältnis zu den vorhandenen Aktiven stehen. Sonst kann aus der Kreditaufnahme allenfalls eine Gefahr für den Fortbestand des Geschäfts entstehen.

Die privatwirtschaftliche Würdigung des Bankkredits für Bank und Kunden und seine volkswirtschaftliche Würdigung gehen ineinander über. Bei den Banken ist es der große, von ihnen vertretene Teil des Volksvermögens, bei den Kreditnehmern deren Anzahl und Wert für die nationale Produktion, was die Bedeutung des Bankkredits sofort zu einer volkswirtschaftlichen macht; so braucht beispielsweise der Wert des Rembourskredits für die Versorgung Deutschlands und für den Absatz seiner Erzeugnisse nicht weiter begründet zu werden. Die Banken sammeln in kleineren Beträgen als Aktienkapital, Reserven und fremde Gelder erhebliche Summen verfügbarer Bestände der Volkswirtschaft und führen hiervon einen Teil in der Form von Kontokurrentkrediten der wirtschaftlichen Produktion, hauptsächlich in Handel und Industrie zu. Ende 1913 betrug die Gesamtsumme der Debitoren der deutschen Banken mehr als sechs Milliarden Mark, also zwei Milliarden weniger als die Gesamtsumme der fremden Gelder und 2,7 Milliarden mehr als Aktienkapital und Reserven sämtlicher deutschen Banken. Der Gesamtbetrag der Akzepte der deutschen Banken betrug rund $2\frac{1}{2}$ Milliarden Mark, also etwa $\frac{2}{5}$ ihrer sämtlichen Debitoren. Wenn man darauf hinweist, daß der ungeheure Aufschwung, den Handel und Industrie in den letzten Jahrzehnten in Deutschland genommen haben, zu einem großen Teil den Banken zu verdanken ist — besonders im Auslande hat man dies oft hervorgehoben, um die eigenen Banken zu einer Nachahmung anzufeuern —, so ist beizufügen, daß die Gewährung von Kontokurrentkrediten vor allem die Form ist, mittels welcher die Banken ihrer Aufgabe, das Wirtschaftsleben zu unterstützen, gerecht werden. Ohne die großen Aktienbanken, die in der Lage sind bedeutende Mittel als

Kredite zur Verfügung zu stellen, wäre insbesondere die heutige Entwicklung der Industrie nicht möglich gewesen. Die Zuführung von Mitteln an die Industrie im Wege der Emission von Aktien und Obligationen kommt als zweite Form dazu. In Deutschland ist das Bankkreditsystem zu seiner feinsten Ausbildung gekommen. Ein Grund dafür ist, daß Deutschland in die Zeit der großen Entwicklung von Handel und Industrie im Gegensatz zu den Völkern mit älterem Reichtum mit geringerem Kapital eingetreten ist, weshalb es notwendig war, daß im Wege der Kreditgewährung der Mangel an eigenem Kapital der Unternehmer ergänzt wurde. Im Ergebnisse kann man sagen, daß in Deutschland jeder Bankkredit erhält, insoweit er ihn verdient. Der Bankkredit überträgt leihweise Kapital an denjenigen, der es am meisten braucht und am zweckentsprechendsten verwendet, und die Vorstände der Banken haben in der Volkswirtschaft das Amt, diese Übertragung vorzunehmen, ein Amt, das nicht leicht ist und voll von Verantwortung und in dem man nie auslernt. Die Gefahren der Einrichtung sind nicht verschwiegen worden, unendlich größer aber ist der Segen, den sie bringt. Der Bankkredit ist es im wesentlichen, der in der modernen Wirtschaft es dem Tüchtigen, dem Kapital fehlt, nicht aber Geist, Fleiß, Geschicklichkeit, Kenntnisse, technische Hilfsmittel, ermöglicht vorwärts zu kommen und ihm vor allem ist es zu danken, daß heutigentags nicht mehr nur derjenige etwas ist und hat, der etwas ererbt oder erheiratet.

5. Das Finanzierungs- und Emissionswesen.

Zu Eingang des zweiten Abschnittes wurde bereits darauf hingewiesen, daß in den letzten Jahren vor dem Weltkrieg die jährliche Zunahme des Bestandes an Wertpapieren in Deutschland nahezu drei Milliarden Mark betrug. Bei der Entstehung dieser Wertpapiere sind die Banken in hervorragenden Maße beteiligt, indem sie dieselben entweder selbst emittieren oder bei ihrer Emission in größerem oder geringerem Maße mitwirken.

Für die Übernahme der

Anlehen des Reiches und der Bundesstaaten

bestehen fast durchwegs feste Bankenkonsortien. Wenn ein solches Anlehen ausgegeben werden soll, werden die zugehörigen Banken gewöhnlich auf Veranlassung des Reichsschatzamtes oder des betreffenden Finanzministeriums zu einer Sitzung eingeladen, worin unter Vorbehalt der Genehmigung der zuständigen Stelle zwischen dem Vertreter der Regierung und den versammelten Bankenvertretern eine Vereinbarung getroffen wird über das Wesentlichste des Anleiheübernahmegeschäfts. Von der Ausfertigung eines formellen Vertrages pflegt abgesehen zu werden; die beiderseitigen Rechte und Verpflichtungen ergeben sich gewöhnlich aus der Entschließung, die an die führende Bank ergeht und — für die nebensächlicheren Punkte — aus den zugehörigen mündlichen oder schriftlichen Abmachungen. Die Regelung muß sich erstrecken auf die Höhe der Anleihe und ihren Zinssatz; allenfalls werden gewisse Teilbeträge nicht fest, sondern in Option übernommen; dann auf die Stückeeinteilung, d. h. wie viele Stücke zu dem, wie viele zu jenem Nennbetrage ausgegeben werden sollen; die Zinstermine; allenfalls eine Unkündbarkeit für eine gewisse Dauer. Ferner sind zu vereinbaren der Zeichnungstag; der Ausgabekurs; Tragung des Schlußnotenstempels; allenfalls daß vom Zeichner eine Sicherheitsleistung in gewisser Höhe in Bargeld oder marktgängigen Wertpapieren erlegt werden muß; die Zeichnungsstellen, als welche nicht nur Niederlassungen der Konsortialmitglieder in Betracht kommen; die Tage, an welchen die Zeichner zu zahlen haben und die Teilbeträge, meist in Prozenten der

Zeichnungssumme, welche an den einzelnen Zahltagen zu entrichten sind; auch Ort und Zeit für die Abgabe der Stücke, allenfalls der Zwischenscheine. Des weiteren der Übernahmekurs; die Tage, an denen die Anleihevaluta von den Banken zu erlegen ist und die jeweils treffenden Teilbeträge, sowie die Empfangstellen; die Bonifikationen, welche den Zeichnungsstellen für die Entgegennahme und allenfalls Dritten, besonders Banken und Bankiers für die Vermittlung von Zeichnungen vergütet werden; der Tag, von dem an die Prospekte und Einladungen zur Zeichnung in die Zeitungen gesetzt und versandt werden dürfen; ob Unterbeteiligungen weitergegeben werden dürfen und bis zu welcher Höhe und an welchem Tage die Briefe, worin Unterbeteiligungen angeboten werden, versandt werden dürfen; die Art und Weise, wie die Schuldverschreibungen in den Besitz des Bankenkonsortiums gebracht werden. Unter Umständen wird bis zu einem bestimmten Zeitpunkt Marktfreiheit zugestanden, d. h. die Zusicherung abgegeben, daß insolange keine weitere Anleihe ausgegeben wird. Um die Gefahr tunlichst abzumindern, daß irgendein unvorhergesehenes Ereignis die Verhältnisse ungünstiger gestalten und damit den von allen Beteiligten erhofften Erfolg gefährden könnte, sieht man darauf, das Geschäft tunlichst schnell abzuwickeln, die zu bestimmenden Termine als möglichst nahe zu legen. Endlich wird vereinbart, daß die Anleihe an einer oder mehreren zu benennenden Börsen eingeführt wird und beigefügt, welcher Vertragsteil die dabei entstehenden Kosten zu tragen hat.

Die Prospekte, worin zur Zeichnung eingeladen wird, enthalten alle für den Zeichner wissenswerten Angaben über das Anlehen. Sie sind unterschrieben von den übernehmenden Banken oder namens derselben von der führenden Bank unter Beifügung der Zeichnungsstellen. Die Zeichnung erfolgt in der Weise, daß am Zeichnungstage bei einer Zeichnungsstelle ein Zeichnungsschein unterschrieben wird. Ein solcher enthält die Erklärung, daß der Zeichner auf Grund der ihm bekannten Zeichnungsbedingungen einen bestimmten Betrag der Anleihe zeichnet und sich zur Abnahme dieses Betrages oder des ihm zugeteilten geringeren Betrages verpflichtet. Allenfalls erhält er dagegen von der Zeichnungsstelle eine Bestätigung, insbesondere über die gestellte Sicherheitsleistung. Banken und Bankiers, die nicht Zeichnungsstellen sind, vermitteln die Zeichnung meist in der Form, daß sie für ihren Kunden als Zeichner auftreten.

Zwischen den Banken, die dem Konsortium angehören — unter Umständen wird in der Sitzung auf Wunsch einer bisher außenstehenden Bank beschlossen, das Konsortium zu erweitern — wird auf Grund des Ergebnisses der Sitzung und unter Bezugnahme auf den mit der Regierung abgeschlossenen Anleiheübernahmevertrag ein sog. Konsortial- oder Syndikatsvertrag schriftlich abgeschlossen. In demselben verpflichten sich zunächst die Konsorten die Anleihe, um die es sich handelt, zu übernehmen. Im Anschlusse daran werden die Quoten festgesetzt, mit welchen die Konsorten beteiligt sind und bestimmt, daß jedes Mitglied nach Verhältnis seiner Beteiligung an den Erträgnissen und Lasten teilnimmt. Es folgt gewöhnlich eine kurze Beschreibung der Anleihe hinsichtlich der wesentlichsten Punkte, insbesondere der Höhe der Verzinsung und der Stückeeinteilung; dann der Übernahmekurs; Angabe der Zahlungstermine und Zahlungsquoten für das Konsortium; ferner Zeichnungstag, Zeichnungspreis, Bestimmung der Zeichnungsstellen und Bonifikation. Gewöhnlich wird zur Geschäftsführung ein Syndikatsausschuß gebildet, bestehend meist aus etwa drei Konsortialmitgliedern nebst Ersatzmitgliedern. Er wird ermächtigt, durch Stimmenmehrheit alle Maßnahmen zu treffen, die für die Begebung der Schuldverschreibungen als nötig oder als wünschenswert erscheinen; bei Stimmengleichheit entscheidet gewöhnlich der Vorsitzende. Die Beschlüsse des Syndikats werden durch ein bestimmtes Konsortialmitglied zur Ausführung gebracht. Ein wichtiger Gegenstand der Tätigkeit des Syndikatsausschusses ist die Aufnahme älterer Stücke, die an den Markt kommen, insbesondere weil mancher einen kleinen Gewinn machen will, indem er ältere Stücke verkauft und dann neue Stücke zum billigeren Zeichnungskurse erwirbt. Im Syndikatsvertrag wird dem Ausschuß daher regelmäßig die Befugnis erteilt, bis zu einem bestimmten Höchstbetrage und Höchstkurse ältere Stücke aufzunehmen und beigefügt, daß wenn weitere Aufnahmen erforderlich erscheinen, die Entscheidung der Konsortialmitglieder eingeholt wird, welche nach Stimmenmehrheit zu entscheiden haben. Auch um nicht allzuviel ältere Stücke aufnehmen zu müssen, ist es von Interesse, das Geschäft so rasch als möglich abzuwickeln. Ein wesentlicher Punkt ist die Dauer des Syndikats, die bis zu einem bestimmten Endtermine festgelegt wird, häufig aber wenn nötig durch Beschluß der Konsorten darüber hinaus verlängert wird. Auch muß Vereinbarung darüber getroffen werden, was mit dem Stückebestand zu geschehen habe, der bei der Auflösung des Konsortiums vorhanden, sei es weil nicht gezeichnete Stücke übrig blieben, sei es weil solche aus Aufnahmen herrühren. Gewöhnlich sollen sie pro rata der Beteiligung an die Konsorten verteilt werden. Der Syndikatsleitung wird das Recht übertragen, von den Konsorten nach Maßgabe ihrer Beteiligung die Geldbeträge einzurufen, die nötig sind, um die vereinbarten Zahlungen an den Anleihenehmer rechtzeitig leisten zu können; ebenso ihre Vorlagen für an der Börse aufgenommene Stücke sich ersetzen zu lassen. Dabei ist auch zu ordnen, welche Zinssätze im Soll wie im Haben der Syndikatsrechnung zugrunde zu legen sind. Auch ist Bestimmung zu treffen, daß Ausschüttungen an die Konsorten zu machen sind, wenn ein bestimmter Geldbetrag aus dem Erlös verkaufter Stücke verfügbar ist.

Das Zeichnungsergebnis wird gewöhnlich von jeder einzelnen Zeichnungsstelle am Zeichnungstage der Syndikatsleitung telegraphisch angezeigt, wobei allenfalls die beteiligten Banken und Bankiers entsprechende Zuschläge machen, um für sich selbst Stücke zu erwerben oder um Zeichner, auf die weniger fällt als erwartet wurde, tunlichst zu befriedigen. Im Falle einer Überzeichnung — früher wohl dem regelmäßigen Falle — nimmt die Syndikatsleitung auf die eingelaufenen Zeichnungen eine entsprechende Verteilung nach ihrem Ermessen vor. Üblicherweise kann die Zeichnung auch vor Ablauf der festgesetzten Frist geschlossen werden. Die Zuteilung wird jeweils mit größter Beschleunigung vorgenommen. Gewisse Zeichnungen werden meist besonders berücksichtigt, nämlich kleine ernsthaft gemeinte Zeichnungen, solche auf Sperrstücke, auf Eintragungen in das Reichs- oder Staatsschuldbuch; diesen Zeichnungen werden entsprechend größere Beträge zugeteilt als den Zeichnungen auf freie Stücke.

Das Konsortium hält nach Bedarf weitere Sitzungen. Vielfach lassen sich dabei einzelne Mitglieder durch andere vertreten. Nicht selten wird abgerechnet und das Syndikat aufgelöst, die in dessen Besitz befindlichen Stücke aber nicht verteilt, sondern für den Restbestand an aufgenommenen oder noch nicht verkauften Stücken ein neues Konsortium gebildet, um in tunlichster Bälde die Geschäfte des ersten Konsortiums abzuschließen, vorausgesetzt daß für den Verkauf der in das neue Konsortium zu legenden Stücke eine längere Frist in Aussicht genommen werden muß. Die Abrechnung erfolgt gegenüber den Konsortialmitgliedern, welche ihre für das Konsortium gemachten Auslagen anmelden, nach Prüfung durch einen dafür im vorhinein im Vertrag bestimmten Konsorten. Auf Grund der Schlußrechnung wird der Gewinn bei der Schlußverteilung in entsprechenden Anteilen ausgeschüttet. Die Konsorten haben zu bestätigen, daß sie keinerlei Ansprüche mehr gegen das Konsortium haben. Gewöhnlich berechnet man den Nutzen an dem Konsortium nach Prozenten, z. B. $1/3$, $1/2$, 1% u. dgl.

Für die Buchführung im Konsortialgeschäft müssen das Konsortialkonto und das Konto „Eigene Beteiligung der Bank bei dem bestimmten Konsortium" unterschieden werden.

Ersteres wird errichtet für die gemeinschaftliche Geschäftsführung des Syndikats. Es wird geführt von der Bank, die die Konsortialleitung hat. Daneben führen diese Bank und alle weiteren Konsorten je noch ein Konto für ihre Beteiligung am Konsortium, woraus Gewinn und Verlust des betreffenden Konsorten zu ersehen ist. Im Konsortialkonto wird das Konsortium für die übernommenen Wertpapiere belastet, ebenso für Spesen, dagegen für Verkäufe erkannt, ebenso wie für die Einzahlungen der Konsorten; für Ausschüttungen an die Konsorten wird es wiederum belastet. Im Konto Eigene Beteiligung wird die betreffende Bank für ihre Einzahlungen belastet, für die ihr zuteil gewordenen Ausschüttungen erkannt. In beiden Konten werden in der Regel Zinsen gerechnet. Bei Wertpapieren, die als Bestand verbleiben, kommt in Betracht, daß sie nach HGB. § 261 in der Bilanz höchstens mit dem Kurse des Zeitpunktes der Bilanzaufstellung, soferne dieser jedoch den Anschaffungspreis übersteigt, höchstens mit dem letzteren bewertet werden dürfen.

Geschäftsfreunden, denen sie eine Gefälligkeit erweisen wollen, pflegen die Konsorten Unterbeteiligungen einzuräumen, und zwar in einem gewissen Verhältnis, etwa einem bestimmten Prozentsatz zur ganzen übernommenen Anleihe oder zu dem auf den Konsorten treffenden Anteil und zu Originalbedingungen, manchmal auch unter Belastung einer Provision. Bei der Annahme des Angebotes muß der Unterbeteiligte bestätigen, daß er sich allen Maßnahmen unterwirft, welche die Konsortialleitung im Interesse des Geschäftes trifft. Der Unterbeteiligte ist lediglich am Gewinn und Verlust beteiligt, nicht aber verpflichtet, einen entsprechenden Betrag der Wertpapiere abzunehmen oder unterzubringen. Allerdings ist auch er dem Hauptbeteiligten gegenüber verpflichtet, von den bei Auflösung des Konsortiums durch diesen zu übernehmenden Stücken im Verhältnis abzunehmen. Doch wird hierauf vom Hauptbeteiligten manchmal verzichtet, und unter Umständen kann der Unterbeteiligte sich auf eine dahingehende Übung berufen. Wenn das Konsortium aufgelöst wird, wird den Unterbeteiligten der auf sie treffende Gewinn vergütet. Sie haben dann zu bestätigen, daß sie weitere Ansprüche an das Konsortium nicht zu stellen haben.

Deutsche Reichs- und Staatsanleihen sind gemäß § 39 des Börsengesetzes an jeder Börse zum Börsenhandel zugelassen. Die Veröffentlichung eines Prospektes ist nicht erforderlich. Dem Börsenvorstand sind nur die Merkmale der einzuführenden Papiere mitzuteilen.

Natürlich ist eine Regierung nicht verpflichtet, eine Anleihe, die sie ausgeben will, dem ständigen Konsortium zu überlassen. Sie kann sie auch an eine einzelne Bank, einerlei ob diese Mitglied des ständigen Konsortiums oder nicht, oder an eine andere Gruppe von Banken vergeben. Statt eine Anleihe zu übernehmen, beschränken sich Banken unter Umständen darauf, sie kommissionsweise zu verkaufen. Der Mitwirkung der Banken kann man sich bei der Emission von Anleihen auch in anderer Weise bedienen, nämlich indem die Regierung sich unmittelbar an das zeichnungslustige Publikum wendet, Banken und Bankiers aber Zeichnungsstellen überträgt und ihnen für die Entgegennahme von Zeichnungen eine bestimmte Bonifikation gewährt; neben den Banken werden dann anderen Anstalten Zeichnungsstellen übertragen, wie Sparkassen usw.

Für die Emission von Provinzial- und Kreis- sowie Städteanleihen gilt im wesentlichen gleiches wie für die Emission von Reichs- und Staatsanleihen. Eine Stadt, die ein Anlehen aufnehmen will, lädt gewöhnlich verschiedene Banken zur Einreichung eines Angebots ein. In den meisten Fällen werden Angebote von konkurrierenden Gruppen gemacht und das Angebot von der Stadt angenommen, das für sie das günstigste ist, d. h. natürlich meist dasjenige, welches den höchsten Kurs für die Übernahme der Anleihe bietet. Die Bankgruppen, welche ein gemeinsames Angebot abgeben, sind gewöhnlich Konsortien, die bereits früher für ein Anlehen derselben Stadt sich vereinigt hatten. Öfters treten sie aber in einer Umformung auf, z. B. vereinigt mit einem anderen Konsortium oder ergänzt durch weitere Mitglieder. Konsortien für Stadtanlehen bestehen insbesondere aus Banken oder Bankhäusern, die ihren Sitz oder eine Zweigniederlassung in der Stadt haben, welche ein Darlehen aufnehmen will; meistens aber nehmen auch auswärtige Firmen an solchen Konsortien teil. Mit einem derartigen Konsortium sucht man häufig in beiderseitigem Interesse wiederum einen Vertrag über ein neu aufzunehmendes Anlehen abzuschließen; natürlich ist aber kein Teil dazu verpflichtet. Die einzelnen Gruppen verhandeln in Sitzungen, wie bei Staatsanleihen beschrieben, oder schriftlich. Oft treten nur die am Platze befindlichen Banken in eine Sitzung zusammen, während die auswärtigen Firmen sich durch eine von ihnen vertreten lassen und es ihnen überlassen, vorbehaltlich nachträglicher Zustimmung den Übernahme- und den Ausgabekurs festzusetzen und zugleich in ihrem Namen das Angebot einzureichen. Es kommt auch vor, daß verschiedene Banken je einen Posten Schuldverschreibungen übernehmen, ohne ein Konsortium zu bilden; dann steht jede Bank nur mit der Stadt in einem Rechtsverhältnisse, nicht aber die Banken untereinander. Zur Sicherung einer loyalen Konkurrenz bedingen die Banken jeweils bei Einreichung ihres Angebots, daß alle Angebote schriftlich und verschlossen eingereicht und gleichzeitig in einer Sitzung des Stadtrats geöffnet werden und daß die Annahme ohne Verzug unter Ausschaltung von Nachgeboten erklärt wird. Im Anleiheübernahmevertrag, für den entsprechend gleiches gilt wie bei Staatsanleihen, wird zwischen Stadtgemeinde und Bankenkonsortium unter Hinweis auf den Beschluß der zuständigen Gemeindevertretung sowie auf die staatsaufsichtliche Genehmigung, auch die behördliche Bewilligung zur Ausgabe von Inhaber-Schuldverschreibungen gemäß § 795 BGB. — diese Urkunden werden gewöhnlich dem Vertrag in Abschrift beigegeben — vereinbart, daß die Banken die Anleihe zu dem vereinbarten Kurse übernehmen. Die Art der Tilgung — meist im Wege der Auslosung zu einem bestimmten jährlichen Prozentsatz nach einem Verlosungsplane —, die Grundsätze für Kündigung, Verlosung und freiwilligen Rückkauf, ein allenfallsiger Ausschluß von Kündigung und Verlosung für eine gewisse Zeit werden geregelt; ebenso wann, wo und an wen die Stücke ausgeliefert werden sollen. Dann wird die Erhebung des Gegenwertes des Anlehens geregelt. Häufig wird vereinbart, daß die Valuta oder ein bestimmter Teil derselben bei den Banken eine gewisse Zeit zu einem bestimmten mäßigen Zinsfuß stehen gelassen wird mit einer kurzen Kündigungsfrist für abzuhebende größere Beträge. Für Einlösung der Zinsscheine sowie der verlosten Schuldverschreibungen und die Hinausgabe neuer Zinsbogen wird eine kleine Provision ausbedungen. Eine weitere Klausel betrifft die Einführung an der Börse und die Kosten derselben. Die Zinsbogensteuer und den Schlußscheinstempel zwischen Übernehmern und Stadtgemeinde, dann die Druckkosten trägt regelmäßig die Stadt, ebenso den Effekenstempel, wogegen weitere Spesen vielfach von den Banken übernommen werden. Gewöhnlich wird noch vorgesehen, daß die Stadt die Zinseinlösungsbeträge längstens bis 15. des Vormonats in den Besitz der Zahlstellen bringen muß, desgl. rechtzeitig die nötigen Beträge für gekündigte und verloste Stücke. Auch hinsichtlich des Konsortialvertrags kann auf das für Staatsanlehen Bemerkte verwiesen werden. Für die Führung des Konsortiums wird der Bank, der sie übertragen wird, gewöhnlich eine Vergütung überlassen. Vielfach werden nicht nur durch einzelne Mitglieder Unterbeteiligungen vergeben, sondern auch Beteiligungen bis zu einer bestimmten Summe oder einem bestimmten Teile der Gesamtsumme der Anleihe durch die Konsortialleitung oder den Konsortialausschuß namens des Konsortiums. Der Schlußnotenstempel fällt nach den Zeichnungsbedingungen den Zeichnern ganz oder zur Hälfte zur Last. Vielfach werden aber Stadtanlehen nicht zur Zeichnung aufgelegt, sondern freihändig verkauft. Dann wird der Ausgabekurs vom Konsortium bestimmt ohne Mitwirkung der Stadt, was aber auch im Falle einer Subskription vorkommt. Nach § 40 des Börsengesetzes kann die Landesregierung anordnen, daß es für die Einführung an der Börse einer Prospekteinreichung nicht bedarf. Mit dieser Anordnung gilt die Zulassung zum Börsenhandel als erfolgt. Dem Börsenvorstand sind nur zum Zwecke der Einführung Betrag und Merkmale der Wertpapiere mitzuteilen.

Der Vertrag, durch welchen eine Anleihe von einer Bank übernommen wird, ist ein Kaufvertrag: Die Bank kauft die Schuldverschreibungen zu dem vereinbarten Übernahmekurs, um sie zu dem etwas höheren Begebungskurs weiter zu verkaufen. Es muß daher über den Übernahmevertrag eine gemäß § 4 des Tarifs zum Reichsstempelgesetz versteuerte Schlußnote ausgestellt werden. Für die Ausreichung von Schuld- oder Rentenverschreibungen des Reichs oder eines Bundesstaats sowie von Zwischenscheinen über Einzahlungen auf diese Wertpapiere an den ersten Erwerber, also die die Anleihe übernehmenden Banken, wird die Abgabe nicht erhoben. Durch den Konsortialvertrag wird zwischen sämtlichen Konsorten eine Gesellschaft des bürgerlichen Rechts begründet, wonach sie am Konsortium und an dessen Erträgnissen und Lasten nach Kopfteilen oder in einem zu vereinbarenden bestimmten anderen Verhältnis beteiligt sind. Als Anschaffungsgeschäft im Sinne des Reichsstempelgesetzes stellt sich der Abschluß eines solchen Konsortialvertrags aber nicht dar. Die Gesellschaft des bürgerlichen Rechts begründet an sich Eigentum zu gesamter Hand an den von der Gesellschaft übernommenen Schuldverschreibungen. Im Falle der Verteilung der letzteren an die Konsorten ist deshalb für den Betrag, den ein Konsorte erhält, wieder Schlußnotenstempel zu entrichten. Um diese Notwendigkeit auszuschließen, wird meist im Konsortialvertrag vereinbart — und das Reichsgericht erkennt diese Vereinbarungen als gültig an — daß ein Erwerb der Stücke seitens der Konsortialmitglieder zur gesamten Hand oder zu Miteigentum ausgeschlossen wird; denn auch wenn Miteigentum vereinbart wäre, läge im Falle der Verteilung für jeden Konsorten, abgesehen vom eigenen Anteil, ein neues Anschaffungsgeschäft vor. Bei Abschluß des Übernahmevertrags wird dann für jeden Konsorten eine Schlußnote ausgestellt, lautend über den Teilbetrag am Anlehen, der seiner Beteiligungsquote entspricht, während bei der Verteilung der übrig bleibenden Stücke ein Stempel nicht mehr zu entrichten ist. Es liegt dabei die Auffassung zugrunde, daß jeder Konsorte von Anfang an soviel Schuldverschreibungen — diese aber zu Alleineigentum — übernimmt, als seiner Beteiligung entspricht. Um dieses Rechtsverhältnis als gegeben zu erachten, genügt es, daß im Übernahme- und im Konsortialvertrag die Solidarität ausgeschlossen wird; man pflegt aber vorsorglicherweise im Konsortialvertrag außer dieser Klausel ausdrücklich das Eigentum zu gesamter Hand und das Miteigentum auszuschließen. Die Steuer ist zu berechnen aus dem Emissionskurswerte. Hinsichtlich der Stücke, die vom Konsortium zur Kurshaltung erworben werden, ist es nicht anders wie hinsichtlich der Stücke, die das Konsortium vom Staat oder der Stadt erhält. Die Schlußnoten, welche den Ankauf von Stücken durch den Zeichner betreffen, werden dem bestehenden Rechtsverhältnis entsprechend mit dem Vermerk versehen „von .... (Zeichnungsstelle) im Auftrag eines Konsortiums an .... (Zeichner)"; analoges gilt für Schlußnoten über freihändige Verkäufe. Die Zeichnung ist ein Kaufangebot; mit der Zuteilung wird es ganz oder für einen Teil angenommen. Der Unterbeteiligte steht in einem Rechtsverhältnis nur zu dem Konsorten, der ihm die Unterbeteiligung gewährt hat; dieser überträgt an ihn aus seinem Anteil Schuldverschreibungen in Höhe der Unterbeteiligung zum Zeichnungskurs, ein Anschaffungsgeschäft, welches dementsprechend zu versteuern ist, und vereinbart mit ihm, daß Nutzen und Lasten des Geschäfts in Höhe des Betrags der Unterbeteiligung auf den Unterbeteiligten übergehen; im Verhältnis zwischen dem, der die Unterbeteiligung gewährt und dem, der sie annimmt, erscheint also letzterer als Konsorte. Wenn die Vereinbarung über die Unterbeteiligung dem Abschlusse des Übernahmevertrags vorausgeht, so stellt sie sich nicht als Anschaffungsgeschäft dar, und es ist dafür neben der Steuer, die der Hauptkonsorte für seinen Anteil an der Übernahme der Anleihe zu entrichten hat, nicht noch einmal eine Steuer zu bezahlen. Die Verteilung übrig gebliebener Stücke unter die Konsorten wird vorgenommen im Verhältnis der Beteiligung eines jeden, ohne Rücksicht darauf, wieviel Stücke bei ihm gezeichnet wurden. Das Rechtsverhältnis zwischen dem, der die Anleihe aufnimmt, und der Bank, die als Zeichnungsstelle tätig wird, ist das der entgeltlichen Geschäftsbesorgung.

Eine Anleihe bringt einer Bank, die sie übernimmt und wieder verkauft, G e w i n n durch den Unterschied zwischen dem Übernahmekurs und dem Ausgabekurs abzüglich der Spesen. Banken und Bankiers verdienen weiter an Bonifikationen, die ihnen für die Unterbringung in ihrer Kundschaft gewährt werden, sei es von dem, der die Anleihe aufnimmt und der sich unmittelbar an das Publikum wendet, sei es von Banken, welche die Anleihe übernommen haben; ferner als Unterbeteiligte; auch an Provisionen für die Einlösung von Zinsscheinen und gekündigten oder verlosten Stücken sowie für die Ausreichung neuer Zinsbogen. Insoweit es mit der Bank zu einer Rechnungsführung kommt, gilt das im ersten und im vierten Abschnitt Bemerkte. Andere Geschäfte, insbesondere mit der Depotkundschaft, können sich anknüpfen. Der Gewinn der Banken aus dem Guthaben einer Stadt auf Konto, vor allem also der Unterschied zwischen dem dafür gewährten Zins und dem Anleihezins ist bei manchen Städteanlehen größer als der Gewinn aus dem Unterschied zwischen Übernahmekurs und Ausgabekurs. Andrerseits besteht für die Übernehmer einer Anleihe die Gefahr, mehr oder weniger auf ihr sitzen zu bleiben, längere Zeit Mittel in unverkäuflichen Papieren festgelegt zu sehen und daran Verluste zu erleiden. Um diese Gefahr auf ein Maß abzumindern, daß die einzelne Bank, insbesondere mit Rücksicht auf den ihr möglichen Absatz von Effekten der gegenständigen Art, bewältigen kann, vereinigen sich mehrere Banken zu einem Konsortium zur Übernahme einer Anleihe; aber auch der anderen Seite kann es nur erwünscht sein, die Möglichkeit zur Unterbringung der Anleihe in den Kundschaften der vereinigten Banken verbreitert zu sehen. Aus dem gleichen Grunde hat man auch vielfach die Gültigkeit des Übernahmevertrags davon abhängig gemacht, daß nicht besondere Ereignisse eintreten, welche die allgemeine Lage in einem für die Unterbringung der Anleihe ungünstigen Sinne zu beeinflussen geeignet wären, insbesondere die sogenannte Kriegsklausel dem Vertrag beigefügt. Diese Gefahr ist aber auch der Grund, weshalb ein dringendes Interesse daran besteht, daß die Stimme der Bankleiter bei der Festsetzung der Bedingungen eines Anlehens, besonders des Ausgabekurses entsprechend ins Gewicht fällt. Eine Finanzverwaltung will begreiflicherweise immer eine möglichst hohe Anlehensvaluta erzielen und drängt daher auf einen möglichst hohen Übernahmekurs. Der Unterschied zwischen diesem und dem Emissionskurs ist bis zu einem gewissen Grad feststehend: Man kann die dem Konsortium erwachsenden Kosten und den Nutzen, der ihm verbleiben wird, auf Grund der Erfahrung nach bestimmten Sätzen berechnen. Den Banken muß daran liegen, die zu übernehmenden Schuldverschreibungen in Bälde mit einem Nutzen, der etwa dem bisher in gleichartigen Fällen erzielten entspricht, abzusetzen. Deshalb werden die Banken darauf hinwirken, daß der Kurs nicht zu hoch gehalten wird. Wenn letzteres geschieht, ist der Mißerfolg ja auch ein solcher dessen, der das Anlehen aufnimmt; denn das ungünstige Ergebnis wirkt auf seinen finanziellen Kredit ein und bei der nächsten Anlehensaufnahme werden die Übernehmer besondere Vorsicht üben. Gegen ein allzu starkes Herabdrücken des Kurses schützt der Wettbewerb anderer Banken. Allerdings bringt ein Wechsel mit der Bankgruppe mancherlei Unbequemlichkeiten für die Verwaltung mit sich, die ein Anlehen aufnehmen will. Der Nutzen der ganzen Einrichtung für Reich, Bundesstaat, Provinz oder Stadt und damit ihr volkswirtschaftlicher Nutzen besteht darin, daß ihnen von den Banken die Gefahr der Unterbringung ihrer Anleihen abgenommen wird und ihnen aus deren eigenen Mitteln sofort die benötigten Summen zur Verfügung gestellt werden, während die Banken sie erst wieder durch Verkauf der Schuldverschreibungen, besonders an ihre Depotkundschaft, aber auch an andere Geschäftsfreunde sich verschaffen. Das Entgelt dafür, der Unterschied zwischen Übernahme- und Ausgabekurs ist gering. Wenn besondere Gründe irgendwelcher Art es geratener erscheinen lassen, bei der Ausgabe eines Anlehens sich unmittelbar an das Publikum zu wenden, muß man fast immer sich doch der Mitwirkung der Banken bedienen und ihnen dafür eine Bonifikation zukommen lassen, die in der Regel dem Verdienste der Banken aus der Übernahme einer Anleihe nahezu gleichkommt. Wenn die Banken eine Anleihe kommissionsweise verkaufen, so ist dafür die Befürchtung maßgebend, daß sie sich nicht genügend absetzen lassen wird; es ist klar, daß eine Finanzverwaltung es hiezu nur ausnahmsweise kommen lassen will.

Die kurzfristigen Schatzanweisungen des Reichs und der Bundesstaaten berühren die Banken nur als Material für die Anlagen, die jederzeit wieder sollen rediskontiert werden können; sie treten also den privaten Wechseln an die Seite. Verzinsliche Schatzanweisungen sind ihrer Natur nach Anleihen mit kürzerer Umlaufzeit.

Die Finanzierung.

Unter Finanzierung versteht man die Beschaffung der Kapitalien, welche notwendig sind, um einen bestimmten Zweck zu erfüllen, und erforderlichenfalls die tunlichste Sicherung ihrer zukünftigen Beschaffung, dazu, wenn die Kapitalien nicht schenkungsweise gegeben werden, auch die tunlichste Sicherung ihrer Verzinsung und Tilgung. Auch wenn der Zweck ein idealer ist, z. B. ein politischer oder künstlerischer, erfordert er meist eine Finanzierung; alsdann wird z. B. ein Verein gegründet und die nötigen Mittel werden durch Beiträge beigebracht oder sie werden durch Schenkungen, Stiftungen oder Zuwendung von Todes wegen beschafft. Auch in solchen Fällen wird häufig der Rat einer Bankdirektion eingeholt und ihre Mitwirkung erbeten. Um so mehr gilt all dies, wenn der Zweck ein Erwerbszweck ist, sei es daß ein neues Unternehmen geschaffen, sei es daß ein bestehendes Unternehmen in einer neuen Form, Ausdehnung oder Richtung tätig werden soll. Zur Finanzierung kommt es erst, wenn die

Frage bejahend entschieden ist, ob der Zweck, weil ertragbringend, verfolgt werden soll. Diese Frage ist regelmäßig von Fachmännern des betreffenden Berufszweiges zu beantworten. Diese haben auch darüber zu entscheiden, welche Räumlichkeiten, welche Leiter und Angestellte, welche Maschinen, Werkzeuge, Einrichtungen, Roh- und Hilfsstoffe, welche Waren und wieviel Betriebskapital man braucht. Die Finanzierung ist lediglich die Lösung der Aufgabe, wie die baren Mittel für die Beschaffung von all dem bereit gestellt — und in der Folge zurückbezahlt — werden können und sollen. Entweder sind die Unternehmer bereits im Besitz von Geldkapital oder sie können es durch Verkauf von Wertsachen, z. B. Effekten flüssig machen oder sie können es durch Aufnahme von Darlehen von Privaten oder durch Aufnahme einer Hypothek, etwa bei einer Hypothekenbank, oder durch Kredit bei einer Kreditbank bekommen. Der Lohn einer Bank für ihre Ratschläge hierbei ist häufig nur, daß ihr die Unternehmer ihren Bankverkehr übertragen. Von besonderer Bedeutung wird die Finanzierung gewöhnlich erst in Fällen, wo der Zweck, um dessen Erfüllung es sich handelt, sich nur durch ein größeres Unternehmen erreichen läßt, das die Gesellschaftsform erfordert. In solchen Fällen kommt für die Beiziehung einer Bank zu den angegebenen Gesichtspunkten der weitere hinzu, daß es notwendig sein kann, um das nötige Kapital aufzubringen, an das Publikum heranzutreten, das Käufer für die Aktien einer Aktiengesellschaft oder für die Kuxe einer Gewerkschaft ist. An dieses sich zu wenden ist aber Sache einer Bank. Insoweit eine Bank sich an einem Unternehmen beteiligt, sei es durch Aktienbesitz bei einer Aktiengesellschaft, sei es in anderer Weise bei einer anderen Gesellschaft, ist der Zweck der Beteiligung für sie im wesentlichen der, später mit entsprechendem Nutzen eine Emission von Aktien vorzunehmen — nach Umwandlung in eine Aktiengesellschaft, wenn das Unternehmen nicht schon eine ist — und so die Beteiligung abzustoßen. Die Frage, ob Staat und Gemeinde einen bestimmten Zweck verfolgen sollen und wie er finanziert werden soll, wird innerhalb ihrer Organisationen beantwortet; an die Banken treten diese erst heran, wenn die Ausgabe von Schuldverschreibungen beschlossen ist, und ihre Sache ist es dann, sich mit der Übernahme und der Unterbringung derselben um die öffentlichen Einrichtungen verdient zu machen. Anders auf dem Gebiete des privaten Erwerbslebens: Bei Aktiengesellschaften ist den Banken nicht nur die Emission, sondern auch die Finanzierung in die Hand gegeben. Da beide zusammengehören, darf man von Finanzierungs-, Gründungs-, Übernahme-, Emissionsgeschäft nur in dem Sinne reden, daß sie je ein Teil einer einheitlichen Operation sind.

Die Neugründung.

Wenn eine Aktiengesellschaft von einer Bank ins Leben gerufen werden soll oder wenn eine Bank sich an einer zu gründenden Aktiengesellschaft beteiligen will, so ist es die Aufgabe der Bank, aufs genaueste zu prüfen, ob die wirtschaftlichen Grundlagen der Gesellschaft vertrauenswürdig genug sind, also ob ein Unternehmen der gegenständigen Art auch unter Berücksichtigung zu erwartender Wechselfälle aussichtsvoll ist, ob die Wertansätze und Annahmen in den aufzustellenden Berechnungen und Finanzplänen verlässig sind und ob danach eine genügende Rentabilität zu erwarten ist. Man kann den nötigen Aufwand für Anlagen und das erforderliche Betriebskapital, dann die alljährlich entstehenden Kosten sachlicher und persönlicher Art mit mehr oder weniger Sicherheit schätzen, anderseits die Preise, die sich für das abzusetzende Erzeugnis werden erzielen lassen, und die Masse des Absatzes, all dies auf Grund von Erfahrungen aus Betrieben des gleichen oder verwandter Geschäftszweige. Für die Beantwortung der einschlägigen Fragen wird das Urteil geeigneter Sachverständiger nicht entbehrt werden können. Von wesentlicher Wichtigkeit ist dabei die Frage, ob die Form der Aktiengesellschaft für das Unternehmen angemessen ist; eine Aktiengesellschaft sieht voraus, daß alljährlich eine Dividende ausgeschüttet werden kann als Nutzung eines größeren, mindestens auf längere Zeit dem gegenständigen Zwecke gewidmeten Kapitals, das in der Regel der Hauptsache nach nicht in flüssigen, sondern in fixen Aktiven angelegt ist; das Unternehmen muß einen gewissen sachlichen Charakter haben, so daß es von der Person des Leiters in einem gewissen Maße unabhängig ist und der Vorstand mehr als Beamter der selbständigen Persönlichkeit der Gesellschaft erscheint. Hauptsächlich sind es danach Werke der Industrie und öffentliche, besonders Verkehrsunternehmungen, insoweit sie nicht vom Staate oder von Gemeinden übernommen werden, in selteneren Fällen — von Banken und Versicherungsgesellschaften abgesehen — Handelsbetriebe, für welche die Form der Aktiengesellschaft sich erfahrungsgemäß als geeignet erwiesen hat. Die Bank wird dabei auch ihre bisherigen Engagements in Rücksicht ziehen und zur Verteilung der Gefahr von einer Beteiligung absehen, wenn sie in dem Fache, um das es sich handelt, schon genügend in Anspruch genommen ist. Kommt die Bank zum Entschlusse, die Gesellschaft ins Leben zu rufen oder dabei mitzuwirken, so wird sie sich vor allem über die Höhe des benötigten Kapitals der Gesellschaft klar werden müssen — es braucht zunächst nur zum Teil eingerufen zu werden —, auch darüber, wie in der Satzung der Gegenstand des Unternehmens festgelegt werden soll; dann hat sie dafür zu sorgen, daß geeignete Personen als Vorstand und als Aufsichtsrat bestellt werden. Über diese verschafft man sich vor allem Auskünfte, insoweit man sie nicht schon genau genug kennt. Oft spielt die Personenfrage für die Gründung die ausschlaggebende Rolle. Die Regel ist, daß ein Direktor der Bank in den Aufsichtsrat eintritt, um darüber zu wachen, daß die Gesellschaft den bei der Gründung gehegten Absichten entsprechend verwaltet wird. Da die Übernahme von Aktien den Zweck hat, sie in der Folge mit Nutzen zu verkaufen, ist auch der Frage Beachtung zu schenken, ob die Aktien vom Publikum genommen werden. Im allgemeinen kann aber damit gerechnet werden, daß Aktien, die zu Zeiten einer normalen Lage des Geld- und Effektenmarktes von einer angesehenen Bank emittiert werden, besonders wenn deren Emissionen bisher erfolgreich waren, einen entsprechenden Absatz finden. Mit einer Aktie, die noch nicht emissionsreif ist, tritt man nicht hervor, und so vergeht bis zur Emission so viel Zeit, daß die Unterbringung der Aktien im Stadium der Gründung kaum Anlaß zu Erwägungen gibt.

Die Umwandlung.

In vielen Fällen bestand bereits das Unternehmen, das nun als Aktiengesellschaft betrieben werden soll, als Einzelunternehmen oder als Gesellschaft anderer Art und geht um einen festzusetzenden Preis in der Aktiengesellschaft auf. Die Bank, welche sich bei der Umwandlung beteiligt und einen Teil der Aktien übernimmt, hat sich dieselben Fragen vorzulegen wie bei Neugründungen. Ihre Beantwortung ist aber erleichtert; denn man kennt das Unternehmen nach seinem Bestand wie nach seiner Geschichte, die beide für die Beurteilung der Zukunft eine wesentlich sichrere Grundlage bieten. Ob es freilich für eine Aktiengesellschaft geeignet ist, ist eine Vorfrage, die durch seine Entwicklung noch nicht beantwortet wird; sie kann günstig sein nur infolge persönlicher Eigenschaften des Leiters oder anderer vergänglicher Umstände. Die gegenwärtigen Verhältnisse werden durch eine neuerliche Bilanz nebst Gewinn- und Verlustkonto ausgewiesen, die bisherige Entwicklung durch frühere Bilanzen und Gewinn- und Verlustrechnungen, deren Vorlage jeweils gefordert wird. Die Richtigkeit der Bilanzen und Gewinn- und Verlustkonti sowie der Geschäftsbücher, auf denen sie beruhen, nach den Grundsätzen einer ordentlichen Buchführung pflegt man durch eine Treuhandgesellschaft prüfen zu lassen, die Richtigkeit der Wertangaben in den Bilanzen durch Schätzungen der Grundstücke, Gebäude, Maschinen, Werkzeuge, Vorräte an Rohstoffen, Halb- und Fertigfabrikaten usw. Geeignete fachkundige Männer beizubringen ist Sache der Bank. Die Sachverständigen haben sich übrigens nicht nur auszusprechen über die in Betracht kommenden Werte, sondern auch darüber, ob alle Immobilien und Mobilien in gutem Zustande und vollständig sind. Erweisen sich Erneuerungen und Ergänzungen als nötig, so ist der Wert geringer und es gehört noch ein entsprechend höheres Barkapital her, um die Aktiengesellschaft genügend auszustatten. Des weiteren haben sie zu urteilen über die Aussichten der Aktiengesellschaft und alle Fragen, die hinsichtlich deren Gründung überhaupt in Betracht kommen, also die derzeitige Lage und die Aussichten des ganzen Geschäftszweiges, vor allem über die Absatzfähigkeit der Erzeugnisse, die Wettbewerbsverhältnisse und dergleichen. Ihre Gutachten haben sie unbeeinflußt abzugeben. Die Bank darf aber nicht zu ihren Gunsten auf ihr selbständiges Urteil verzichten; denn sie übernimmt dem Publikum gegenüber als Emittentin die Verantwortung. Die Stellung der Schätzer zu der Bankdirektion ist wie die des Sachverständigen im Prozeß zum Gerichte. Die Bank wird auch in Erwägung ziehen, welche Gründe den Vorbesitzer veranlassen, eine Umwandlung herbeizuführen, und zusehen, ob die Sachverständigen ihnen gegenüber die nötige Kritik obwalten ließen. Unter Umständen will der Unternehmer eine günstige Konjunktur benützen, um seinen Besitz möglichst teuer anzubringen, sich mit dem, was er über seine Aufwendungen gewinnt, zurückziehen und das Unternehmen sich selbst überlassen. Besonders beim Rückgang der Konjunktur treten dann die Fehler einer solchen Gründung, die auf der zu hohen Bewertung des Objektes beruhen, zutage. Das Interesse des Vorbesitzers an der Aktiengesellschaft muß deshalb unter allen Umständen wachgehalten werden, dadurch daß er zur Mitwirkung bei der Verwaltung herangezogen wird und dadurch daß er für seinen Besitz nicht nur Bargeld bekommt, sondern einen erheblichen Teil des Aktienkapitals und zwar mit Bindung auf längere Zeit. Wo andere eine Gefahr übernehmen, entspräche es der Billigkeit wenig, wenn der Vorbesitzer sofort aus jeder Gefahr befreit würde. In schlechten Zeiten ist möglicherweise eine Umwandlung ein Mittel für den Vorbesitzer, sich mit Ehren aus der Sache herauszuziehen und einen größeren oder geringeren Teil seines Vermögens zu retten. Ein wichtiges Moment, das in wirtschaftlichen Dingen den Antrieb bildet, ist die Nachahmung; denn originelle Handlungen sind immer und überall selten. Wenn einer mit einem Vorgehen Erfolg hatte, glauben viele andere dasselbe tun zu müssen und zu können. Häufig aber liegen für sie die Verhältnisse nicht mehr so günstig. In Zeiten, in denen ein Taumel die Menschen erfaßt und sie in eine gewisse Richtung drängt, bis ein Rückschlag kommt, ist gewöhnlich auch das Urteil der Sachverständigen getrübt. Der ausschlaggebende und rechtfertigende Grund für die Umwandlung ist gewöhnlich der, daß das Geschäft für ein Einzelunternehmen zu groß geworden ist oder zu werden im Begriffe ist, manchmal weil mehrere Betriebe sich vereinigen. Gewöhnlich kommt noch ein äußerer Anlaß dazu, daß kein Erbe da ist, der die Leitung übernehmen könnte, daß eine Teilung des Vermögens durch eine Gründung erleichtert werden soll, die zunächst im wesentlichen Familiengründung ist, daß der Kapitalsbedarf des Unternehmens sich in der Form des Bankkredits nicht mehr befriedigen läßt und dergleichen. Weil die Geschäftsvergrößerung der wichtigste Anlaß zur Gründung ist, verbindet sich in der Regel eine Erhöhung des Kapitals mit der Umwandlung, indem nicht nur für die Gegenwart, sondern auch wenigstens für die nähere Zukunft gesorgt wird. Aber auch gegen Verführungen aus dem eigenen Innern muß eine Bankdirektion auf der Hut sein; wenn z. B. ein Kredit festgelegt ist und das Guthaben durch eine gelungene Emission flottgemacht werden könnte, hat sie mit verdoppelter Aufmerksamkeit zu prüfen, ob die Umwandlung in eine Aktiengesellschaft gerechtfertigt ist und welche Werte zugrundegelegt werden können. Auch bei Kapitalserhöhungen gibt es solche Fälle. Die Tätigkeit einer Bankdirektion im Finanzierungswesen erhebt sich über das rein Bankmäßige: sie muß, unterstützt durch geeignete Sachverständige, hinübergreifen in das Gebiet, das sonst dem Industriellen vorbehalten ist, dort ein eigenes Urteil gewinnen und schöpferisch vorgehen. Natürlich holt die Bank zuvörderst Auskünfte ein über das Unternehmen und die dabei beteiligten Personen. Auskünfte muß man unter Umständen aber auch beschaffen für die Kunden, die dem Unternehmen besonders große Summen schulden. Im übrigen sind die Bilanzen nach denselben Gesichtspunkten zu beurteilen, wie wenn ein Kredit gewährt werden soll. Wenn es sich hier auch nicht darum handelt, ob genügend Sicherheit dafür gegeben ist, daß eine hinzugebende Summe zurückbezahlt werden kann, sondern darum, ob das Unternehmen als Aktiengesellschaft Erfolg haben wird, die Untersuchung führt im einen wie im anderen Fall auf die Frage zurück, ob das Unternehmen gesunde finanzielle Grundlagen und eine genügende Rentabilität hat und für die Zukunft verspricht. Vor allem ist auf Grund der Schätzungen festzustellen, ob genügende Abschreibungen und Rückstellungen gemacht wurden, allenfalls welche stille Reserven da sind. Zur Ermittlung des Erträgnisses legt man gewöhnlich den Durchschnittsgewinn der 3 letzten Jahre zugrunde, wobei aber Jahre mit außergewöhnlich günstigen und außergewöhnlich ungünstigen Ergebnissen außer Acht bleiben, wenn anzunehmen ist, daß die Verhältnisse, die diese hervorgerufen haben, nicht wiederkehren werden, oder man nimmt eine entsprechende Korrektur vor. Voraussetzung ist aber, daß hinsichtlich Kapital und Rückstellungen, dann der Art der Bilanzierung in den verschiedenen Jahren das gleiche Verfahren beobachtet worden ist.

Die hienach festgestellten wirklich vorhandenen Werte und bisherigen Erträgnisse sind aber nicht ohne weiteres für die Zukunft gültig. Zunächst macht eine Umwandlung Kosten, die beim Ansatz des Wertes des Unternehmens abzuziehen sind. Als solche Kosten kommen in Betracht die Kosten der Schätzungen, die notariellen und gerichtlichen Kosten, die Stempelkosten für die aufzunehmenden Verträge, die Schlußnotensteuer, die Kosten der durch die Handelskammer vorzunehmenden Revision, die Kosten des Druckes der Aktien und die Kosten ihrer Emission wie besonders die der Einführung an der Börse. Diese Kosten können aber ganz oder teilweise bei der Wertberechnung außer Ansatz zu bleiben haben, weil sie vom Vorbesitzer oder einem anderen übernommen werden. Man rechnet die Kosten der Gründung mit 7—10, durchschnittlich mit 8%; ihre Höhe ist besonders davon abhängig, ob eine Grundbesitzübertragung mit der Gründung verbunden ist. Des weiteren arbeitet eine Aktiengesellschaft teurer als ein Einzelunternehmen oder eine offene Handelsgesellschaft. Diese höheren Verwaltungskosten sind am Erträgnis abzuziehen und dieses muß dann noch genügend sein. Zu diesen Kosten gehören die Kosten der Generalversammlungen, die Spesen und Tantiemen des Aufsichtsrates, des Druckes der alljährlich erscheinenden Geschäftsberichte, vor allem ist aber vom bisherigen Erträgnis auch abzuziehen, was der Vorstand an Gehalt und Nebenbezügen erhalten soll, wenn der Vorbesitzer sich kein Gehalt berechnet hat, meist auch die Kosten weiter nötiger Beamter. Ebenso kommen die Kosten der Revisionen durch Treuhandgesellschaften in Betracht, dann die Talonsteuer. Einen weiteren Abzugsposten bilden die Rückstellungen zur Bildung der ordentlichen Reserve und selbstverständlich alle sonst nötigen Rückstellungen und Abschreibungen, wenn dieselben bisher ungenügend waren. Für die Ermittlung des zukünftigen Erträgnisses und der danach erzielbaren Dividende kommt es natürlich darauf an, in welcher Höhe das Aktienkapital bemessen wird. Es ergibt sich aus der Ablösungssumme für den Vorbesitzer, vermehrt um das für den Augenblick und die nähere Zukunft notwendige Betriebskapital, insoweit dies nicht mit übernommen werden kann. Das Kapital darf aber auch nicht zu hoch bemessen werden. Eine Überkapitalisierung führt zu geringeren Dividenden. Abhilfe bietet das Mittel, nur einen Teil des Kapitals einzurufen.

Aber mit Rechnen allein ist noch nichts getan. Die Umwandlung in eine Aktiengesellschaft kann dazu führen, daß das Geschäft zurückgeht; mancher Kunde hängt am Hergebrachten; die abstrakte kapitalistische Konstruktion der Aktiengesellschaft ist ihm zuwider. Häufiger führt sie schon bald zu einem wesentlichen Aufschwung des Geschäftes, ermöglicht durch die reicheren Mittel und die das Vertrauen stärkende öffentliche Rechnungslegung. Es gehört die divinatorische Gabe des geborenen Kaufmannes her, die erkennt, wie ein Geschäft sich entwickeln wird, um seinen wirklichen Wert ermessen zu können und sich über die Grenze klar zu werden, bis zu der mit der Ablösungssumme gegangen werden darf. Man pflegt zu sagen, daß, wenn sich nicht mindestens eine 7%ige Dividende als erzielbar errechnen läßt, man kaum zu einer Gründung schreiten wird. Jedenfalls wird dieser Satz als Mindestmaß erscheinen, meist kaum genügen, wenn eine Bank sich beteiligen soll.

Alle im Vorstehenden angegebenen Gesichtspunkte legt die Bank für die Festsetzung des Übernahmepreises zugrunde, die für die Gesundheit der Gründung wichtigste Maßnahme. Allein diese geschieht nicht durch sie allein, sondern durch Willensübereinkunft zwischen Bank und Vorbesitzer, kommt also im Wege des Abhandelns zustande. Der bisherige Inhaber, welcher sein Eigentum hergeben soll, wird geneigt sein es zu überschätzen, die Bank hat die Abstriche vorzunehmen, die notwendig sind, um die Wertansätze auf das, was angemessen, zurückzuführen. Sie handelt hiebei nicht nur im eigenen Interesse als Käuferin der Aktien, die sie mit Nutzen wieder verkaufen will, sondern zugleich als Vertreterin der zukünftigen Aktionäre; denn bei Überbewertung der einzubringenden Aktiven bei der Gründung wird der Wert der Aktie noch in Jahren innerlich ein geringerer sein können, als äußerlich zu erkennen, so daß in der Folge noch Verluste möglich sind. Eine zu geringe Bewertung dessen, was eingebracht oder erworben werden soll, schadet den Aktionären nicht, ist ihnen vielmehr von Nutzen. Sie zu verhindern kann dem Vorbesitzer überlassen werden. Im übrigen nimmt dieser als Aktionär teil an den Vorteilen, die den Aktionären aus einer nicht zu hohen Bewertung zugehen, und hat in der Regel als Direktor oder Aufsichtsrat selbst die Möglichkeit, auf den Geschäftsgang einzuwirken.

Die Meinungsverschiedenheiten zwischen dem bisherigen Eigentümer und der zu gründenden Gesellschaft, vertreten durch die Bank, werden um so verständlicher, wenn man sich vergegenwärtigt, daß die Anschauungen über den Wert des

Unternehmens je nach dem Standpunkte des Beurteilers verschieden sein können, mit anderen Worten: daß es verschiedene Werte gibt. Man unterscheidet — außer dem gemeinen Wert, der für bewegliche und für unbewegliche Gegenstände in Betracht kommt — den Bilanzwert, den Herstellungswert, den Ertragswert. Bilanzwert ist der Wert, wie er sich auf Grund der gemachten Aufwendungen, aber auch aller seit Bestehen des Geschäftes vorgenommenen Abschreibungen und Rückstellungen aus der Bilanz ergibt. Der Herstellungswert ist gleich der Summe aller Aufwendungen, vermindert um normale Abschreibungen. Er übersteigt den Bilanzwert in dem Maße, als Abschreibungen und Rückstellungen gemacht wurden, die über das, was notwendig war, hinausgingen. Wenn seit der Zeit der Herstellung sich die Kosten der Errichtung der Bauten und der Anschaffung der Mobilien wesentlich erhöht oder erniedrigt hätten, ist von ihm noch der Wiederherstellungswert zu unterscheiden. Der Ertragswert wird gefunden durch entsprechende Kapitalisierung des als dauernd erzielbar angenommenen Erträgnisses. Die Bank wird keinesfalls einen höheren als den Ertragswert anerkennen — denn entscheidend ist nicht, was für ein Unternehmen aufgewendet wird, sondern das, was es erbringt —, aber in den regelmäßigen Fällen, wo dieser den Bilanz- und den Herstellungswert übertrifft, darauf hinweisen, daß in der Annahme eines gewissen Erträgnisses immer ein Gefahrenmoment eingeschlossen ist, weshalb mindestens zum Teil auf den Bilanz- oder den Herstellungswert zurückgegangen werden muß. Ist es doch auch üblich, dies bei der Schätzung von Immobilien zu tun, wo regelmäßig das arithmetische Mittel zwischen Grund- und Bauwert und Ertragswert als wirklicher Wert angenommen wird. Insbesondere ein wesentlich niedrigerer Wiederherstellungswert kommt hier in Betracht; doch darf man ihn auch nicht ohne weiteres als Höchstwert für die Bank ansehen; denn mit der Erbauung und Einrichtung wären noch nicht die Kunden gewonnen, die Erfahrungen für die Fabrikation gesammelt und dergleichen, Momente, die im Ertragswert zur Erscheinung kommen. Für den Bilanzwert spricht, daß der Vorbesitzer selbst es als angezeigt angenommen hat, solche Abschreibungen und Rückstellungen zu machen, und daß jedes wohleingerichtete Unternehmen für Fälle der Not offene und stille Rücklagen haben soll, insbesondere womöglich schon zurzeit der Gründung die 10% ordentliche Reserve, die das Gesetz bei Aktiengesellschaften gebildet haben will. Der Vorbesitzer anderseits wird darauf hinweisen, daß Abschreibungen und Rückstellungen, welche das notwendige Maß übersteigen, den Wert des Unternehmens vermehren, ihm deshalb zu ersetzen seien. Eine Lösung der Schwierigkeit bietet wieder die Beteiligung des Vorbesitzers an der Gesellschaft, die ihm, je mäßiger der Übernahmepreis, um so höheren Nutzen bringen wird; es kann aber angemessen sein, über diese Aussichten hinaus entgegenzukommen, sei es durch Vereinbarung einer über den Bilanzwert hinausgehenden Entschädigungssumme — etwa indem in der Übernahmebilanz die Aktivposten gegenüber den vorliegenden Bilanzen dem tatsächlichen Zustande entsprechend erhöht werden —, sei es dadurch, daß der Vorbesitzer seine Aktien billiger erhält als die übrigen Aktionäre. Da die Ausgabe unter pari unzulässig ist, setzt dies voraus, daß die übrigen Aktionäre ein Aufgeld zahlen. Das Naturgemäße ist es, daß der Aktienkurs pari ist. Unter Umständen ändert sich dies dadurch, daß die Kosten der Gründung ganz oder teilweise aus einem Aufgeld bestritten werden sollen, und der Kurs wird deshalb um einiges über pari festgesetzt. Häufig wird auch der gesetzliche Reservefonds aus dem Aufgeld gebildet und der Ausgabekurs also um 10% höher als nach dem vorstehend Bemerkten. In diesen Fällen ist es der Aktionär, der die Kosten oder die Reserven bezahlt. Noch höhere Ausgabekurse kommen — in anderen Fällen als denen der Kapitalserhöhung — dann vor, wenn ein besonders günstiges Erträgnis schon bei der Gründung mit genügender Sicherheit angenommen wird. Auch Genußscheine werden dem Vorbesitzer mitunter gegeben, um ihm unter gewissen Voraussetzungen eine Entschädigung für den über den Bilanzwert hinausgehenden Mehrwert seines Unternehmens zukommen zu lassen.

Da die Aktie keine Forderung in bestimmtem Betrage verbrieft, sondern ein Anteilsrecht an dem gesamten Vermögen der Gesellschaft gewährt, so ist es für den Aktionär von keiner ausschlaggebenden Bedeutung, auf welchen Betrag sie lautet. Entscheidend ist nur ihr innerer Wert. Aus diesem Grunde kommt man manchmal, um Kosten zu sparen, dazu, das Aktienkapital unter den festgestellten Wert der zu übernehmenden Gegenstände herabzusetzen, etwa auf die Hälfte. Wenn in solchen Fällen auch Aktien ausgegeben werden, die bar zu bezahlen sind, so muß für sie ein entsprechendes Aufgeld vergütet werden, ihr Preis also im angenommenen Fall 200% sein. Auf diese Weise ergibt sich auch sogleich eine Rückstellung.

Anderseits, wenn eine Reserve durch Agio gebildet wird und es wird ein Geschäft eingelegt oder erworben, so muß, wenn der Vorbesitzer den übrigen Aktionären gleich behandelt werden soll, auch von dem festgestellten Werte des Geschäfts ein dem Aufgeld entsprechender Betrag als offene Reserve abgetrennt werden, so daß der Betrag, den der Vorbesitzer in Aktien erhält, vermehrt um den Prozentsatz des Aufgeldes, den Gesamtwert der Entschädigung ausmacht. Der Vorbesitzer erhält den Gegenwert der Reserve dann im Mehrwert, der auch für seine Aktien sogleich angenommen werden kann.

In der Regel erfordert es eine gesunde Weiterentwicklung, daß der bisherige Unternehmer oder Leiter noch einige Jahre als Vorstand der Aktiengesellschaft mitwirkt. Voraussetzung ist aber, daß er seine Tauglichkeit dafür erwiesen hat, sonst muß ein Tüchtigerer gefunden werden. Auch für den Aufsichtsrat müssen die geeigneten Leute gefunden werden. Mindestens muß eine fachkundige Person hineingewählt werden. Wenn der frühere Unternehmer aus der Leitung ausscheidet, dann muß er wenigstens in den Aufsichtsrat eintreten.

Die Einführung der Aktien an der Börse ist nach § 41 des Börsengesetzes nicht früher zulässig als ein Jahr nach Eintragung in das Handelsregister und nach Veröffentlichung der ersten Jahresbilanz nebst Gewinn- und Verlustrechnung. Nach diesem Zeitpunkt aber ist es das Interesse der Bank, baldmöglichst die Aktien mit Nutzen zu veräußern, unter Umständen auch das Interesse weiterer Beteiligter, welche Aktien übernommen haben. Da die Frist eines Jahres nicht lang ist, so ist im Falle der Umwandlung in eine Aktiengesellschaft es wesentlich mehr die Aufgabe der Bank, sich hinsichtlich der Absatzfähigkeit der Aktien vor ihrer Übernahme ein Bild zu machen als bei einer Neugründung, die in der Regel dazu führt, daß die Aktien eine Reihe von Jahren im Besitz der Bank verbleiben. Sie wird also schon vor der Umwandlung sich tunlichst darüber klar werden müssen, wie sich die Verhältnisse des Geld- und des Effektenmarktes gestalten werden, welche Papiere als Konkurrenz hindernd auftreten können und was sonst hieher in Betracht kommt.

Zweifel in Bezug auf die Absatzmöglichkeit können dahin führen, daß die Bank sich nur zum kommissionsweisen Vertrieb von Aktien bereit erklärt. Dieser Entschluß überhebt sie nicht der Verpflichtung, die Finanzierung zu prüfen; denn nach außen tritt sie in beiden Fällen in gleicher Weise auf.

Ist die Gründung ohne Zuziehung einer Bank erfolgt, soll aber nachträglich die Emission durch eine Bank vorgenommen werden, so muß diese, weil sie die Emission mit ihrem Namen deckt, darauf bestehen, daß die Prüfung nachträglich in geicher Weise erfolgt, wie wenn sie von Anfang an zugezogen worden wäre.

Kapitalserhöhungen

sind zu beurteilen nach dem Muster von Gründungen und Umwandlungen. Nur liegen dabei die Verhältnisse in der Regel wesentlich klarer. Die Entwicklung der Gesellschaft ist aus den vorliegenden Geschäftsberichten, Bilanzen und Gewinn- und Verlustrechnungen, aus Prospekten, aus der einschlägigen statistischen Literatur bekannt; man kann sich meist leicht ein Urteil bilden über vorhandene gute Seiten der Gesellschaft und ihre Mängel, Erfolge und Mißerfolge, deshalb auch Aussichten und Gefahren, über die Fähigkeiten der beteiligten Personen. In vielen Fällen sind der Bank alle diese Umstände aus der Tätigkeit bekannt, die ein Mitglied ihrer Direktion im Aufsichtsrate ausübt, so daß eine besondere Untersuchung nicht nötig ist. Ihre Gesamtheit in Verbindung mit der allgemeinen Geschäftslage ist bestimmend für den Kurs, der für die jungen Aktien erzielbar sein wird, und deshalb auch für den Kurs, den die Bank dafür bieten kann. Das gesetzliche Bezugsrecht der Aktionäre wirkt einschränkend auf die Möglichkeiten, welche die Bank beachten muß; in der Regel hat sie nur zu prüfen, ob sie mit genügender Sicherheit annehmen kann, daß zu dem in Aussicht genommenen Kurs die Aktien von den alten Aktionären gezeichnet werden und ein übrigbleibender Bestand an das Publikum verkauft werden kann und ob ihr dabei ein ausreichender Nutzen bleibt. Nicht selten kommen auf Grund des Bezugsrechts für eine Kapitalserhöhung neben den Gründen, die diese an sich als richtig erscheinen lassen, noch andere in Betracht, der Wunsch, den Aktionären in dem Bezugsrecht einen besonders ins Gewicht fallenden Vorteil zuzuwenden, oder der, wie man sich ausdrückt, das Kapital zu verwässern, d. h. als Dividende die gleiche Summe oder doch annähernd die gleiche Summe auf ein größeres Kapital, also mit entsprechend geringerem Prozentsatz zu verteilen, was den Aktionären unter Umständen erwünscht sein kann. Der Bank können solche Nebenabsichten einerlei sein, wenn es an sich richtig erscheint, das Kapital zu erhöhen, ja sie vermehren die Aussicht, daß die Aktien von den Aktionären genommen werden. Der letztangenommene Fall der Verwässerung geht davon aus, daß mit dem erhöhten Kapital nicht wieder die gleiche Rente erwirtschaftet wird, und bewirkt an sich, daß der Wert der Aktie vermindert wird. Allerdings kann in der Folge doch wieder eine günstigere Entwicklung einsetzen. Eine solche Verminderung des Ertrags und des Wertes der Aktie kann beabsichtigt sein als Maßregel, die eine Fusion oder eine Interessengemeinschaft vorbereiten soll. Sie kann sich auch auf eine einzelne Aktiengattung beziehen. Das Bezugsrecht der Aktionäre kann auch durch deren Verzicht ausgeschlossen und das neue Kapital an einen Dritten gegeben werden, der sich an der Gesellschaft mit einem größeren Posten Aktien beteiligen will. Eine Übereinkunft letzterer Art gewährt einer Bank, wenn sie überhaupt zugezogen wird, eine besondere Sicherheit für die erfolgreiche Abwicklung des Geschäftes.

Zu einer Kapitalserhöhung kommt es auch nach einer vorausgegangenen Kapitalsherabsetzung in Fällen, wo eine Aktiengesellschaft saniert werden soll. Die Aufgabe der Bank, welche die jungen Aktien übernehmen soll, ist es vor allem, sich ein Bild davon zu machen, ob die Herabsetzung des Kapitals, wie sie beabsichtigt ist, genügt. Natürlich darf sie auch nicht zu weit gehen. Zu diesem Behufe sind die verbliebenen Werte der Aktiven der Gesellschaft festzustellen und die Schulden, die bestehen bleiben, in Ansatz zu bringen. Aus beidem ergibt sich die Summe, auf welche das Kapital herabgesetzt werden muß. Im Anschluß daran ist der Betrag zu bemessen, der an neuen Mitteln benötigt wird, um der Gesellschaft die gewünschte Rentabilität wieder zu geben. Wegen der im einzelnen zu beachtenden Gesichtspunkte kann auf alles Bezügliche verwiesen werden, was für die Gründung und die Umwandlung bemerkt ist.

Auch Fusionen geben Anlaß zu Kapitalserhöhungen der aufnehmenden Gesellschaft und damit zum Tätigwerden von Banken. Diese unterziehen die aufnehmende Gesellschaft einer Prüfung sowohl in ihrem seitherigen Zustande als so, wie ihre Verhältnisse sich nach der Fusion gestalten werden; deshalb muß die Untersuchung sich auch auf die Gesellschaft erstrecken, die sich auflösen will, und damit auf die Werte, welche die aufnehmende Gesellschaft erhält. Der Wert der jungen Aktien der letzteren bestimmt sich aber nicht nur durch diese Zugänge, sondern auch durch die Vorteile, welche die aufnehmende Gesellschaft aus der Fusion erwarten kann, wie z. B. den Ausschluß eines Wettbewerbs. Nicht selten wirkt eine Bank selbst auf eine Fusion hin, sei es daß sie die Ausdehnung eines aufstrebenden Unternehmens wünscht, an dem sie interessiert ist, sei es daß sie die Aufgabe der Selbständigkeit eines Betriebes herbeiführen will, dessen mangelnde Rentabilität ihr Verluste zu bringen droht.

Die maßgebenden Bestimmungen des Aktienrechts.

Zur Gründung einer Aktiengesellschaft — gemeinhin Gründung schlechtweg genannt — ist gemäß HGB. §§ 178ff. erforderlich, daß ihr Gesellschaftsvertrag vereinbart und daß ihr Aktienkapital untergebracht wird. Den Inhalt des Gesellschaftsvertrags müssen mindestens 5 Personen, welche Aktien übernehmen, die Gründer, in notarieller Verhandlung feststellen; gewisse Bestandteile des Gesellschaftsvertrags sind wesentlich. Übernehmen die Gründer alle Aktien, so gilt damit die Gesellschaft als errichtet; eine solche Gründung nennt man Simultangründung. In dem Akte, in dem sich die Übernahme des ganzen Aktienkapitals vollzieht, muß natürlich das Grundkapital und seine Einteilung in Aktien sowie deren Verteilung unter die Gründer ausgewiesen werden, außerdem der Kurs, zu dem die Gründer die Aktien übernehmen; dieser darf nicht unter pari sein. Die Ausgabe über pari ist nur statthaft, wenn im

Gesellschaftsvertrag zugelassen. Der Einwand, daß ein Gründer für fremde Rechnung gezeichnet habe, ist unbehelflich; der Strohmann ist Gründer wie ein anderer. Übernehmen die Gründer nicht alle Aktien, so hat der Errichtung der Gesellschaft die Zeichnung der übrigen Aktien vorherzugehen; dies ist eine sogenannte Sukzessivgründung; die Zeichnung geschieht in einem Zeichnungsschein, der bestimmte Angaben enthalten muß. Eine Bank macht ihre Beteiligung an einer Gründung vor allem davon abhängig, daß das ganze Kapital untergebracht ist. Eine Sukzessivgründung kommt daher im Falle der Beteiligung einer Bank nicht in Betracht. Ein Versuch einer Gründung in der Form einer Sukzessivgründung mittels öffentlicher Einladung macht auf Kundige meist keinen vertrauenerweckenden Eindruck. Die Aktien müssen, von besonderen Ausnahmefällen abgesehen, auf einen Betrag von mindestens 1000 ℳ gestellt werden. Sie können auf Namen oder, wenn im Gesellschaftsvertrag zugelassen, auf den Inhaber lauten. Zwischenscheine und nicht vollbezahlte Aktien müssen auf Namen lauten. Wenn eine Bank Aktien erwirbt, so sieht sie darauf, daß es Inhaberaktien sind oder daß sie mit einem Blankoindossament versehen sind, damit sie ohne Weitwendigkeiten wieder veräußert werden können. Zur Unterzeichnung genügt eine im Wege der mechanischen Vervielfältigung hergestellte Namensunterschrift. Besondere Vorteile zugunsten einzelner Aktionäre als Gegenleistung gegen ihre Einlagen müssen bei Meidung der Unwirksamkeit unter Bezeichnung der Berechtigten im Gesellschaftsvertrag festgesetzt werden. Solche Sondervorteile sind vermögensrechtliche Leistungen der Gesellschaft verschiedenster Art, insbesondere Ansprüche auf einen Teil des Reingewinns, wie sie z. B. dem bisherigen Inhaber eines eingebrachten Patentes zugestanden werden, unentgeltlich oder zu Vorzugspreisen erfolgende Lieferung von Waren und dergleichen. Bezugsrechte auf Aktien späterer Emissionen, die früher als Gründerrechte üblich waren, sind nach dem HGB. nicht mehr zulässig. Ebenso unzulässig ist die Gewährung fester Zinsen oder von Freiaktien. Das gleiche wie von diesen Sondervorteilen gilt vom Gründerlohn. Er wird gewährt als Entschädigung für die Auslagen der Gründer, für ihre Vorarbeiten, auch ihre geistigen Leistungen. Auch er stellt eine Minderung des Grundkapitals dar. Die Gründer übernehmen aber den Gründungsaufwand meist auf sich, indem sie darauf rechnen, durch Erzielung eines höheren Preises beim Verkauf der Aktien oder durch deren Erträgnisse sich schadlos halten zu können. Werden auf das Grundkapital von Aktionären Einlagen gemacht, die nicht durch Barzahlung zu leisten sind, oder werden vorhandene oder herzustellende Anlagen oder sonstige Vermögensgegenstände von der zu errichtenden

Gesellschaft übernommen, so müssen ebenfalls bei Meidung der Unwirksamkeit der Gegenstand der Einlage oder Übernahme, die Person, von welcher die Gesellschaft den Gegenstand erwirbt, und die Gegenleistung im Gesellschaftsvertrag festgesetzt werden. Gegenstand der Einlage oder Übernahme kann sein eine einzelne bewegliche Sache, ein Gelände, ein Patent, eine Konzession, ein ganzes bestehendes Geschäft. Die Gegenleistung für eine Einlage besteht in Aktien, die für eine Übernahme in einer anderen Vergütung. Auch haben in diesen Fällen der sogenannten qualifizierten Gründungen, um es zu vermeiden, daß durch eine zu hohe Bewertung der eingelegten oder übernommenen Gegenstände die Gesellschaft geschädigt und die künftigen Erwerber von Aktien getäuscht werden, die Gründer in einer schriftlichen Erklärung — Gründererklärung oder Gründerbericht genannt — die wesentlichen Umstände darzulegen, von welchen die Angemessenheit der für die eingelegten oder übernommenen Gegenstände gewährten Beträge abhängt, und hiebei die vorausgegangenen Rechtsgeschäfte, die auf den Erwerb durch die Gesellschaft hingezielt haben, ferner die Erwerbs- und Herstellungspreise aus den letzten beiden Jahren und im Falle des Übergangs eines Unternehmens auf die Gesellschaft die Betriebserträgnisse aus den letzten beiden Geschäftsjahren anzugeben; als Gründer gelten auch Aktionäre, welche andere als durch Barzahlung zu leistende Einlagen machen; endlich hat in diesen Fällen eine Prüfung durch besondere, regelmäßig von der zuständigen Handelskammer bestellte Revisoren stattzufinden. Diese haben einen Prüfungsbericht zu erstatten und bei der Handelskammer einzureichen. Die Einsicht ist jedem gestattet. Häufig wird eine Gründung als Bargründung vorgenommen, aber in der Absicht, Anlagen oder sonstige Vermögensgegenstände zu erwerben. Auch in solchen Fällen müssen die Bestimmungen beachtet werden, die das Gesetz für Einbringungen und Übernahmen vorschreibt. Vielfach geschieht es, daß als Gegenstand des Unternehmens in der Satzung bezeichnet wird der Erwerb und der Fortbetrieb eines bestehenden Unternehmens. Eine Bank, die bei einer Gründung beteiligt ist, sieht darauf, daß die erwähnten gesetzlichen Bestimmungen nicht außer acht gelassen werden, wo immer es in Frage kommen könnte, ob nicht eine Umgehung des Gesetzes beabsichtigt ist. Die Folgen einer Außerachtlassung wären die Unwirksamkeit des Erwerbs, die Gefahr, daß die Gesellschaft nicht eingetragen wird, und unter Umständen Strafbarkeit gemäß § 313 HGB. Die Ausantwortung der Gegenstände, die einzulegen oder zu übernehmen sind, erfolgt nach der Eintragung der Gesellschaft, und zwar die Übertragung von Grundstücken durch notarielle Urkunde. Die Auslieferung der Aktien an die Aktionäre geschieht ebenfalls nach der Eintragung, und zwar an die Einleger Zug um Zug mit der Einbringung. Zur Gründung gehört auch die Bestellung des ersten Aufsichtsrates und des ersten Vorstandes. Die Mitglieder des Vorstandes und des Aufsichtsrates haben den Hergang der Gründung zu prüfen. Gehört ein Mitglied des Aufsichtsrats zu den Gründern, so hat ebenfalls die Prüfung durch besondere Revisoren stattzufinden. Bei Meinungsverschiedenheiten zwischen den Revisoren und den Gründern entscheidet endgültig die Handelskammer. Solange die Gründer sich weigern, der Entscheidung nachzukommen, unterbleibt die Erstattung des Prüfungsberichts. Die Gesellschaft ist beim zuständigen Registergericht von sämtlichen Gründern und Mitgliedern des Vorstandes und des Aufsichtsrates unter Beifügung aller als Nachweise in Betracht kommenden Schriftstücke zur Eintragung in das Handelsregister anzumelden. In der Anmeldung ist die Erklärung abzugeben, daß auf jede Aktie, soweit nicht andere als durch Barzahlung zu leistende Einlagen bedungen sind, der eingeforderte Betrag bar eingezahlt und im Besitz des Vorstandes ist. Als Barzahlung gilt nur die Zahlung in deutschem Geld, in Reichskassenscheinen, sowie in gesetzlich zugelassenen Noten deutscher Banken, gemäß Bundesratsbekanntmachung vom 24. Mai 1917 auch ein bestätigter Scheck auf die Reichsbank. Der bar eingezahlte Betrag muß mindestens $1/4$ des Nennbetrages und das Aufgeld umfassen. Üblicherweise erfolgen die Einzahlungen der Aktionäre bei einer Bank auf ein für die Gesellschaft zu errichtendes Konto. Schon hiezu bedarf es aber der Genehmigung der Bankleitung; denn es könnte dem Rufe der Bank schädlich sein, wenn sie an einer unsoliden Gründung auch nur als Empfängerin der einzuzahlenden Beträge beteiligt wäre. Die Banken vergewissern sich daher über die Vertrauenswürdigkeit der Gründer und der Gründung, ehe sie sich bereit erklären, solche Einzahlungen anzunehmen, und die Gründer ermächtigen dies bekanntzumachen. Das Bankkonto wird bis nach der Eintragung gesperrt, um Abhebungen für die Gesellschaft zu verhindern. Vor der Anmeldung beim Gericht wird dann die Summe der eingezahlten Beträge in Bargeld oder in Reichskassenscheinen oder in deutschen Banknoten oder in einem bestätigten Scheck auf die Reichsbank ausgeschieden und als Eigentum der Gesellschaft von der Bank verwahrt, bis die Eintragung erfolgt ist. Da mittelbarer Besitz des Vorstandes genügt, ist dieses Verfahren dem Gesetz entsprechend. Nach der Eintragung kann das abgesonderte Depot wieder mit den Beständen der Bank vermischt werden und die Gesellschaft hat wieder nur mehr eine Forderung auf ihr Guthaben an die Bank. Die Eintragung in das Handelsregister wird vom Gericht bekanntgemacht. Vor

Eintragung besteht die Gesellschaft als solche nicht; die Anteilsrechte können insolange mit Wirksamkeit gegenüber der Gesellschaft nicht übertragen, Aktien oder Interimsscheine können vorher nicht ausgegeben werden. Der Gesellschaft sind die Gründer für die Richtigkeit und Vollständigkeit ihrer zum Zwecke der Eintragung gemachten Angaben als Gesamtschuldner verhaftet. Wird die Gesellschaft von Gründern durch Einlagen oder Übernahmen der obenbezeichneten Art böslicherweise geschädigt, so sind ihr alle Gründer für den Ersatz des entstandenen Schadens als Gesamtschuldner verpflichtet. Mit den Gründern sind die Gründergenossen, die verheimlichten Gründungsaufwand empfangen oder bei der Verheimlichung mitgewirkt haben und die bei einer böslichen Schädigung durch Einlagen oder Übernahmen mitgewirkt haben, der Gesellschaft als Gesamtschuldner zum Schadenersatz verpflichtet. Wer vor der Eintragung der Gesellschaft oder in den ersten 2 Jahren danach eine öffentliche Ankündigung der Aktien erläßt, um sie in den Verkehr einzuführen, also das sogenannte Emissionshaus, ist der Gesellschaft ebenfalls als Gesamtschuldner ersatzpflichtig, wenn es die Unrichtigkeit oder Unvollständigkeit der Angaben oder die bösliche Schädigung kannte oder bei Anwendung der Sorgfalt eines ordentlichen Geschäftsmannes kennen mußte. Mitglieder des Vorstandes und des Aufsichtsrates, die bei der ihnen auferlegten Prüfung die Sorgfalt eines ordentlichen Geschäftsmannes außer acht lassen, haften der Gesellschaft als Gesamtschuldner, soweit der Schadenersatz von den aufgeführten Ersatzpflichtigen nicht zu erlangen ist. Vergleiche oder Verzichtleistungen, welche die der Gesellschaft aus der Gründung zustehenden Ansprüche betreffen, sind nur unter gewissen Voraussetzungen zulässig. Die Ansprüche verjähren in 5 Jahren von der Eintragung an. Diese Vorschriften finden auch Anwendung, wenn die Gesellschaft vor dem Ablaufe von 2 Jahren seit der Eintragung Vermögensgegenstände in Ausführung einer vor ihrer Eintragung von Gründern getroffenen Vereinbarung erwirbt.

Wenn eine Bank zu den Gründern, ein Bankdirektor zu den Gründern, zum Aufsichtsrat einer neuen Aktiengesellschaft gehört, haben diese Vorschriften unmittelbar auf sie Anwendung; wenn eine Bank Aktien einer neuen Gesellschaft erwirbt, hat sie zu beachten, daß ihnen Rechnung getragen wird.

Zu erwähnen ist hier noch, daß für sogenannte Nachgründungen durch Übernahmen von Anlagen oder unbeweglichen Gegenständen, wenn sie vor dem Ablaufe von 2 Jahren seit der Eintragung der Gesellschaft vorgenommen werden, erschwerende Bestimmungen getroffen sind; sie sollen Umgehungen der für Sacheinlagen und Übernahmen bei der Gründung getroffenen Vorschriften verhüten.

Auch ist dazu noch zu bemerken: Neben den Kapitaleinlagen kann im Gesellschaftsvertrag unter gewissen Voraussetzungen den Aktionären die Verpflichtung zu wiederkehrenden, nicht in Geld bestehenden Leistungen gegen Vergütung auferlegt werden. Hauptsächlich kommt hier die Rübenlieferungspflicht der Aktionäre von Zuckerfabriken in Betracht. Für den Zeitraum der Vorbereitung bis zum Anfang des vollen Betriebes können den Aktionären feste Zinsen, sogenannte Bauzinsen bedungen werden. Den Mitgliedern des ersten Aufsichtsrats kann eine Vergütung für ihre Tätigkeit nur durch einen Beschluß der Generalversammlung bewilligt werden, der nicht früher als in derjenigen Generalversammlung gefaßt werden kann, mit deren Beendigung die Zeit abläuft, für welche der erste Aufsichtsrat gewählt ist. Der Betrag, welcher durch die Ausgabe der Aktien für einen höheren als den Nennbetrag über diesen und über den Betrag der durch Ausgabe der Aktien entstehenden Kosten hinaus erzielt wird, ist in den ordentlichen Reservefonds einzustellen. Vgl. auch noch §§ 266--270 und die Strafvorschrift des § 314 HGB.

Eine Kapitalserhöhung durch Ausgabe neuer Aktien soll gemäß §§ 274ff. HGB. außer bei Versicherungsgesellschaften nicht vor der vollen Einzahlung des bisherigen Kapitals erfolgen. Verhältnismäßig unerhebliche Rückstände der eingeforderten Einzahlung bilden kein Hindernis. Die Kapitalserhöhung ist eine Art der Abänderung des Gesellschaftsvertrags. Als solche kann sie nur durch die Generalversammlung beschlossen werden, in der Regel mit einer Mehrheit von mindestens 3/4 des bei der Beschlußfassung vertretenen Grundkapitals. In der vorgeschriebenen Ankündigung der Tagesordnung soll die beabsichtigte Änderung des Gesellschaftsvertrags nach ihrem wesentlichen Inhalt erkennbar gemacht werden. Der Beschluß der Generalversammlung bestimmt, bis zu welchem Betrag das Aktienkapital erhöht werden soll, ferner Zahl und Nennbetrag der neuen Aktien, ob sie auf Inhaber oder auf Namen lauten, von wann an sie an der Dividende teilnehmen und inwieweit mit Rücksicht hierauf Stückzinsen vergütet werden. Sollen die jungen Aktien für einen höheren als den Nennbetrag ausgegeben werden, so ist der Mindestbetrag, unter dem die Ausgabe nicht erfolgen soll, in dem Beschluß über die Kapitalserhöhung festzusetzen. Dieser kann aber auch gleich den Ausgabekurs bestimmen. Sonst tut dies der Vorstand. Dieser ruft auch die Einzahlungen auf die neuen Aktien ein. Die Generalversammlung oder die Satzung können beides auch dem Aufsichstrat übertragen. Für qualifizierte Kapitalserhöhungen, nämlich solche, bei denen eine Sacheinlage gemacht wird, bestehen besondere Vorschriften. Die Zeichnung der neuen Aktien geschieht mittels doppelt auszustellenden Zeichnungsscheins, der bestimmte Angaben enthalten muß, insbesondere den Zeitpunkt, in welchem die Zeichnung unverbindlich wird, soferne nicht bis dahin die erfolgte Kapitalserhöhung in das Handelsregister eingetragen ist. Da sich hiebei irgendwelche Hindernisse ergeben können, pflegt man vorsorglicherweise die Frist weiter zu erstrecken, als gerade nötig erscheint. Auch der Sacheinleger muß zeichnen. Jedem Aktionär steht ein gesetzliches Aktienbezugsrecht zu im Verhältnis zu seinem alten Aktienbesitz; der Beschluß über die Kapitalserhöhung kann aber anders bestimmen, wie daß das Bezugsrecht wegfällt oder daß Aktien gegen Sacheinlagen gewährt werden. Nur unter Vorbehalt dieses Bezugsrechtes können andere Bezugsrechte zugesichert werden und mit Wirkung gegenüber der Gesellschaft frühestens im Beschluß über die Kapitalserhöhung. Der Betrag, zu welchem die neuen Aktien an die Aktionäre ausgegeben werden, ist von dem Vorstand in den Gesellschaftsblättern zu veröffentlichen. In der Veröffentlichung kann eine Frist für die Ausübung des Bezugsrechtes bestimmt werden, welche mindestens 2 Wochen betragen muß. Der Beschluß über die Kapitalserhöhung ist von sämtlichen Mitgliedern des Vorstandes und des Aufsichtsrats zur Eintragung in das Handelsregister anzumelden. In der Anmeldung ist die Versicherung abzugeben, daß das bisherige Grundkapital eingezahlt ist oder, soweit die Einzahlung nicht stattgefunden hat, daß darauf weitere als die in der Anmeldung bezeichneten Beträge nicht rückständig sind. Die erfolgte Erhöhung des Kapitals ist in der gleichen Weise anzumelden unter Beifügung der als Nachweise in Betracht kommenden Schriftstücke. Die für die Gründung gegebenen Vorschriften, was als Barzahlung gilt und daß in der Anmeldung die Erklärung abgegeben werden muß, daß mindestens 1/4 des Kapitals und das Aufgeld bar eingezahlt und im Besitze des Vorstandes sind, gelten analog für die Kapitalserhöhung. Die Anmeldung und Eintragung der erfolgten Erhöhung des Grundkapitals kann mit der Anmeldung und Eintragung des Beschlusses über die Erhöhung verbunden werden. Bevor die erfolgte Erhöhung des Kapitals eingetragen ist, können neue Aktien und Interimscheine nicht ausgegeben werden. Die Anteilsrechte an dem zu erhöhenden Kapital können vor diesem Zeitpunkt mit Wirksamkeit gegenüber der Gesellschaft nicht übertragen werden; dazu die Strafvorschrift des § 314 Nr. 3.

Die Herabsetzung des Kapitals einer Aktiengesellschaft — HGB. §§ 288ff. — kann nur mit einer Mehrheit von mindestens 3/4 des vertretenen Kapitals beschlossen werden. Der Gesellschaftsvertrag kann noch andere Erfordernisse aufstellen. Durch den Beschluß muß zugleich festgesetzt werden, zu welchem Zweck die Herabsetzung stattfindet, insbesondere ob zur teilweisen Rückzahlung des Kapitals, und in welcher

Weise die Maßregel auszuführen ist. Entweder ist nämlich die Kapitalsherabsetzung nur eine rechnungsmäßige Maßregel, welche die Ziffern der Bilanz mit den gesunkenen vorhandenen Werten in Einklang bringt — in der Mehrzahl der Fälle, indem sie auf diese Weise eine Unterbilanz beseitigt —, oder sie wird verbunden mit einer Kapitalsrückzahlung. Da die Kapitalsherabsetzung wie die Kapitalserhöhung eine Abänderung des Gesellschaftsvertrags bedeutet, so muß in der Ankündigung der Tagesordnung für die Generalversammlung der wesentliche Inhalt des zu fassenden Beschlusses über die Kapitalsherabsetzung und deren Zweck angegeben werden, also ob die Beseitigung einer Unterbilanz oder eine Rückzahlung beabsichtigt ist. Der Beschluß ist von sämtlichen Mitgliedern des Vorstandes zur Eintragung in das Handelsregister anzumelden. Der Vorstand hat nach der Eintragung die Gläubiger aufzufordern, ihre Ansprüche anzumelden. Die Aufforderung ist dreimal in den Gesellschaftsblättern zu veröffentlichen. Bekannte Gläubiger sind besonders aufzufordern. Den Gläubigern, die sich melden und deren Forderungen vor der letzten öffentlichen Aufforderung begründet sind, ist Befriedigung zu gewähren oder Sicherheit zu leisten. Zahlungen an die Aktionäre dürfen erst erfolgen, nachdem seit der dritten öffentlichen Aufforderung ein Jahr verstrichen ist und nachdem die Gläubiger, die sich gemeldet haben, befriedigt oder sichergestellt sind. Eine durch die Herabsetzung bezweckte Befreiung der Aktionäre von der Verpflichtung zur Leistung von Einlagen auf die Aktien tritt nicht vor dem bezeichneten Zeitpunkt in Wirksamkeit. Die Kapitalsherabsetzung kann in der Weise durchgeführt werden, daß der Nennwert der Aktien abgemindert wird; Voraussetzung ist aber, daß dabei die Bestimmungen über den Mindestnennbetrag der Aktien beachtet werden, in der Regel also, daß derselbe noch auf mindestens 1000 ℳ lautet. Da mit Rücksicht hierauf dieser Weg nur ausnahmsweise gangbar ist, so ist die regelmäßige Form, in welcher die Maßregel durchgeführt wird, die der Zusammenlegung von Aktien; sie besteht darin, daß mehrere Aktien miteinander vereinigt werden und der Nennwert der vereinigten Aktien herabgesetzt wird. Der Beschluß der Generalversammlung muß angeben, in welchem Verhältnis zusammengelegt werden soll. Natürlich müssen die Bestimmungen über den Mindestnennbetrag der Aktien auch hier beachtet werden. Eine dritte Art der Kapitalsherabsetzung ist die Einziehung (Amortisation) von Aktien — HGB. § 227; wenn sie nicht mittels Ankaufs oder eines anderen freiwilligen Geschäftes unter Lebenden oder durch eine Verfügung von Todes wegen geschehen soll, sondern mittels Auslosung oder Kündigung, so kann sie nur erfolgen, wenn sie im ursprünglichen Gesellschaftsvertrag oder durch eine vor der Zeichnung der Aktien bewirkte Änderung desselben angeordnet oder gestattet ist; sie darf nur aus dem Reingewinn erfolgen oder es müssen die Bestimmungen über die Kapitalsherabsetzung der §§ 288ff. beachtet werden; der Ankauf von Aktien geschieht insbesondere auf Grund öffentlicher Aufforderung der Gesellschaft, in der ein Höchstpreis gesetzt ist. Um zusammengelegt zu werden, müssen die Aktien eingereicht werden entweder zum Umtausch gegen neue Aktien oder, damit die, welche gültig bleiben sollen, abgestempelt, d. h. mit einem bezüglichen Aufdruck versehen, die anderen aber vernichtet werden. Die Gesellschaft kann in solchen Fällen die Aktien, welche trotz erfolgter Aufforderung nicht bei ihr eingereicht werden, für kraftlos erklären. Das gleiche gilt in Ansehung eingereichter Aktien, welche die zum Ersatz durch neue Aktien erforderliche Zahl nicht erreichen und der Gesellschaft nicht zur Verwertung für Rechnung der Beteiligten zur Verfügung gestellt sind. Die Aufforderung hat die Androhung der Kraftloserklärung zu enthalten. Diese kann nur erfolgen, wenn für die Aufforderung gewisse Formvorschriften beachtet wurden. Die neuen Aktien sind für Rechnung der Beteiligten durch die Gesellschaft zum Börsenpreis und in Ermangelung eines solchen durch öffentliche Versteigerung zu verkaufen. Der Erlös ist auszuzahlen oder zu hinterlegen. Die erfolgte Kapitalsherabsetzung ist von sämtlichen Mitgliedern des Vorstandes zur Eintragung in das Handelsregister anzumelden.

Zum Zwecke der Sanierung einer Aktiengesellschaft werden zunächst die Aktiven auf ihren wahren Wert heruntergeschrieben und dementsprechend das Kapital herabgesetzt; im Anschluß daran werden der Gesellschaft neue Mittel zugeführt entweder durch eine Kapitalserhöhung oder durch Zuzahlung. Bei Kapitalserhöhungen pflegt in solchen Fällen beschlossen zu werden, daß die alten Aktien von den Erwerbern der neuen Aktien neben einer Zuzahlung zu einem bestimmten Kurs an Zahlungs Statt gegeben werden können; sie sind dann als Sacheinlage zu behandeln und werden für kraftlos erklärt. Zuzahlungen, die ohne Kapitalserhöhung gegen Gewährung von Vorzugsrechten geleistet werden, sind gemäß § 262 Nr. 3 HGB. in den gesetzlichen Reservefonds einzustellen, soweit nicht ihre Verwendung zu außerordentlichen Abschreibungen oder zur Deckung außerordentlicher Verluste beschlossen wird. Um die neuen Mittel zu erhalten, wird es notwendig sein, bei der Kapitalserhöhung den neuen Aktionären, bei einer Zuzahlung den Zuzahlenden gewisse Vorrechte zu gewähren. Durch die Mehrheitsbeschlüsse der einen wie der anderen Art und ihre Ausführung wird zweifellos mittelbar ein Zwang gegen die Aktionäre ausgeübt, welche sich nicht entschließen zuzuzahlen; das Reichsgericht erkennt aber die Zulässigkeit solcher Beschlüsse an. Dagegen erklärt das Reichsgericht es für unzulässig, den Aktionären, die nicht zuzahlen, Nachteile aufzuerlegen, sei es daß ihre Aktien allein, sei es daß sie in stärkerem Maße zusammengelegt würden, sei es daß sie sonst ungünstiger behandelt würden. Die Einräumung von Vorrechten für die neuen Aktien oder die Aktien, auf welche zugezahlt wurde, setzt übrigens eine vorgängige Herabsetzung des Kapitals der Aktiengesellschaft nicht notwendig voraus. Die Vorrechte, welche den Vorzugsaktien gegenüber den Stammaktien eingeräumt werden, beziehen sich insbesondere auf die Verteilung des Gewinnes oder des Gesellschaftsvermögens und müssen im Gesellschaftsvertrag festgesetzt werden — HGB. § 185. Wenn bei einer Gesellschaft mehrere Gattungen von Aktien mit verschiedener Berechtigung vorhanden sind und ihr Verhältnis zum Nachteil einer Gattung geändert werden soll, so haben die zu benachteiligenden Aktionäre ein Recht auf Sonderabstimmung gemäß § 275 HGB. Bei Kapitalserhöhungen und -Herabsetzungen muß neben dem Generalversammlungsbeschlusse für verschiedene Aktiengattungen stets noch gesondert abgestimmt werden. Zu Vorzugsaktien kommt es nicht leicht schon bei der Gründung einer Aktiengesellschaft. In der Regel konnte man bisher am Vorhandensein von Vorzugsaktien erkennen, daß die Gesellschaft schon einmal eine Sanierung durchmachen mußte. In neuester Zeit werden Vorzugsaktien auch zu dem Zwecke geschaffen, um der Gefahr einer Überfremdung bei einer Aktiengesellschaft vorzubeugen. Solche Aktien werden mit einem mehrfachen, gewöhnlich vielfachen Stimmrecht ausgestattet. Vorzüge hinsichtlich der Dividende werden ihnen dagegen gewöhnlich nicht eingeräumt. Meist werden sie als Namensaktien an ein Konsortium, bestehend aus den Mitgliedern der Verwaltung gegeben und ihre Übertragung an die Zustimmung des Aufsichtsrats oder der Generalversammlung geknüpft, auch die Aktien bei einer Bank oder einer Treuhandgesellschaft in ein Sperrdepot gelegt. Die bloße Verleihung eines erhöhten Stimmrechts an gewisse Aktien macht diese aber noch nicht zu einer bevorrechtigten eigenen Gattung im Sinne des HGB.

Wird das Vermögen einer Aktiengesellschaft als Ganzes an eine andere Aktiengesellschaft übertragen, also eine F u s i o n vorgenommen, so bleiben der Besonderheit dieses Falles entsprechend bei der Kapitalserhöhung der aufnehmenden Gesellschaft eine Reihe von sonst zu beachtenden Vorschriften außer Anwendung; so insbesondere diejenigen über die Aktienzeichnung. Das Recht auf die neuen Aktien kann der übertragenden Gesellschaft oder gleich ihren Aktionären eingeräumt werden. Das Verhältnis, in welchem die letzteren zu Aktionären der aufnehmenden Gesellschaft werden sollen, muß im Vertrag über die Vermögensübertragung festgesetzt werden. Dieser ist notariell zu machen und von den Generalversammlungen der beiden Gesellschaften unter ausdrücklicher Angabe des Umtauschverhältnisses zu genehmigen. Der Beschluß der übertragenden Gesellschaft bedarf einer Mehrheit von mindestens $3/4$ des vertretenen Kapitals. Der Anmeldung der erfolgten Erhöhung des Kapitals zum Handelsregister ist der Vertrag über die Vermögensübertragung mit dem genehmigenden Beschlusse der Generalversammlung der aufgelösten Gesellschaft beizufügen. Auf den Umtausch der Aktien dieser Gesellschaft sind die Bestimmungen über das Zwangsverfahren bei der Zusammenlegung von Aktien für anwendbar erklärt. Wird vereinbart und von der Generalversammlung der übertragenden Gesellschaft beschlossen, daß die andernfalls zunächst vorzunehmende Liquidation des Vermögens der aufgelösten Gesellschaft nicht stattfinden soll, so tritt eine sofortige Verschmelzung der beiden Gesellschaften ein.

Die Schuldverschreibungen.

Aktiengesellschaften verschaffen sich die Kapitalien, deren sie bedürfen, nicht nur durch Ausgabe von Aktien, sondern auch durch Ausgabe von Schuldverschreibungen. Gleiches tun andere Gesellschaften und große Einzelfirmen.

Diese Schuldverschreibungen können auf den Inhaber lauten. Dann ist ihre Ausgabe gemäß § 795 BGB. nur mit Genehmigung des Ministeriums des Bundesstaates gestattet, worin die Gesellschaft ihren Sitz hat. Um Weitwendigkeiten zu entgehen, werden sie daher meist gemäß § 363 HGB. als kaufmännische Verpflichtungsscheine ausgestellt, so daß sie auf den Namen einer Bank oder deren Order lauten, und können dann mit Blankoindossament wie Inhaberpapiere weitergegeben werden. Voraussetzung ist natürlich Kaufmannseigenschaft der Schuldnerin. Jede solche Teilschuldverschreibung muß vom Vorstand der Gesellschaft unterschrieben werden. Üblich ist es, daß sie auch für den Aufsichtsrat unterzeichnet wird. Manche Juristen halten auch Verschreibungen für gültig, die mit faksimilierten Unterschriften versehen sind. Ob Vorstand und Aufsichtsrat die Zustimmung der Generalversammlung zur Aufnahme der Anleihe erholen müssen, bestimmt sich nach der Satzung der Gesellschaft. Gewöhnlich wird eine solche Anleihe mit hypothekarischer Sicherung ausgestattet. Die Hypothek muß nach § 1187 BGB. eine Sicherungshypothek sein. Nach § 1189 kann für die jeweiligen Gläubiger ein Vertreter mit der Befugnis aufgestellt werden, mit Wirkung für und gegen jeden späteren Gläubiger bestimmte Verfügungen über die Hypothek zu treffen und den Gläubiger bei der Geltendmachung der Hypothek zu vertreten. Zur Bestellung des Vertreters ist die Eintragung in das Grundbuch erforderlich. Ist der Eigentümer berechtigt, von dem Gläubiger eine Verfügung zu verlangen, zu welcher der Vertreter befugt ist, so kann er die Vornahme der Verfügung von dem Vertreter verlangen.

Der Inhalt der Schuldverschreibungen wird in der Regel so gefaßt, daß die Gesellschaft bekennt, der Bank oder deren Order einen bestimmten Betrag schuldig zu sein und sich verpflichtet, ihn bei Fälligwerden der Forderung an den durch Indossament legitimierten Besitzer zu bezahlen. Die Schuldverschreibungen werden gekennzeichnet als Teil des bestimmten hypothekarisch versicherten Anlehens. Im übrigen wird darin auf die notarielle Urkunde verwiesen, die über die Schuldaufnahme und die Hypothekbestellung errichtet wird, und daraus die wesentlichen Bestimmungen abgedruckt. Insbesondere sind dies die Bestimmungen über die Verzinsung und die Rückzahlung, also Zinsfuß — meist etwas höher als bei öffentlichen Anleihen — und Zinstermine, Zahlstellen, Verlosung und Kündigung. Seitens der Gläubiger sind die Anleihen, wenn die Schuldnerin ihre Verpflichtungen pünktlich erfüllt, unkündbar. Gewöhnlich wird auch die Rückzahlung für eine gewisse Frist — meist 10 Jahre — ausgeschlossen. Von da an erfolgt sie im Wege der Verlosung in der Weise, daß alljährlich ein gewisser Mindestbetrag zur Rückzahlung gelangt. Meist wird der Gesellschaft das Recht ausbedungen, die Schuldverschreibungen im Wege freihändigen Rückkaufes jederzeit aus dem Verkehr zu ziehen und nach Ablauf der Unkündbarkeitsfrist die Tilgung zu verstärken oder die Anleihe ganz oder teilweise mit gewisser Frist zu kündigen. Zurückgekaufte Schuldverschreibungen dürfen in der Regel in den zu verlosenden Betrag eingerechnet werden. Formvorschriften für die Verlosung und für die notwendigen Bekanntmachungen sind festzusetzen, insbesondere die Zeit der Verlosung und der Termin für die Rückzahlung verloster Stücke. Üblicherweise geht die Verlosung unter Mitwirkung eines Notars vor sich. Häufig sind verloste und gekündigte Schuldverschreibungen mit einem Aufgeld — meist 1—3% — einzulösen. Die eingelösten Stücke müssen vernichtet werden. Die Verzinsung ausgeloster und gekündigter Schuldverschreibungen hört mit dem Tage auf, an dem sie heimzahlbar werden. In den Verlosungslisten werden üblicherweise auch die Nummern früher verloster, aber nicht vorgelegter Stücke veröffentlicht, bis sie verjährt sind; man nennt diese Verzeichnisse Restantenlisten. Bei der Errichtung der hypothekarischen Sicherheit zugunsten der Bank oder der durch Indossament berechtigten Gläubiger und der Bestellung der Bank als Vertreterin im Sinne des § 1189 werden die Vertretungsbefugnisse der Bank genau umschrieben. Insbesondere wird ihr das Recht eingeräumt, die Löschung der Hypothek im Grundbuch insoweit zu bewilligen, als ihr die Rückzahlung der Anleihe nachgewiesen wird, ferner unter besonderen Voraussetzungen Abtretungen und Pfandentlassungen zu bewilligen, nämlich wenn der Kaufpreis, allenfalls der Schätzwert in bar oder in Teilschuldverschreibungen erlegt wird oder ein entsprechender Teil des Anlehens bereits getilgt ist, des weiteren namens der Gläubiger deren Ansprüche aus der Hypothek gerichtlich und außergerichtlich zu vertreten, endlich Willenserklärungen in bezug auf die Hypothek, z. B. Kündigungen abzugeben und zu empfangen; die Kosten gehen zu Lasten der Gesellschaft. Der Bank wird auch die Befugnis zu Verfügungen über die Sicherungshypothek eingeräumt, soweit es sich um Ausführung von Beschlüssen der Besitzer von Schuldverschreibungen in Gemäßheit des Reichsgesetzes vom 4. Dezember 1899 oder von Anweisungen des auf Grund dieses Gesetzes bestellten Vertreters handelt; auch die Befugnisse eines nach diesem Gesetz bestellten Vertreters auszuüben, ist nach solchen Bedingungen gewöhnlich Sache der Bank. Ihre Vertretungsbefugnisse können die Banken nach den Bedingungen gewöhnlich mit gewisser Frist kündigen. Für den Fall, daß die Gesellschaft ihren Verpflichtungen aus der Anleihe nicht pünktlich nachkommt, besonders mit der Zahlung fälliger Zinsen oder Teilschuldverschreibungen in Verzug gerät, wird den Besitzern der letzteren insgesamt oder einzeln das Recht eingeräumt, ihre Forderungen als fällig zu betrachten und zur sofortigen Rückzahlung zu kündigen; ebenso soll in diesem Fall die Bank befugt sein, für die Gläubiger die Sicherungshypothek geltend zu machen. Die Befugnisse der Bank als Grundbuchvertreter werden ihr aber als ausschließlich in dem Sinne eingeräumt, daß den einzelnen Besitzern einer Teilschuldverschreibung die Geltendmachung ihrer Rechte aus der Sicherungshypothek nicht zusteht. An dieser müssen jedem Besitzer einer Teilschuldverschreibung nach Maßgabe des Nennwerts gleiche Rechte zustehen. Die Bank pflegt sich in den Bedingungen dagegen zu verwahren, daß sie den Nehmern der Verschreibungen aus diesen oder aus ihrem Indossament verpflichtet würde. Unter diesen Auszug aus den Bedingungen wird ein Abdruck der grundbuchamtlichen Bestätigung über den Eintrag ins Grundbuch gesetzt. Dann folgt das Indossament, das die Bank bei Begebung unterzeichnet. Wenn keine hypothekarische Sicherung bestellt wird, können natürlich die hierauf bezüglichen Bedingungen entfallen. Auch bedarf es alsdann keiner notariellen Mitwirkung bei der Aufnahme der Schuldurkunde; die Einigung erfolgt vielmehr gewöhnlich im Wege des Briefwechsels zwischen Bank und Gesellschaft. Andere Sicherungen kommen vor, z. B. Bürgschaft seitens einer Bank, oder die Gesellschaft übernimmt die Verpflichtung, auf ihre Grundstücke keine Hypothek eintragen zu lassen, die den Besitzern der Schuldverschreibungen vorginge.

Die Anleihen von Gesellschaften werden ebenso wie diejenigen von Staaten und Städten von einer Bank oder einem Konsortium von Banken käuflich zu einem festen Kurs oder kommissionsweise übernommen und in Verkehr gebracht. Die hinsichtlich der öffentlichen Anleihen entwickelten Grundsätze finden entsprechende Anwendung. Wenn ein Konsortium auftritt, ist es doch nur eine einzige Bank, gewöhnlich die Führerin des Konsortiums, auf deren Namen die Schuldverschreibungen ausgestellt werden. Statt auf den Namen einer Bank werden sie nicht selten auf den Namen einer Treuhandgesellschaft ausgestellt und dieser die Rechte als Vertreterin der Gläubiger im Sinne des § 1189 übertragen. Hie und da übernimmt eine Bank Obligationen einer Gesellschaft, ohne sie schon in Verkehr bringen zu wollen, sondern zunächst als Sicherheit für einen Kredit, den sie gegeben hat, und um sie zu veräußern, wenn sie sie einmal für emissionsreif hält; der Grund für die einstweilige Zurückhaltung kann in besonderen Verhältnissen der Schuldnerin, aber auch in allgemeinen Verhältnissen liegen.

Die Tatsache allein, daß Schuldverschreibungen, auch wenn sie nicht eine Reihe von Jahren unkündbar und wenn sie nicht hypothekarisch versichert sind, ihrer Natur nach längere Zeit im Umlauf bleiben sollen, erweist, daß das so aufgebrachte Kapital nur bestimmt sein kann, Anlagewerte zu beschaffen, die zur dauernden Ausnutzung dienen und die Rückzahlung der darauf gegründeten Schuld gewährleisten. Um letzteres auch ungünstigenfalls tun zu können, darf aber ihr Gesamtbetrag nicht über einen angemessenen Teil des Wertes der Anlagen hinausgehen, der die Deckung der Anleihe sichert. Allerdings braucht die Belastung dieser Aktiven durch die Schuld — einerlei ob diese formell in einer Hypothezierung zum Ausdrucke kommt oder nicht — sich nicht innerhalb der Grenzen zu halten, welche für die Bankhypotheken vorgeschrieben ist. Der Rest muß aus dem Aktienkapital aufgebracht werden. Daß der jederzeit rückforderbare Bankkredit nicht das geeignete Mittel ist, Anlagewerte zu beschaffen, sondern nur Betriebskapital, ergibt sich aus dem, was im vierten Abschnitte unter „Bilanzen der Kundschaft" ausgeführt ist. Flüssige Mittel bieten keine genügend sichere Unterlage für ein Anlehen; anderseits sind sie nötig, um jeweils die fällig werdenden Zinsen und Tilgungen bezahlen zu können. Auch zum Aktienkapital, das insgesamt für die Anleihe haftet, muß das Obligationenkapital in einem angemessenen Verhältnis stehen: Man hält daran fest, daß letzteres die Hälfte des ersteren nicht übersteigen soll. Doch gilt dies nur von den Industriegesellschaften gewöhnlicher Art. Es gibt andere Gesellschaften, die in höherem Maße, ja bis zu einem Vielfachen ihres Aktienkapitals sich Mittel durch Ausgabe von Schuldverschreibungen verschaffen; dies sind besonders gewisse Unternehmungen mehr öffentlichen und zugleich monopolistischen Charakters, die dem Verkehr, der Verteilung von Licht und Kraft und ähnlichen Zwecken dienen. Die Frage, ob neues Kapital in der einen oder der anderen Weise zu beschaffen ist, muß man innerhalb des Rahmens der angegebenen Gesichtspunkte beantworten, wie folgt: Die Verzinsung von Obligationenkapital kommt bei einer gut rentierenden Gesellschaft der Regel nach, alle Kosten eingerechnet, billiger als die Dividendenzahlung für die jungen Aktien. Aber eine solche Kapitalbeschaffung begründet immer eine Schuld. Schuldverschreibungen müssen verzinst und amortisiert werden, während der Aktionär ein Recht auf Dividende nur hat, wenn sie verdient ist. Die Verwaltung darf deshalb ein Anlehen nur aufnehmen, wenn sie nach gewissenhaft erwogener Überzeugung es als sicher ansehen kann, daß, einerlei wie die Ergebnisse des Geschäftsganges der Gesellschaft sein werden, die Schuldverschreibungen vertragsmäßig verzinst und amortisiert werden können. Allerdings kann schon von Anfang an eine ausreichende Rentabilität des Unternehmens erwiesen sein. Schließlich ist auch der Umstand, daß die Gläubiger kein Stimmrecht in der Generalversammlung haben, häufig ein Grund, der für die Aufnahme einer Anleihe mitbestimmend sein kann.

Die Bank prüft vor Übernahme der Anleihe, inwieweit all diese Voraussetzungen vorliegen, besonders auf Grund der Abschlüsse der Gesellschaft auf mehrere Jahre zurück und indem sie sich Gutachten geeigneter Sachverständiger über die Anlagewerte verschafft.

Für die Behandlung von Anleihen ausländischer Staaten, Provinzen und Städte, dann Eisenbahnunternehmungen oder auch anderer großer Gesellschaften, ebenso von ausländischen Pfandbriefen, gilt entsprechend, was eingangs dieses Abschnittes für die deutschen öffentlichen Anlehen entwickelt ist. Auch auswärtige Staaten und allenfalls Städte haben in vielen Fällen eine gewisse Verbindung mit einzelnen deutschen Banken oder Bankhäusern, welche sie veranlaßt, sich zunächst an diese zu wenden, wenn sie ein Anlehen aufnehmen wollen, oft auch eine laufende Rechnung, auf der sie unter Umständen beträchtliche Guthaben unterhalten. Auch gibt es für solche Fälle Konsortien, die aus inländischen und ausländischen Banken und Bankhäusern zusammengesetzt sind, teils nur für den einzelnen Fall gebildet, teils als eine mehr oder weniger bleibende Einrichtung. Nicht selten werden bestimmte Staatsanlehen oder bestimmte Teile von solchen in verschiedenen Ländern untergebracht und dafür die Mitwirkung verschiedener Banken in Anspruch genommen. Die beteiligte Bank verschafft sich vor der Übernahme Gewißheit über die Güte des Schuldners, insoweit nötig und möglich. Die Geschichte der Finanzgebarung ausländischer Staaten und Städte ist meist bekannt oder kann in Erfahrung gebracht werden. Außerdem wird man sich in der Regel eine Übersicht über den Schuldenbestand des Gemeinwesens, das die Anleihe aufnehmen will, vorlegen lassen, dann Übersichten über den letzten Haushaltsetat und über die wesentlichen Ergebnisse der letzten Jahreshaushaltsabschlüsse und alles, was sonst für die Beurteilung des Geschäftes von Belang ist. Eine Rolle spielen unter Umständen die Sicherheiten, welche für Anleihen zu beschaffen sind, insbesondere die Verpfändung gewisser Einkünfte. Von besonderem Interesse ist es in solchen Fällen, daß die Anlehensvaluta vielfach vertragsmäßig als Guthaben bei einer deutschen Bank ganz oder teilweise bleiben muß und daß vielfach für die Verwendung der Anlehensvaluta feste Abmachungen getroffen werden, so hinsichtlich der Beschäftigung inländischer industrieller Werke. Die Übernahme ausländischer Anleihen ist nie ohne politische Bedeutung und Wirkung.

Bei den Anlehen des Deutschen Reiches, deutscher Staaten und Städte bedarf es kaum einer derartigen Prüfung von seiten der Bank; denn ihre Verwaltung ist eine solche, daß jedermann das Vertrauen haben kann, daß sie Schulden nur aufnehmen, wenn dies gerechtfertigt ist, und daß sie ihre daraus entspringenden Verpflichtungen erfüllen. So war es wenigstens bis zum Weltkrieg.

Auch

Genußscheine

werden von Aktiengesellschaften ausgegeben, und zwar wie Aktien verschiedener Gattung in der Regel nur aus Anlaß einer Sanierung. Entscheidend ist ihr Inhalt. Sie geben ein Recht auf einen bestimmten Gewinnanteil, manchmal auch ein Recht auf einen Anteil am Erlös bei der Liquidation. Sie werden an Aktionäre, allenfalls auch an Besitzer von Schuldverschreibungen ausgegeben als urkundliche Versprechen der Auszahlung bestimmter prozentualer Anteile am Reingewinn oder auch bestimmter fester Beträge als Teile eines vorhandenen Reingewinns, meist im Nachgang zu Dividenden bis zu einem bestimmten Prozentsatz, manchmal auch im Vorrang vor einer Dividende. Auch an Stelle amortisierter Aktien werden Genußscheine ausgegeben.

Neben die Aktiengesellschaft tritt als Gegenstand des Gründungsgeschäfts

die Gewerkschaft.

Sie ist die Gesellschaftsform des Bergbaus — der übrigens auch in der Form der Aktiengesellschaft betrieben wird — und wird hier nicht behandelt.

Die Konsortien.

Bei Finanzierungen, die nicht unbedeutend sind, vereinigen sich in der Regel mehrere Banken als Gründer oder in der Übernahme von Beteiligungen, d. h. von Aktien oder Schuldverschreibungen. Den mehreren Bankdirektionen wird gewöhnlich je ein Aufsichtsratsmitglied entnommen oder verschiedene Banken lassen sich durch den Direktor einer Bank vertreten. Der Grund für die Bildung eines Konsortiums oder Syndikats ist vor allem der, daß dadurch die den Einzelnen bis zur Erledigung und infolge ungünstiger Entwicklung treffende Gefahr der Festlegung und von Verlusten gemindert wird, ein Vorteil, der den Nachteil überwiegt, daß der Nutzen bei günstigem Ausgang durch die Abgabe von Beteiligungen verringert wird. Dazu kommt, daß so der Kreis derer vermehrt wird, die an der Gründung und in der Folge an der Emission Interesse nehmen und an einer tunlichst glatten und raschen Abwicklung des Geschäftes mithelfen, indem jede der Niederlassungen der vereinigten Banken, allenfalls auch befreundete Banken sich an ihre Kunden wenden. Diese Interessenahme könnte aber eher schaden als nützen, wenn sie zu einer ungeordneten Konkurrenz im Verkauf führen würde. Die wesentlichsten Bestimmungen des Konsortial- oder Syndikatsvertrags sehen deshalb vor, wie — einheitlich und systematisch — die Emission durchgeführt werden soll. Die Regel ist, daß dies durch die Konsortialleitung geschieht, der unter Umständen ein Konsortialausschuß zur Kontrolle beigegeben wird. Sie sorgt dafür, daß durch sie selbst oder durch Dritte der Marktlage entsprechend verkauft wird, auch daß, um den Kurs zu rechter Zeit zu halten, ältere Stücke bis zu einem gewissen Höchstbetrag angekauft werden. Bis zur Emission bleiben die Papiere gesperrt, gewöhnlich nicht nur durch eine Zusicherung, daß sie nicht verkauft werden, sondern in der Weise, daß der Konsortialbestand bei der Führerin des Konsortiums in ein gesperrtes Depot gelegt wird. Ein etwa unverkaufter Rest wird bei Auflösung des Konsortiums verteilt. Der Kurs, zu dem das Konsortium die Papiere übernimmt, wird Konsortialkurs genannt, der, zu dem es sie emittiert, Emissionskurs. Die Konsortialleitung führt die Konsortialrechnung, welche meist vertragsmäßig von einem oder mehreren Konsortialmitgliedern geprüft wird. Die Konsorten pflegen zur Beratung in Sitzungen zusammenzutreten, wobei allenfalls einzelne Mitglieder sich durch andere vertreten lassen. Weniger wichtige Fragen werden durch schriftliche Abstimmung erledigt. Man schließt die Konsortialverträge jeweils für eine gewisse Zeit. Nötigenfalls werden sie verlängert. Der Zweck des Konsortiums würde vereitelt, wenn sich nur die beteiligten Banken vereinigen würden; es muß auch die

Privaten umfassen, welchen bei der Finanzierung Aktien, allenfalls Schuldverschreibungen zugeteilt werden. Ein Konsortium ist eine Gesellschaft des bürgerlichen Rechts. Der übliche Inhalt eines Konsortialvertrags kann aus den Angaben ersehen werden, die sich oben bei den Ausführungen über öffentliche Anlehen finden; denn im wesentlichen gilt hierher das gleiche. Daraus läßt sich zugleich erkennen, wie Konsortialangelegenheiten unter den Konsorten behandelt werden. Auch hinsichtlich der Verbuchung der Konsortialgeschäfte kann auf das Obenbemerkte verwiesen werden. Ende 1913 waren auf Konsortialkonto bei sämtlichen deutschen Kreditbanken 500000000 ℳ verbucht, $^1/_5$ der Summe ihrer Kapitalien und nicht $^1/_6$ der Summe ihrer Kapitalien und ihrer Reserven, was insofern von Bedeutung ist, als Konsortialbeteiligungen zu den illiquidesten Aktiven gehören und deshalb niemals zur Anlage fremder Gelder dienen dürfen. Doch ergibt sich aus dieser Ziffer kein genaues Bild der Wirklichkeit; einerseits nämlich werden dem Konsortialkonto nur die wirklich gemachten Zahlungen belastet, während aus Verträgen herrührende, noch nicht erfüllte Verpflichtungen und Zahlungen, zu denen es aus anderen, nicht immer im voraus erkennbaren Gründen kommt, daraus nicht zu ersehen sind; anderseits hält jede Bank darauf, mit Rücksicht auf die besonderen Gefahren dieses Geschäftszweiges auf dem Konto Konsortialbeteiligungen ganz besonders hohe Abschreibungen zu machen. Die Bildung von Konsortien ist so sehr die Regel bei der Behandlung von Finanzierungs- und Emissionsangelegenheiten, daß diese im Sprachgebrauch der Banken gewöhnlich nach der Form schlechtweg Konsortialgeschäfte genannt werden. Da wo eine Bank allein Aktien oder Schuldverschreibungen übernimmt, kann aber von einem Konsortialgeschäft natürlich nicht die Rede sein. Solchenfalls werden übernommene Effekten dem Wertpapierbestand zugerechnet, was bei Konsortialgeschäften erst nach Auflösung der Konsortien und Verteilung der Stücke geschieht, falls solche übrig bleiben. Konsortien werden übrigens für verschiedene Zwecke gebildet. Außer den Übernahmekonsortien, welche Anleihen oder Aktien zu übernehmen und zu emittieren bestimmt sind, gibt es Konsortien, welches ein einzelnes im Verkehr befindliches Papier bis zu einer gewissen Höchstsumme anzukaufen und in der Folge wieder zu verkaufen bestimmt sind, um den Kurs zu halten oder um einen Spekulationsgewinn zu machen; ferner Garantiekonsortien, welche lediglich Gewähr dafür bieten sollen, daß ein Geschäft, z. B. eine Kapitalserhöhung erfolgreich durchgeführt wird, also insbesondere daß unverkauft bleibende Bestände aus dem Markt genommen werden.

Was für namentliche Beteiligungen gilt, das ist auch von

Unterbeteiligungen zu sagen; nur steht der Unterbeteiligte in einem Rechtsverhältnis lediglich mit demjenigen Konsortialmitglied, das ihm die Beteiligung gegeben hat, nicht mit dem Schuldner. Das Wichtigste, was für Unterbeteiligungen gilt, ist bei Behandlung der öffentlichen Anleihen gesagt. Eine Unterbeteiligung ist in der Regel der Ausdruck der Absicht, einem nahen Geschäftsfreund aus Gefälligkeit einen Vorteil zuzuweisen; zugleich aber wird dadurch auch die Gefahr, die den Teilnehmer des Konsortiums trifft, ebenso wie durch die Abgabe einer namentlichen Beteiligung verringert. Im vereinbarten Verhältnis hat auch der Unterbeteiligte Einzahlungen zu machen und Ausschüttungen zu empfangen, am Gewinn und Verlust teilzunehmen und die bei Auflösung des Konsortiums übrig bleibenden Stücke abzunehmen.

Vor der Gründung neuer Unternehmungen in der Form einer Aktiengesellschaft wird zuweilen zunächst eine Studiengesellschaft errichtet, um die Aussichten des Unternehmens eingehend zu prüfen. Für Studiengesellschaften wird regelmäßig die Form eines Konsortiums, also einer Gesellschaft des bürgerlichen Rechts gewählt, seltener die einer G. m. b. H. Gesellschafter sind die Banken, welche beabsichtigen die Aktiengesellschaft ins Leben zu rufen, häufig vereinigt mit einer oder mehreren Industriegesellschaften und anderen Interessenten. Sie schließen miteinander einen Konsortialvertrag; wenn eine G. m. b. H. gegründet wird, neben dem Gesellschaftsvertrag noch einen Konsortialvertrag. Die Studiengesellschaft wird aufgelöst, wenn sie ihren Zweck erfüllt hat, d. h. wenn man sich entschließt auf Grund der gewonnenen Aufklärungen die Aktiengesellschaft zu gründen oder wenn man dazu kommt von der Gründung abzusehen. Die Frage, wie die Kosten bestritten werden, wird im Vertrag geregelt. Es gibt auch Gesellschaften gemischter Natur, die sowohl das Studium als den Ausbau eines Unternehmens bezwecken, nicht leicht aber auch dessen Ausbeutung.

Die maßgebenden stempelgesetzlichen Vorschriften.

Die Beurkundung von Verträgen und Beschlüssen, betreffend die Errichtung von Aktiengesellschaften oder die Erhöhung des Grundkapitals derselben, unterliegt gemäß dem Reichsstempelgesetz einer Steuerpflicht, und zwar wird nach dem Tarif dazu Nr. 1 A a eine Abgabe von 5 vom Hundert des Kapitals oder des Betrages der Erhöhung desselben zuzüglich des Aufgeldes erhoben und bei Sachgründungen von 5 vom Hundert des Gesamtwertes der Sacheinlagen, insoweit solche die Gegenleistung für eine Aktienübernahme bilden. Bei Sanierungen beträgt die Abgabe nur 3 vom Hundert. Wird nicht sofort voll einbezahlt, so ist auf Antrag zu gestatten, daß auch die Abgabe in entsprechenden Teilbeträgen entrichtet wird. Siehe auch Zusatz 4 und 5 wegen unentgeltlicher Zuwendungen und Zuzahlungen bei Umwandlung von Stamm- in Vorzugsaktien; dann Befreiung 1 für gemeinnützige Gesellschaften und 2 für Eisenbahnen oder andere Verkehrsunternehmungen und für Siedlungsgesellschaften mit öffentlicher Beteiligung. Das Einbringen von Grundstücken oder von Patenten und ähnlichen Rechten in eine Aktiengesellschaft bei ihrer Errichtnng oder später ist außerdem mit $^2/_3$ vom Hundert des Entgelts zu versteuern, das von beweglichen Gegenständen mit $^1/_3$, das von Forderungsrechten mit $^1/_{20}$ vom Hundert; dazu können beim Einbringen von Grundstücken landesrechtliche Abgaben treten. Betrifft eine Urkunde ein Einbringen, das sich als nach Tarif-Nummer 4a steuerpflichtiges Kauf- oder sonstiges Anschaffungsgeschäft darstellt, so ist die Abgabe nur einmal, und zwar nach derjenigen Tarifnummer zu entrichten, die den höheren Abgabenbetrag ergibt. Ist dies der für Kauf- oder sonstige Anschaffungsgeschäfte, so muß in die Urkunde ein Vermerk darüber aufgenommen werden, daß sich über das Geschäft eine versteuerte Schlußnote mit zu bezeichnender Nummer und Angabe des verwendeten Stempels in den Händen der Beteiligten befindet. Die Entrichtung der Abgabe muß vor der Eintragung in das Handelsregister und binnen zwei Wochen erfolgen. Die Abgabenentrichtung geschieht nach näherer Weisung der Ausführungsbestimmungen durch Verwendung von Reichsstempelzeichen oder in bar. Der Aussteller hat die Aktien mit einem Vermerk zu versehen, daß den Vorschriften über den Gesellschaftsstempel nach Bescheinigung der Steuerstelle genügt ist. Wegen Gesellschaften des bürgerlichen Rechts vgl. Tarif a. a. O. c. Schuldverschreibungen sind zu versteuern gemäß Tarif Nr. 2, die von Aktiengesellschaften ausgegebenen mit 3 vom Hundert des Nennwerts; wegen Genußscheine vgl. Tarif Nr. 3; die Verpflichtung wird erfüllt durch Zahlung des Abgabebetrags an die Steuerstelle, welche auf dem Wertpapier Reichsstempelmarken zu verwenden oder die Aufdrückung des Stempels zu veranlassen hat; der Emittent hat vor der Auflegung zur Zeichnung der Steuerstelle Anzeige zu erstatten; hinsichtlich der Gebührenpflichtigkeit der Urkunden über Eintragungen in das Grundbuch gelten die landesgesetzlichen Vorschriften. Die bei Errichtung einer Aktiengesellschaft stattfindende Übernahme der Aktien durch die Gründer, ihre Zuteilung auf Grund vorhergehender Zeichnung und die Ausreichung an den ersten Erwerber steht nach Zusatz 3 zu Tarif Nr. 4 den Anschaffungsgeschäften gleich, ist daher mit 2 — bis auf weiteres erhöht auf 3 — vom Tausend zu versteuern, ebenso die entgeltliche Überlassung der Ausübung des Bezugsrechts auf neue Aktien oder Genußscheine. Die Abgabe von der Übernahme von Schuldverschreibungen von Gesellschaften beträgt 1 vom Tausend. Da bedingte Kauf- und Anschaffungsgeschäfte in betreff der Abgabepflicht als unbedingte gelten, ist z. B. die unter der Bedingung der Genehmigung durch die Generalversammlung erfolgende Übernahme von jungen Aktien oder von Schuldverschreibungen sofort zu versteuern, nicht erst nach der Erteilung der Genehmigung. Für Konsortialgeschäfte, die von einer Bank oder einem Bankier im eigenen Namen, aber auf gemeinschaftliche Rechnung teils für sich, teils für Privatkunden abgeschlossen werden, ist § 24 Abs. 2 des Gesetzes zu beachten. Im übrigen kann wegen der Behandlung der Konsortialgeschäfte mit Rücksicht auf den Schlußnotenstempel auf das bezügliche, oben für die öffentlichen Anleihen Ausgeführte als auch hier geltend verwiesen werden.

Die Emission.

Wenn die Banken Aktien oder Schuldverschreibungen übernehmen, so ist ihre Absicht dabei nur die, sie baldmöglichst mit Nutzen wieder zu veräußern. Die Gesamtheit der Handlungen, durch welche Wertpapiere in den Verkehr gebracht werden, wird Emission genannt. Was über sie zu sagen ist, gilt, einerlei wie das Rechtsverhältnis nach innen ist, ob die Papiere fest übernommen sind, ob sie nur kommissionsweise verkauft werden. Sie geschieht entweder an der Börse oder außerhalb derselben.

Die Zulassung von Wertpapieren zum Börsenhandel erfolgt nach dem Börsengesetz Abschnitt III an jeder Börse durch eine Kommission, genannt Zulassungsstelle. Sie hat die Pflicht, die Vorlegung der Urkunden, welche die Grundlage für die zu emittierenden Wertpapiere bilden, zu verlangen und diese Urkunden zu prüfen, ferner dafür zu sorgen, daß das Publikum über alle zur Beurteilung der Papiere notwendigen Verhältnisse soweit als möglich informiert wird, und bei Unvollständigkeit der Angaben die Emission nicht zuzulassen, endlich Emissionen nicht zuzulassen, durch welche erhebliche allgemeine Interessen geschädigt werden oder welche offenbar zu einer Übervorteilung des Publikums führen. Die Zulassungsstelle darf die Emission ohne Angabe von Gründen ablehnen. Bestimmungen über die Zusammensetzung der Zulassungsstelle und die Zulässigkeit einer Beschwerde gegen ihre Entscheidungen werden durch die Börsenordnungen getroffen. Die Zulassungsstelle kann zum Börsenhandel zugelassene Wertpapiere von demselben ausschließen.

Im Falle der Ablehnung eines Antrages hat die Zulassungsstelle den Vorständen der übrigen deutschen Börsen Mitteilung zu machen. Dabei ist anzugeben, ob die Ablehnung mit Rücksicht auf örtliche Verhältnisse oder aus anderen Gründen erfolgt ist; in letzterem Falle darf die Zulassung von einer anderen Börse nur mit Zustimmung derjenigen Stelle erteilt werden, welche die Zulassung abgelehnt hat. Der Antragsteller hat anzugeben, ob das Gesuch bereits bei einer anderen Börse eingereicht ist oder gleichzeitig eingereicht wird. Ist dies der Fall, so sollen die Wertpapiere nur mit Zustimmung der anderen Zulassungsstelle zugelassen werden. Der Antrag ist von der Zulassungsstelle zu veröffentlichen. Zwischen dieser Veröffentlichung und der Einführung an der Börse muß eine Frist von mindestens 6 Tagen liegen. Vor der Einführung an der Börse ist ein Prospekt zu veröffentlichen, der die für die Beurteilung der Wertpapiere wesentlichen Angaben enthält. Das gleiche gilt für Konvertierungen und Kapitalserhöhungen. Welche Bevorzugungen in dieser Beziehung die Schuldverschreibungen des Reichs und der Bundesstaaten, dann der kommunalen Körperschaften genießen, ist oben geeigneten Orts erwähnt. Den letzteren sind die Schuldverschreibungen der Kreditanstalten derselben, der kommunalständischen Kreditanstalten und der unter staatlicher Aufsicht stehenden Pfandbriefanstalten, also der Landschaften und der Hypothekenbanken gleichgestellt. Die Zulassung von Aktien eines zur Aktiengesellschaft oder zur Kommanditgesellschaft auf Aktien umgewandelten Unternehmens zum Börsenhandel darf vor Ablauf eines Jahres — des sogenannten Sperrjahres — nach Eintragung der Gesellschaft in das Handelsregister und vor der Veröffentlichung der ersten Jahresbilanz nebst Gewinn- und Verlustrechnung nicht erfolgen. Die Innehaltung des Sperrjahres soll verhindern, daß derartige Aktien in den Börsenhandel gelangen, bevor eine begründete Beurteilung der Entwicklung der Gesellschaft möglich ist. In besonderen Fällen kann diese Frist von der Landesregierung ganz oder teilweise erlassen werden. Die Zulassung von Anteilscheinen oder staatlich nicht garantierten Obligationen ausländischer Erwerbsgesellschaften ist davon abhängig, daß die Emittenten sich auf die Dauer von 5 Jahren verpflichten, die Bilanz sowie die Gewinn- und Verlustrechnung jährlich nach Feststellung derselben in einer oder mehreren von der Zulassungsstelle zu bestimmenden deutschen Zeitungen zu veröffentlichen. Für Wertpapiere, welche zur öffentlichen Zeichnung aufgelegt werden, darf vor beendigter Zuteilung an die Zeichner eine amtliche Feststellung des Preises nicht erfolgen. Vor diesem Zeitpunkt sind Geschäfte von der Benutzung der Börseneinrichtungen ausgeschlossen und dürfen von den Kursmaklern nicht notiert werden. Auch dürfen für solche Geschäfte

— seien sie an der Börse oder außerhalb derselben abgeschlossen — Kurszettel nicht veröffentlicht oder in mechanisch hergestellter Vervielfältigung verbreitet werden. Dazu die Strafbestimmung des § 90 des Börsengesetzes. Diese Vorschriften sollen den sogenannten Handel per Erscheinen an der Börse erschweren, d. h. den Abschluß von Geschäften in zur öffentlichen Zeichnung aufgelegten Wertpapieren vor Durchführung des Subskriptionsverfahrens; denn wenn die Emissionsbanken darin unbehindert wären, könnten sie freihändig zu höheren Kursen verkaufen und die Zeichner bei der Zuteilung ungenügend berücksichtigen; anderseits wären sie, wenn der Kurs beim Handel per Erscheinen unter den Zeichnungspreis herabgedrückt würde, genötigt im Wege dieses Handels die Wertpapiere wieder aufzunehmen. Für Wertpapiere, deren Zulassung zum Börsenhandel verweigert oder nicht nachgesucht ist, darf eine amtliche Feststellung des Preises nicht erfolgen. Geschäfte in solchen Wertpapieren sind von der Benutzung der Börseneinrichtungen ausgeschlossen und dürfen von den Kursmaklern nicht vermittelt werden. Auch dürfen für solche an der Börse abgeschlossene Geschäfte Kurszettel nicht veröffentlicht oder in mechanisch hergestellter Vervielfältigung verbreitet werden, soweit nicht die Börsenordnung für besondere Fälle Ausnahmen gestattet. § 90 bezieht sich auch hierauf. Aus dem Prospekte, auf Grund dessen Wertpapiere zugelassen sind, haften den Besitzern der Wertpapiere nach näherer Bestimmung der §§ 45 ff. des Börsengesetzes unter gewissen Voraussetzungen, die ein schuldhaftes Verhalten erweisen, diejenigen, welche den Prospekt erlassen haben, also insbesondere die emittierende Bank, sowie diejenigen, von denen der Erlaß des Prospekts ausgeht; dies sind vor allem Banken und Bankhäuser, die sich eines anderen Emissionshauses bedienen. Weitergehende Ansprüche auf Grund von Verträgen bleiben unberührt; weitergehende Ansprüche aus den §§ 823, 826 BGB. können aber in den Fällen, die unter § 45 fallen, vom Wertpapierbesitzer nicht geltend gemacht werden. Eine Strafbestimmung dazu enthält § 88 Abs. 3 des Börsengesetzes; derselbe bezieht sich aber auch auf die Fälle außerbörslicher Unterbringung. Vgl. auch § 89 ebenda wegen Mitteilungen in der Presse. Ergänzt werden die Bestimmungen des Gesetzes durch die Bekanntmachung des Bundesrats, betreffend die Zulassung von Wertpapieren zum Börsenhandel vom 4. Juli 1910. Danach dürfen in der Regel Wertpapiere zum Börsenhandel nur zugelassen werden, wenn von den Stücken mindestens vorhanden ist bei den Börsen zu Berlin, Frankfurt a. M. und Hamburg ein Gesamtnennwert von 1000000 ℳ, bei den übrigen Börsen ein Gesamtnennwert von 500000 ℳ. Weiter verzeichnet die Bekanntmachung die Voraussetzungen für die Zulassung, nämlich daß in der Regel die Wertpapiere voll bezahlt sein müssen, daß sie auf einen Geldbetrag in deutscher Währung lauten, daß die Verpflichtung übernommen wird, die Auszahlung der Zinsen oder Gewinnanteile sowie verloster oder gekündigter Stücke und die Aushändigung neuer Zins- und Gewinnanteilscheinbogen an einem deutschen Börsenplatze kostenfrei zu bewirken und bei Schuldverschreibungen, die Kündigungen und Verlosungen sowie Restantenlisten in minstens einer an einem deutschen Börsenplatz erscheinenden Zeitung zu veröffentlichen, bei Aktien deutscher Kreditbanken, daß die Verpflichtung übernommen wird, Zweimonatsbilanzen nach vereinbartem Schema zu veröffentlichen. Ausnahmen von diesen Vorschriften sind zulässig. Von gewissen weiteren Voraussetzungen kann die Zulassung abhängig gemacht werden; insbesondere wird verlangt, daß am Börsenplatze eine Stelle vorhanden und bekanntgemacht ist, wo alle auf die Wertpapiere bezüglichen Befugnisse kostenfrei ausgeübt werden können, dann daß die Gesellschaft sich verpflichtet, alle ihre Bekanntmachungen auch in mindestens 2 Zeitungen des Börsenplatzes zu veröffentlichen, und bei Schuldverschreibungen, daß die Veröffentlichung der Kündigungen und Verlosungen ohne Verzug bewirkt wird. Werden die übernommenen Verpflichtungen nicht erfüllt, so kann die Zulassungsstelle die Wertpapiere vom Börsenhandel ausschließen. Der Antrag auf Zulassung muß von einer an der Börse vertretenen Bank oder Bankfirma gestellt werden. Er ist schriftlich einzureichen und hat Betrag und Art der einzuführenden Wertpapiere zu bezeichnen. Ihm sind gewisse Nachweise und der Prospekt beizufügen. Dieser ist von denjenigen, welche ihn erlassen, zu unterzeichnen; zu diesen muß der Antragsteller gehören. Die Banken pflegen dem Prospekte, den der Aussteller unterschrieben hat, eine Nachschrift beizufügen des Inhalts, daß auf Grund desselben die Wertpapiere zum Handel und zur Notierung an der betreffenden Börse zugelassen sind, und diese Nachschrift zu unterzeichnen, auf einer Ausfertigung des Prospektes handschriftlich. Dies ist nach der Bekanntmachung zulässig. Ihre Haftbarkeit ist die gleiche, wie wenn sie den Prospekt ohne weiteres unterschreiben. Ferner schreibt die Bekanntmachung die Angaben vor, die der Prospekt enthalten muß. Endlich regelt sie das Verfahren der Zulassungsstelle, die vorzunehmenden Veröffentlichungen, die Fristen, die zu beobachten sind. Für Zulassung und Einführung werden Gebühren erhoben, die in den Börsenordnungen festgesetzt sind.

Wenn die Zulassung bewilligt und die vorgeschriebene Frist eingehalten ist, auch die nötigen Veröffentlichungen erfolgt sind, teilt die Bank, vorausgesetzt daß nicht ein Hindernis eintritt, das einen Aufschub angezeigt erscheinen läßt, dem

Börsenvorstand unter Beilage der erforderlichen Nachweise für die Veröffentlichungen den Tag mit, an dem sie die Aktien oder Schuldverschreibungen an der Börse einführt und benennt dabei den Kurs, zu dem sie verkaufen will; maßgebend dafür sind bei Aktien die bisherigen Ergebnisse und die Aussichten des Unternehmens. Auf Grund von Angebot und Nachfrage bildet sich dann der sogenannte erste Kurs und wird nach Maßgabe der Vorschriften des 2. Abschnittes des Börsengesetzes festgestellt. Wenn die Bank nicht im Besitze des nötigen Materials ist, um als Verkäuferin auftreten zu können, so muß ihr dies von der Gesellschaft oder den Gründern überlassen werden; eine bezügliche Klausel pflegt, wenn nötig, in den Vorgründungsvertrag aufgenommen zu werden. Um in der ersten Zeit nach der Einführung den Kurs nicht allzu hoch steigen oder zu tief sinken zu lassen, werden von der Emissionsbank oder einem Konsortium — in der Regel demselben Konsortium, welches sich für die Gründung des Unternehmens oder die Übernahme der Papiere gebildet hat — Käufe oder Verkäufe in den Wertpapieren an der Börse vorgenommen; dem § 88 Abs. 1 stehen solche Maßregeln nicht entgegen.

Häufig werden vor der Einführung an der Börse sowohl Aktien als Schuldverschreibungen öffentlich zur Zeichnung aufgelegt. Wegen der Grundsätze, die dafür gelten und des dabei zu beachtenden Verfahrens kann auf alles verwiesen werden, was darüber bei den öffentlichen Anleihen bemerkt ist. Die emittierende Bank oder das Konsortium dieser Banken lädt zur Zeichnung ein, indem sie alles mitteilen, was wissenswert ist, dabei auch daß die Zulassung an der Börse erfolgt ist, in Ausnahmefällen, daß sie demnächst erwirkt wird; letzteres kommt hauptsächlich bei in- wie ausländischen öffentlichen Anleihen vor; als Zeichnungseinladung dient vielfach der genehmigte Prospekt mit entsprechendem Zusatz. Als Zeichnungsschein im Sinne der §§ 189 und 281 HGB. ist der Zeichnungsschein bei Aktienzeichnungen nur anzusehen, wenn die besonderen Voraussetzungen dafür gegeben sind. Andere Banken und Bankiers erhalten gewöhnlich für Entgegennahme der Zeichnungen eine Provision. Häufig hat sich der Zeichner für den ganzen Betrag, den er gezeichnet hat, oder für einen Teil davon einer Sperre zu unterwerfen, die den Zweck hat, es zu verhindern, daß die Papiere während der Sperrzeit wieder an den Markt kommen und den Kurs drücken. Wenn zugeteilte Stücke bis zum Ablauf der Sperrfrist an den Markt kommen, ist der Zeichner verpflichtet, sie vom Emittenten zu demjenigen Preise zurückzunehmen, zu dem dieser sie wieder erstanden hat; über diese Verpflichtung werden die Zeichner im Zeichnungsschein aufgeklärt; das Emissionshaus muß aber den Anspruch gegen den Sperrstückzeichner unverzüglich nach der

Aufnahme geltend machen und darf die Geltendmachung des Anspruchs nicht von der nachherigen Kursentwicklung abhängig machen. Zur Sicherung der Sperre kann vereinbart werden, daß die Lieferung der Stücke aufgeschoben wird bis nach Ablauf der Sperrzeit oder daß die Stücke bis dahin in ein gesperrtes Depot genommen werden. Der Handel in Sperrstücken wird überwiegend als erlaubt angesehen, soferne der Verkäufer die übernommene Sperrverpflichtung wieder auf seinen Käufer überträgt. Eine Subskription findet gewöhnlich statt, wenn größere Posten an den Markt gebracht werden sollen. Einen Teil des Materials behält die Bank aber zurück, um einen ersten Kurs erzielen zu können, um in der Folge auf den Kurs regulierend einwirken zu können oder aus anderen Gründen. Im Falle einer Subskription werden die Papiere meist ganz oder doch fast ganz auf diesem Wege in den Verkehr gebracht und die Einführung an der Börse hat nur den Zweck, eine Börsennotiz herbeizuführen und die Wiederveräußerung zu erleichtern. Wenn dagegen auf eine Subskription verzichtet wird, vollzieht sich die Emission abgesehen davon, daß die Emissionsbank einleitend den Einführungstermin und den von ihr beabsichtigten Verkaufskurs dem Börsenvorstand mitteilt, in den Formen, in welchen sich der Handel in bereits emittierten Papieren vollzieht, dessen Aufgabe es ist diese aus einer Hand, die sie nicht halten will oder kann, in eine andere Hand zu bringen. Der Ausdruck Einführung wird in der Regel nur gebraucht, wenn keine Subskription statthat, und als Gegensatz zum Subskriptionsverfahren, während man andernfalls nur sagt, daß die erste Notiz der Papiere veranlaßt wird; einen Unterschied in der Sache bedeutet dieser verschiedene Sprachgebrauch nicht. Das Subskriptionsverfahren ist nicht so beweglich, wie der freihändige Verkauf. Für die Bank besteht dabei der Nachteil, daß sie den Kurs einheitlich für den ganzen von ihr zu begebenden Posten festsetzen muß und daß der Kurs nicht zu hoch sein darf, weil er sonst den Absatz hindert; ein verbleibender Rest muß allmählich abgestoßen werden. Die Bank kann also bei diesem Verfahren meist nicht den ganzen Gewinn erzielen, der ihr möglich scheint. Andrerseits ist die Subskription ein Mittel, einen ganzen Posten, wenn der Kurs mäßig bemessen wird, auf einmal zu veräußern.

Aus diesen Gründen — übrigens auch weil man damit Kosten erspart — zieht man den freihändigen Verkauf an der Börse als alleiniges Mittel, Papiere in den Verkehr zu bringen, vor, wenn man nicht auf einen raschen Verkauf im ganzen ausgeht und wenn man mit dem Kurs der jeweiligen Lage folgen will. Wenn ein verhältnismäßig kleiner Posten Aktien untergebracht werden soll, kommt natürlich auch nur dieses Verfahren in Betracht. In Fällen, in welchen dem Anlagebedürfnis entsprechend die Nachfrage eine fortlaufende ist wie insbesondere bei Hypothekenpfandbriefen, dann Kommunalobligationen, aber unter Umständen auch bei Obligationen von Gesellschaften wird auch der freihändige Verkauf fortlaufend vorgenommen. In anderen Fällen wickelt er sich rasch ab, mehr oder weniger wie bei der Subskription; dies besonders bei Aktien, von welchen ein großer Teil beim Gründerkonsortium verbleibt oder für welche sich das spekulierende Publikum interessiert. Neben dem Handel an der Börse vollzieht sich der unmittelbare Verkauf von Pfandbriefen, auch von Kommunalobligationen an das Publikum und an andere Banken und Bankiers als Zwischenhändler; diese erhalten für die feste Unterbringung von der Hypothekenbank eine Bonifikation, welche zurückzuvergüten ist, wenn die Pfandbriefe innerhalb der vereinbarten Frist zurückfließen. Bei anderen Schuldverschreibungen und auch bei Aktien gibt es ähnliche Beziehungen. Der genehmigte Prospekt, verbunden mit einer Einladung zum Ankauf, ein Auszug daraus oder eine andere Mitteilung dient als Werbemittel bei Interessenten.

Der Wert der Einführung an der Börse liegt darin, daß der Besitzer des Papiers jederzeit sich von dessen Kurs überzeugen kann und damit rechnen darf, es an der Börse zur letzten Notiz oder ungefähr zu derselben veräußern zu können. Die Tatsachen der Zulassung und der Einführung allein geben aber, so wenig sie der Aufgabe überheben, selbst zu prüfen, was man kaufen soll, dem Papier einen gewissen Rang. Ein börsengängiges Papier steht im Zweifel höher im Ansehen als eines, das nicht notiert ist, und wenn unnotierte Werte als vollwertig erachtet werden, so müssen besondere Gründe vorliegen, die von der Börseneinführung absehen ließen, z. B. der Umstand, daß sie im wesentlichen nur innerhalb eines kleinen Kreises von Personen, etwa einer Familie, zu bleiben bestimmt sind.

Von Papieren, die von Banken und Bankiers verkauft werden, ohne an der Börse eingeführt zu sein, sagt man, daß sie unter der Hand untergebracht werden, und man ist gewöhnlich der Auffassung, daß sie den Weg zur Börse nicht nehmen, weil sie nicht reif dafür sind. Es kann aber von der Börseneinführung auch abgesehen werden, weil man die Kosten und Mühen einer solchen sich ersparen will und überzeugt ist, daß man die Papiere auch so unterbringt. Auch von öffentlichen Ankündigungen und Rechtfertigungen solcher Emissionen wird gewöhnlich abgesehen und lediglich mündliche und schriftliche Empfehlungen, auch Rundschreiben an Kunden, allenfalls auch an solche, die man erst als Kunden gewinnen will, gerichtet, um sie zum Ankauf dieser Papiere einzuladen. Hinsichtlich Bonifikationen gilt dabei gleiches, wie bei börsengängigen Werten.

Die nachträgliche Einführung an der Börse wird in manchen Fällen zugesichert. Der Verkauf solcher Werte erfolgt an den Schaltern der Emissionshäuser, ebenso der Rückkauf. Aber auch in den Räumen der Börse wird der Handel darin vorgenommen im sogenannten freien Verkehr; von der Benutzung von Börseneinrichtungen sind aber, wie oben bemerkt, Geschäfte in nicht zugelassenen Werten ausgeschlossen und sie dürfen von den Kursmaklern nicht notiert werden. Werte, die an einer Börse eingeführt sind, können an einer anderen im freien Verkehr gehandelt werden. Werte zu emittieren, die von vornherein bestimmt sind, nicht an der Börse eingeführt zu werden, erschiene mancher Bank als für ihr Ansehen und das ihrer sonstigen Emissionen abträglich. In der Tat ist es auch nicht immer ohne Bedenken, wenn eine Emission ohne jede Kontrolle der Öffentlichkeit vorgenommen wird.

Ausnahmsweise geschieht es, daß bei der Emission eine Bank oder ein Bankhaus zugezogen wird, die bei der Gründung nicht beteiligt waren; oder eine Bank, die bei der Gründung mitgewirkt hat, bleibt der Emission fern, indem sie den gesamten von ihr erworbenen Bestand an Aktien oder einen Teil davon an eine andere Bank oder ein Konsortium von Banken veräußert, die ihrerseits die Emission vornehmen. Hie und da kommt eine Finanzierungsangelegenheit erst im Emissionsstadium an eine Bank, indem die Gründung ohne Zuziehung überhaupt einer Bank betätigt wurde.

Der Zeitraum zwischen dem Erwerb von Aktien oder Schuldverschreibungen durch eine Bank und ihrer Emission bestimmt sich nach dem Ermessen der Bank. In der Regel ist die Bank im Interesse ihrer Liquidität bestrebt, die Papiere baldmöglichst wieder abzustoßen. Die Emissionsreife von Aktien setzt gewöhnlich voraus, daß das Unternehmen inzwischen solche Ergebnisse gezeitigt hat, daß seine Dividende eine entsprechende Wertsteigerung bewirkt und damit die Bank bei der Wiederveräußerung den erstrebten Gewinn gegenüber dem Erwerb macht. Eine positive Vorschrift aber ist die oben erwähnte des § 41 Abs. 1 des Börsengesetzes. Unter Umständen, insbesondere wenn eine günstigere Entwicklung auf sich warten läßt, kann die Emission erst Jahre nach dem Erwerb erfolgen. In seltenen Fällen behält die Bank aus besonderen Gründen einen Teil des Aktienbestandes zurück. Es sind aber auch Gründe allgemeiner Natur für die Wahl des Zeitpunktes der Emission maßgebend, die Lage des Geldmarktes und des Effektenmarktes; auch innerhalb eines normalen Jahres wechselt in dieser Beziehung die Gunst der Zeit und für verschiedenartige Papiere kann sie verschieden sein. Nicht selten ist den Beteiligten die Freiheit, mit Rücksicht auf diese verschiedenen Umstände den richtigen Zeitpunkt zu wählen, mehr oder weniger entzogen, weil die Zeit drängt; so können besonders Kapitalserhöhungen durch Bedarf an baren Mitteln dringlich werden; die beteiligte Bank muß darauf Rücksicht nehmen und ohne Verzug zur Emission schreiten. In diesen Fällen, gewöhnlich auch wenn Schuldverschreibnugen ausgegeben werden sollen, folgen Übernahme und Emission unmittelbar oder beinahe unmittelbar aufeinander.

Der Übernahmekurs wird solchenfalls nach dem erzielbaren Verkaufskurs bestimmt, in der Weise daß der Bank ein mäßiger Nutzen verbleibt. Der Verkaufskurs bestimmt sich nach der Lage des Geldmarktes und des Effektenmarktes, nach der Sicherheit und der Rentabilität des betreffenden Papieres und seinen Aussichten, dem Kursstand von Papieren mit ähnlichen Verhältnissen; häufig wird er zwischen den Beteiligten und der Bank vereinbart. Im Falle von Gründungen liegt der Übernahmekurs seit der Übernahme fest. Für die Höhe des Emissionskurses ist vor allem maßgebend, welche Aussichten das Emissionshaus dem Papier beimißt; wenn die Bank eine Aktie hoch einschätzt, so wird das Publikum ein gleiches tun. Die Bank wird aber auch wünschen, daß ihre Kundschaft an dem Papier noch selbst einen Gewinn macht.

Auch Kuxe und Genußscheine sind Gegenstand von Emissionen, übrigens auch zulassungsfähige Wertpapiere.

Das Ansehen und Vertrauen, das ein Emissionsinstitut als solches genießt, wird Emissionskredit genannt. Er bestimmt sich nach den Erfahrungen, welche die Erwerber von Aktien gemacht haben. Sind sie dauernd und ohne wesentliche Einschränkungen gut, so kann man annehmen, daß die Bank mit Sorgfalt und richtigem Blick für die Zukunft Neugründungen und Umwandlungen finanziert, sich von gewagten und die Aktienbesitzer schädigenden Geschäften ferngehalten und nur Emissionen vorgenommen hat, die sie mit gutem Gewissen ins Publikum bringen konnte. Natürlich kann auch der Tüchtigste und Vorsichtigste nicht nur so handeln, daß in jedem Falle und zu jeder Zeit jeder Erwerber einer Aktie nur Nutzen hat. Wirkliche Fehlschläge beeinträchtigen aber sofort den Emissionskredit einer Bank. Darum ist er für sie der wichtigste Begriff im Emissionswesen. In seinem Lichte wird jede Handlung angesehen, die darin für eine Bank in Frage kommen kann. Um ihren Emissionskredit zu erhalten, gehen die Banken daher bei Fehlschlägen einer Emission so weit, als sie es machen können, um ungünstige Folgen von ihren Aktienabnehmern auf sich zu nehmen. Wieviel dazu gehört, daß eine Bank im einzelnen Falle alles getan hat, was man ihr billigerweise zumuten kann, läßt sich nicht allgemein sagen; es hängt von den Umständen des einzelnen Falles ab. Auch von Schuldverschreibungen gilt das Gesagte, nur in der Regel in geringerem Maße, weil dabei die Gewinn- und gewöhnlich auch die Verlustmöglichkeiten geringer sind, als bei Aktien. Für die Änderungen im Bestand zwischen Gründungs- und Emissionskonsortien sind auch meist Rücksichten auf den Emissionskredit maßgebend. Nach dem, was oben über die Sicherheit deutscher Staats- und Städteanleihen gesagt ist, wird bei deren Übernahme der Emissionskredit der Banken kaum berührt.

Das Vertragsverhältnis zwischen der Bank und den Beteiligten.

Der Gründung einer Aktiengesellschaft unter Mitwirkung einer Bank muß naturgemäß die Einigung der Bank mit den Beteiligten vorausgehen. Man nennt den bezüglichen Vertrag Vorgründungsvertrag. Er enthält das Wesentliche der nötigen Vereinbarungen über die Finanzierung des ins Leben zu rufenden Unternehmens und über die Emission der dabei zu schaffenden Wertpapiere. Selbstverständlich gehen wiederum seinem Abschlusse Verhandlungen voraus, nicht selten schwierige und langwierige Verhandlungen, in welchen die verschiedenen Interessen zum Ausgleich gebracht werden sollen. Hiebei kommt es auch schon zu Vorverträgen, zunächst z. B. des Inhalts, daß die Bank sich bereit erklärt in die Prüfung und Verhandlung einzutreten, wogegen der andere Vertragsteil sich verpflichtet während gewisser Frist mit anderen nicht ebenfalls zu verhandeln, dann daß ein bestimmter Sachverständiger mit der Schätzung, eine bestimmte Treuhandgesellschaft mit der Prüfung der Bücher und der Bilanz beauftragt wird. Bei Umwandlungen hat häufig ein Vermittler oder ein Vertrauensmann bereits die Verfolgung der Sache bei geeigneter Stelle in der Hand, etwa auf Grund eines förmlichen Vertrags, den er mit dem Vorbesitzer abgeschlossen hat, und vertritt dessen Interessen gegenüber der Bank, indem er gleichzeitig für sich gewisse Vorteile zu erlangen sucht, die im Vorgründungsvertrag oder neben demselben zum Ausdruck kommen sollen, eine bestimmte Vergütung in bar, Aktien zu einem Vorzugskurs, oder Aktien, die ihm der Vorbesitzer aus dem Bestand, den er übernimmt, unentgeltlich überläßt, einen Aufsichtsratssitz, einen prozentualen Anteil am Gewinn des Konsortiums. In allen Fällen besteht die Bank auf unmittelbarer Verhandlung mit dem Vorbesitzer.

Im einzelnen wird im Vorgründungsvertrag festgesetzt, welche Gesellschaft gegründet werden soll, also die Firma, der Gegenstand des Unternehmens, die Höhe des Aktienkapitals und dessen Verteilung unter die Aktionäre, insbesondere wieviel davon die Bank übernimmt, wieviel andere, der Zeichnungskurs, ferner wer die Kosten der Gründung trägt. Bei Umwandlungen wird festgesetzt, daß das Unternehmen des Vorbesitzers der Gesellschaft überlassen werden soll und um welchen Preis und, inwieweit dieser in bar oder durch Einräumung einer Hypothek oder Kurrentforderung, inwieweit er in Aktien beglichen werden soll und letzterenfalls zu welchem Kurse. Wenn die Barzahlung nicht sofort geschieht, sondern gestundet wird, gibt dies zugleich der Gesellschaft eine Sicherung gegenüber dem Vorbesitzer für die Erfüllung seiner Verpflichtungen. Hat eine Schätzung im Einverständnisse der Vertragsteile stattgefunden, so dient diese als Grundlage für die Festsetzung der Höhe des Preises; vielfach findet die Schätzung erst nach Abschluß des Vorgründungsvertrags statt; dann werden darin die bezüglichen Vereinbarungen unter Vorbehalt von Korrekturen auf Grund des Ergebnisses der Schätzung getroffen. Bei der Preisfestsetzung wird gewöhnlich noch eine Ausscheidung, namentlich nach Immobilien und Mobilien getroffen. Hinsichtlich des Übergangs von Aktiven und Passiven wird das Nötige vereinbart, insbesondere dafür eine bereits geprüfte oder noch zu prüfende Bilanz zugrunde gelegt und ein Stichtag festgesetzt als maßgebend für den Übergang von Nutzen und Lasten. Für diesen Tag wird die Übergangsbilanz aufgestellt und von ihm an sind durch die Gesellschaft Zinsen in zu vereinbarender Höhe zu vergüten. Passiven sind in der Regel, abgesehen von festen Hypotheken in entsprechend mäßiger Höhe, vom Vorbesitzer wegzufertigen. Mit Bankkredit behaftet soll eine Gesellschaft nicht ins Leben treten; sie soll vielmehr das gesamte Kapital selbst haben, dessen sie bedarf; nötigenfalls muß durch bar zu bezahlende Aktien ein entsprechendes Betriebskapital beschafft werden. In manchen Fällen wird aber gerade zum Zwecke der Gründung erst eine Hypothek oder eine Anleihe aufgenommen. Auch die Prüfung der Bilanz und der Bücher, insoweit sie nicht schon vorgenommen, wird im Vertrage vorbehalten. Der Vorbesitzer hat bestimmte Haftungen zu übernehmen, wie für die Einbringlichkeit von Außenständen, für die Vollständigkeit der Passiven, dafür daß die Übergangsbilanz mit angemessenen Werten nach den Grundsätzen einer ordnungsmäßigen kaufmännischen Buchführung aufgestellt ist, die Geschäfte bis zur tatsächlichen Übernahme ordnungsgemäß fortbetrieben werden, ohne daß irgendetwas entfernt würde, und die frühere Firma gelöscht wird, oft gesichert durch Vertragsstrafen. Insoweit Teile des bisher einheitlich dem Erwerbszwecke gewidmeten Vermögens vom Vorbesitzer zurückbehalten werden, verpflichtet sich dieser gewöhnlich die zurückbehaltenen Vermögensteile auf eine gewisse Zeit in bestimmter Art der Gesellschaft gegen eine vereinbarte Entschädigung zur Benutzung zur Verfügung zu halten, mindestens aber ihr keine Konkurrenz zu machen. Dienstverträge mit Beamten und Bediensteten gehen in der Regel auf die Gesellschaft über, allenfalls auch andere Verträge, wie Lieferungsverträge, Wohlfahrtsfonds werden erhalten, womöglich noch ergänzt. Auch wen die Kosten der Übertragung treffen, ist festzusetzen. Natürlich müssen sich die Abmachungen nach der Lage des Falles richten und kann hier nichts Erschöpfendes gegeben werden. Unter Umständen verpflichtet sich der Vorbesitzer gewisse Vermögenswerte nachträglich unentgeltlich oder entgeltlich der Gesellschaft zu überlassen, wie weitere Erfindungen. Seltener übernimmt er die Haftung für ein gewisses Erträgnis während einer Reihe von Jahren. In manchen Fällen wird ein Teil des nötigen Kapitals durch Ausgabe von Schuldverschreibungen aufgebracht; alsdann muß auch vereinbart werden, wie viele von diesen durch die Bank, wie viele durch andere übernommen werden. Nicht selten wird der Bank eine Option auf Aktien und auf Schuldverschreibungen eingeräumt. Auch Unterstützung durch Kreditgewährung seitens der Bank pflegt im Vorgründungsvertrag für zukünftige Fälle, wo solche nötig, besonders für Saisonkredite, zugesichert zu werden. Die Personen, welche den Vorstand und den Aufsichtsrat bilden sollen, sind zu benennen. In zweiter Linie werden im Vorgründungsvertrag die grundlegenden Vereinbarungen getroffen hinsichtlich der Emission der Aktien und allenfalls der Schuldverschreibungen. Die Bank wird in der Regel die Einführung an der Börse zuzusichern haben und dafür eine Einführungsprovision ausbedingen. Sie wird sich aber eine gewisse Freiheit wahren müssen in Ansehung des Zeitpunktes und der Art und Weise, wie sie die Wertpapiere an den Markt bringt. Aber eine Frist, vor deren Ablauf die Emission, insbesondere die Einführung an einer oder mehreren zu bezeichnenden Börsen erfolgt, wenn nicht bestimmte ungewöhnliche Hindernisse eintreten, wird gewöhnlich vereinbart. Zur Ermöglichung der Einführung an der Börse hat die Gesellschaft den Prospekt zu liefern nebst allen durch die Zulassungsstelle verlangten Unterlagen. Damit die Emission nicht gestört werde, muß sich der Vorbesitzer, allenfalls auch andere Aktienübernehmer, gewöhnlich unter einer Vertragsstrafe, verpflichten seine Aktien eine gewisse Zeit lang nicht an den Markt zu bringen, gewöhnlich auch sie solange bei der Bank zu hinterlegen, oder er tritt mit den Aktien, die er gemeinschaftlich mit den beteiligten Banken verwertet sehen will, in deren Syndikat ein. Für die eigenen Aktien unterwirft die Bank sich bis zum Zeitpunkte der Verwertung der gleichen Sperre. Abgesehen von Fällen, in denen es sich um Maßregeln besonderer Art handelt, wird meist auch der Bank die Ausübung des Stimmrechts für die Aktien bis zu deren Freigabe eingeräumt. Auch wer die Kosten der Emission zu tragen hat, ist zu regeln, der Vorbesitzer, die Gesellschaft, die Gründer, unter Umständen im Ausgleich gegen eine höhere Provision die Bank. Schließlich hat die Gesellschaft noch die Verpflichtung zu übernehmen durch die Bank die Einlösung der Dividenden- und Zinsscheine, verloster und gekündigter Schuldverschreibungen vornehmen zu lassen und sie durch rechtzeitige Anschaffungen dazu in die Lage zu setzen.

In den Fällen, wo ein Bankenkonsortium die Finanzierung vornimmt — sie bilden die Regel —, wird der Vorgründungsvertrag von den beteiligten Banken zusammen oder von der führenden Bank zugleich als Beauftragter der übrigen Banken abgeschlossen.

In manchen Fällen kann auf einen förmlichen Vorgründungsvertrag verzichtet werden oder er wird vereinigt mit einem Konsortialvertrag, den mehrere Banken allein oder in Verbindung mit der Staatsregierung, mit Gemeinden oder mit Industriegesellschaften abschließen, um gemeinschaftlich ein neues Unternehmen ins Leben zu rufen.

Das Reichsgericht macht die Gültigkeit eines Vorgründungsvertrags davon abhängig, daß er in notarieller Form abgeschlossen worden ist. Die Praxis setzt sich in den meisten Fällen über diese Rechtsprechung weg, da in solchen Finanzierungsangelegenheiten ein Vertrauensverhältnis vorliegen muß, bei dem es nicht darauf ankommen darf, ob eine Form gewahrt ist.

Auf Grund des Vorgründungsvertrages wird in notarieller Verhandlung die Gründung der Gesellschaft und gegebenenfalls als Bestandteil des Gesellschaftsvertrags die Übertragung des Unternehmens der Vorbesitzer auf sie unter Übernahme der bezüglichen Abmachungen des Vorgründungsvertrags vorgenommen. Der notarielle Vertrag bildet für die Zukunft die Rechtsgrundlage für die Beziehungen zwischen den sämtlichen Beteiligten. Im Anschluß an die Gründung kann sofort die Konstituierung der Gesellschaft, die Wahl des Aufsichtsrats und die Bestellung des Vorstands stattfinden. Abmachungen, welche keiner notariellen Verbriefung bedürfen, werden gleichzeitig mit der Gründung neben dieser in einfachem schriftlichem Vertrag getroffen. Dasselbe gilt vom Konsortialvertrage, den die Banken miteinander schließen, welche sich zu dem Konsortium vereinigen. Wenn die neue Aktiengesellschaft ins Handelsregister eingetragen ist, bestimmt gewöhnlich die Bank ein bestimmtes Datum als Tag des Erscheinens der Aktien. Für diesen Tag sind die Aktien abzunehmen und auf ihn werden die Schlußnoten ausgestellt.

Bei Kapitalserhöhungen übernimmt in der Regel eine Bank oder ein Bankenkonsortium das ganze neue Aktienkapital, nachdem die Aktionäre auf ihr gesetzliches Bezugsrecht in der Generalversammlung verzichtet haben, zu einem bestimmten Kurs, bietet es zu einem vereinbarten, etwas höheren Kurse den Aktionären zum Kauf an und verwertet die übrigbleibenden Aktien entsprechend. Zunächst wird sich die Gesellschaft, die ihr Kapital erhöhen will, darüber mit einer Bank einigen, dabei in der Regel auch deren guten Rat empfangen. Wenn die Verhandlungen genügend weit gediehen sind, macht die Bank der Gesellschaft ein schriftliches Angebot, das die wesentlichen Punkte des Übernahmegeschäftes enthält, also die Höhe des neuen Aktienkapitals, den Zeitpunkt, von dem an die jungen Aktien dividendenberechtigt sind, den Übernahme- und den Anbietungskurs, das Verhältnis, in dem die jungen Aktien zu den alten angeboten werden sollen, eine Verpflichtung der Bank zur Einführung an der Börse, eine ihr zu gewährende Provision, die Regelung der Frage, wer die sämtlichen erwachsenden Kosten zu tragen hat, den Zeitpunkt, mit dem das Angebot erlischt, wenn nicht bis dahin entsprechende Beschlüsse in einer Generalversammlung gefaßt und ins Handelsregister eingetragen sind. Allenfalls werden weitere Klauseln mit dem Angebot verbunden, wie die, daß Schätzungen von der Gesellschaft zu übernehmender Werke und Prüfungen durch eine Treuhandgesellschaft vorausgehen müssen, daß die alten Aktionäre mit einem bestimmten Mindestkapital den Bezug der jungen Aktien zusichern müssen, daß die größeren Aktionäre die Verpflichtung auf sich nehmen ihre Aktien nicht an den Markt zu bringen oder sie so lange in ein Sperrdepot legen müssen, bis die Bank das Emissionsgeschäft für erledigt erklärt. Die Banken sind in diesen Fällen die Zeichner im Sinne des HGB. Im übrigen kann auf alles verwiesen werden, was für die vertraglichen Abmachungen in den Fällen der Gründung bemerkt worden ist.

Die einschlägigen Rechtsverhältnisse sind bei der Behandlung der öffentlichen Anleihen besprochen. Wenn die Bank nach erfolgter Gründung Aktien erwirbt oder wenn sie Schuldverschreibungen übernimmt, liegt ein Kaufvertrag vor. Wenn die Bank unter den Gründern ist, wird gemäß einer Plenarentscheidung des Reichsgerichts angenommen, daß sie die Aktien, die sie erhält, nicht durch Kauf oder ein anderes Anschaffungsgeschäft erwirbt, sondern daß die Anteilsrechte mit der Gründung entstehen und die Aushändigung der Aktien nur zur Beurkundung des bestehenden Rechtsverhältnisses erfolgt. Wenn die Bank junge Aktien zeichnet, wird bezweifelt, ob die gleiche Rechtsauffassung zugrunde zu legen ist; ihre Weitergabe an die Aktionäre oder Dritte ist dagegen jedenfalls ein Anschaffungsgeschäft. Die Unterscheidung ist von geringer praktischer Bedeutung; denn, wie oben bemerkt, ist hinsichtlich der Stempelpflichtigkeit die Übernahme der Aktien durch die Gründer, ihre Zuteilung auf Grund von Zeichnung und die Ausreichung an den ersten Erwerber den Anschaffungsgeschäften gleichgestellt. Die Übernahme der Einführung von Wertpapieren an der Börse ist eine entgeltliche Geschäftsbesorgung.

Die wirtschaftliche Bedeutung der Finanzierungs- und Emissionstätigkeit der Banken.

Die Banken verdienen im Finanzierungs- und Emissionsgeschäft an festen Vergütungen, die sie für ihre Mühewaltung und ihre Übernahme einer Verantwortlichkeit erhalten, wie insbesondere die sogenannte Einführungsprovision, auch die Provision für die Unterbringung kommissionsweise übernommener Papiere, und am Kursgewinn, den sie erzielen, wenn sie übernommene Aktien und Schuldverschreibungen in der Folge teurer verkaufen. Der Unterschied zwischen Übernahme- und Verkaufskurs wird häufig, vor allem bei Kapitalserhöhungen und bei der Ausgabe von Schuldverschreibungen vereinbarungsgemäß festgelegt, indem eine Bank die Wertpapiere zu einem bestimmten Kurs übernimmt und sich verpflichtet, sie zu einem bestimmten, um ein mäßiges höheren Kurs den bisherigen Aktionären oder dem Publikum anzubieten. Der Preis, zu dem Aktien von einer Bank übernommen werden, wird unter Umständen nicht für den ganzen Betrag einheitlich festgelegt, sondern gestaffelt. Wird ein Teil der Aktien oder der Schuldverschreibungen fest übernommen und für einen anderen Teil der Bank eine Option eingeräumt, so wird sie von dieser nur Gebrauch machen, wenn die Emission erfolgreich ist. Manchmal wird auch vereinbart, daß, besonders wenn der Gewinn der Emissionsbank eine bestimmte Höhe übersteigt, die Gesellschaft oder die Gründer oder die Vorbesitzer des umgewandelten Unternehmens in gewissem Maße anteilsberechtigt werden. Die Verdienstmöglichkeiten der Banken in diesem Geschäftszweig sind auskömmlicher als bei den meisten übrigen Handlungen der Banken. Aber sie sind auch wesentlich seltener. Nur wenige Banken und Bankiers überhaupt beteiligen sich an einer Gründung oder an dem Erwerb von Aktien aus der Hand von Gründern; denn die Voraussetzungen dafür — eine große Kapitalskraft, um auf längere Zeit die nötigen Vorlagen machen zu können, ein blühendes Effekten- und Depotgeschäft, durch das Aktien und Schuldverschreibungen untergebracht werden, vor allem aber ein durch Praxis auf diesem schwierigen Gebiet geschultes Urteil und der nicht einfache Apparat und die nötigen Verbindungen dafür — sind nicht überall vorhanden. Für ganz große Finanzierungen bedarf es naturgemäß auch ganz großer Banken, oft eines Konsortiums solcher. Und auch für die Banken und Bankhäuser, welche Finanzierungen grundsätzliches Interesse entgegenbringen, ergeben sich die Gelegenheiten dazu nur ausnahmsweise. Bei einer erheblichen Zahl von Gründungen wirken Banken überhaupt nicht mit. Eine Gründung, bei der eine Bank beteiligt ist, erregt nur sogleich die Aufmerksamkeit der Öffentlichkeit, in der sie sich vollzieht, während andere Geschäfte von unter Umständen größerer Bedeutung schon mit Rücksicht auf die Schweigepflicht der Bank verborgen bleiben. Leichter als zur Übernahme von Aktien einer neuen Gesellschaft entschließt sich eine Bank zur Übernahme von jungen Aktien einer länger bestehenden Gesellschaft; denn deren Verhältnisse, deshalb auch die Verkäuflichkeit der jungen Aktien zu beurteilen ist weit weniger schwierig. Leichter ist es natürlich auch unter vertrauenswürdiger fremder Führung eine mäßige Beteiligung oder Unterbeteiligung anzunehmen. Gegen allzu hohe Ansprüche schützt auch hier der Wettbewerb. Vor allem aber rechtfertigt es sich, wenn eine Bank im Finanzierungs- und Emissionsgeschäft höhere, im übrigen auch häufig überschätzte Beträge verdient, durch die erheblichen Gefahren, die sie dabei läuft, insbesondere die, daß sie aus irgendeinem Grunde den ins Auge gefaßten Emissionskurs nicht erzielt oder gar einen Verlust infolge geringeren Verkaufskurses erleidet oder auf den erworbenen Papieren ganz oder teilweise sitzen bleibt, unter Umständen jahrelang, ihre Bilanz dadurch beschwert sieht, darauf Abschreibungen machen muß und es schließlich vorzieht, sie mit einem größeren Verlust abzustoßen. Und damit sind noch keineswegs alle Nachteile beseitigt; denn das Ansehen einer Bank wird durch jeden Fehlschlag bei einer Emission mehr oder weniger geschädigt. Vielfach, besonders in unruhigen Zeiten sucht man sich wenigstens einigermaßen dagegen durch Klauseln zu schützen, die der Bank ein Rücktrittsrecht einräumen, z. B. die sogenannte Kriegsklausel oder die Klausel, wonach der Vertrag abhängig gemacht wird davon, daß nicht binnen einer bestimmten Frist gewisse erstklassige Papiere unter einen bestimmten Kurs sinken. Das Hauptschutzmittel gegen Verluste ist aber natürlich, daß man die Gefahr verringert, besonders verteilt, indem man nicht zu viel Aktien von einem Unternehmen oder von Unternehmen gleicher oder ähnlicher Art übernimmt, nicht zu viel Aktien derselben Gesellschaft schon aus dem Grunde, daß auch andere Interessenten für diese Aktien da sind. Anderseits übernimmt eine Bank unter Umständen auch nicht zu wenig Aktien von derselben Gesellschaft, um mit einem Aktienbesitz von gewisser Größe auftreten zu können, also etwa die Rechte wahrnehmen zu können, welche das HGB. einer Aktionärminderheit von gewisser Größe einräumt. Die Vertretung weiterer Aktien in den Generalversammlungen sucht die Bank sich zu verschaffen, insbesondere das Stimmrecht für bei ihr hinterlegte Aktien durch eine Klausel in den Bankbedingungen, wonach sie zur Ausübung des Stimmrechts für diese Aktien allgemein ermächtigt ist, soferne nicht im einzelnen Fall anderweitige Weisung des Hinterlegers ergeht. Einen größeren Einfluß auf die Führung der Geschäfte der Gesellschaft sichert sich die Bank durch ihre Vertretung im Aufsichtsrat. Denn mit dem gelungenen Absatz der Aktien ist es nicht getan. Ihr Emissionskredit zwingt die Bank auch weiterhin sich um das Schicksal der von ihr finanzierten Gesellschaft zu kümmern. Neben dem direkten Nutzen kommt für eine Bank der indirekte Nutzen in Betracht, den sie aus der Kontoführung für die neue Gesellschaft, aus Kreditgewährungen an sie, aus zu erwartenden weiteren Finanzgeschäften mit ihr ziehen kann, aus dem Handel mit den neuen Wertpapieren, aus Lombardierung, aus Hinterlegung derselben. Eine gelungene Finanzierung und Emission hebt endlich das Ansehen einer Bank und führt ihr damit neue Kunden zu. Wenn aber die Emission mißlingt, können diese weiteren Geschäfte der Bank abermalige Verluste bringen, z. B. durch Rückgang des Werts der Effekten, die zur Unterstützung der Emission lombardiert oder reportiert worden sind. Als Nebeneinnahmen kommen auch in Betracht die kleinen Vergütungen, welche die Bank erhält für die Einlösung der Dividendenscheine und der Zinsscheine von Schuldverschreibungen, auch der gekündigten und verlosten Stücke der letzteren. Die Banken bedingen sich jeweils aus, daß die Gesellschaft rechtzeitig bei ihnen ein ausreichendes Guthaben ansammelt. Für die Fälle, in welchen eine Bank Zahlstelle ist, pflegt sie in ihren Geschäftsbedingungen die Haftung für die in den Wertpapieren verbrieften Verpflichtungen ausdrücklich abzulehnen. Die Banken nehmen auch gegen Provision gleichzeitig mit der nötigen Abstempelung der Aktien Einzahlungen der Aktionäre entgegen, die gemacht werden, um der Gesellschaft neue Mittel zuzuführen, sei es ohne weiteres, sei es daß den nachzahlenden Aktionären ohne Erhöhung des Grundkapitals Vorrechte eingeräumt werden, sei es endlich daß — ein noch seltenerer Fall — eine Kapitalserhöhung durch Erhöhung des Nennwerts der Aktien durchgeführt werden soll. Ebenso nehmen die Banken bei einer Kapitalsherabsetzung, bei der nur der Nennwert der einzelnen Aktien abgemindert wird, gegen eine kleine Provision die Aktienabstempelung vor und, wenn sie mit einer Rückzahlung verbunden ist, auch diese, desgleichen bei der Einziehung von Aktien deren Entgegennahme und Auszahlung. Um so mehr bedürfen die Gesellschaften der Mitwirkung einer Bank, um die verschiedenen Handlungen zu bewältigen, welche die Zusammenlegung von Aktien notwendig macht. All diese im einzelnen kleinen Nebenverdienste fallen im ganzen schon ins Gewicht, sind aber nur von geringer Bedeutung gegenüber dem eigentlichen Geschäfte der Banken auf diesem Gebiet, der Übernahme und dem Wiederverkauf von Aktien aus Anlaß einer Gründung oder einer Kapitalserhöhung, welch letztere sich auch als Teil einer Sanierung oder auf Grund einer Fusion ergeben kann, und der Übernahme und dem Wiederverkauf von Schuldverschreibungen. Neben der Verdienstmöglichkeit bietet eine Emission für eine Bank unter Umständen Interesse, insofern als sie dadurch eine Forderung aus einer Kreditgewährung liquidieren kann. Dieses Interesse darf in keinem Falle sie verführen, unter Gefährdung ihres Emissionskredites sich leichter zu der Emission zu entschließen, als sie es ohne solches Interesse tun würde.

Die wesentliche Wirkung der Tatsache, daß eine Bank Aktien zum Wiederverkauf übernimmt, ist die, daß sie zu einer Gleichheit der Interessen von Gesellschaft und Bank führt. Die Bank sieht sich, um nichts zu verlieren, sondern zu verdienen und um ihren Emissionskredit zu wahren, gezwungen, die Gesellschaft, insoweit sie kann, zu unterstützen, damit dieselbe möglichst Erfolg habe, Gefahren tunlichst von ihr abgewandt werden und ihre Aktien mehr wert werden. Bei der Übernahme von Schuldverschreibungen gilt gleiches in geringerem Maße. Gewiß gibt es genug Gesellschaften, die eine solche Hilfe nicht nötig haben. In der Regel ist diese aber besonders für junge Gesellschaften von Wert. Eine Grenze findet das Eintreten für die Gesellschaft bei der Bank nur an deren eigenen Interessen; aber eine Kollision zwischen den beiden kommt nur selten vor und kaum je mit Wirkung nach außen. Die Hilfe der Bank zeigt sich der Natur der Sache nach am meisten in den finanziellen Fragen, in welchen die Bank überwiegende Erfahrung hat, also zu welcher Zeit und in welcher Art eine Emission durchzuführen ist; dann in welcher Weise ein Kapitalbedarf nach Lage der Sache zu decken ist, ob durch Ausgabe von Aktien oder Obligationen oder ob es richtiger erscheint, Kredit in Anspruch zu nehmen; ferner wird die Bank ihren Rat erteilen, welche Dividende auszuschütten ist, welche offenen und stillen Rückstellungen angezeigt sind, wie die Bilanz liquid zu erhalten ist. Die Bank wird sich nötigenfalls an einem Konsortium beteiligen, das den Kurs halten soll, wenn sie sich nicht gar in der Lage sieht, durch eigene Aktienkäufe günstig auf den Kurs einzuwirken. Sie kann endlich bei Emissionen ihre ganze Organisation, ihre Filialen und Depositenkassen zur Verfügung stellen und ihre Verbindnug mit ihrer Depot- und Effektenkundschaft und mit der Börse. Begreiflicherweise tritt die Hilfe der Bank am meisten zutage, wenn es sich um Verteidigung der Interessen der Gesellschaft gegenüber Dritten handelt. Der Aktionär hat gewöhnlich keine anderen Interessen als die Aktiengesellschaft. Nicht selten allerdings kann es scheinen, als ob die Interessen beider verschieden wären. Wenn die Bank dafür eintritt, daß nicht zu hohe Dividenden verteilt und mehr offene oder stille Rückstellungen gemacht werden, so mag ein kurzsichtiger Aktionär darüber unmutig werden, auf die Dauer wird damit dem Aktionär selbst ebenso genützt wie der Gesellschaft. Daß ein Aktionär, der zu getriebenen Kursen seine Aktien verkaufen möchte, keine Bevorzugung vor der Gesellschaft verdient, wird wohl nicht ausgeführt zu werden brauchen. Im übrigen wird die Bank durch die Übernahme von Aktien selbst Aktionär und auch nach deren Veräußerung hat sie ein Interesse daran, daß nicht die Aktionäre, die ihr die Aktien abgekauft haben, sei es durch eine übertriebene Thesaurierungspolitik, sei es sonstwie einen Schaden erleiden; sie wird daher auf einen Ausgleich hinwirken, wenn die Interessen tatsächlich auseinandergehen. Eine Verschiedenheit der Interessen zwischen Gesellschaft und Aktionären kann auftreten, wenn die Verhältnisse für die Gesellschaft ungünstig werden und deshalb irgendwelche Maßregeln ergriffen werden sollen, z. B. eine Sanierung vorgenommen wird; alsdann kann es sein, daß die Frage weniger einfach zu beantworten ist, ob nicht etwa zum Nutzen der Gesellschaft die Aktionäre zu sehr verkürzt, etwa die Aktien zu stark zusammengelegt worden seien; aber auch in solchen Fällen wird jedem Aktionär die Möglichkeit eröffnet, junge Aktien zu zeichnen und dadurch am Nutzen teilzunehmen, den die sanierte Gesellschaft erzielen wird. Auch Vorstand und Aufsichtsrat einer Gesellschaft können gegen deren Interessen handeln. Auch dann ist es Sache der Bank, durch ihren in den Aufsichtsrat eingetretenen Direktor, allenfalls auch als Besitzerin oder Vertreterin einer genügend großen Aktienminderheit die nötigen Schritte zum Schutze der Gesellschaft zu tun. Unter Umständen bleibt dem Direktor, der im Aufsichtsrat ist, nur das Mittel, aus diesem auszutreten, um sich und seine Bank vor der Verantwortung für falsche Schritte zu schützen. Vor allen anderen aber kommen hier die Fälle in Betracht, in welchen es gilt, die Gesellschaft zu schützen gegen zu weitgehende Ansprüche der Vorbesitzer von Grundstücken, Anlagen, Patenten und sonstigen Gegenständen, welche die Gesellschaft erwerben soll, um gegründet oder um erweitert zu werden, oder gegen solche Ansprüche der Gründer, die einen Zwischengewinn machen wollen. Die bezüglichen Verträge, insbesondere der sogenannte Vorgründungsvertrag, sind es, hinsichtlich welcher die Bank ganz besonders im Interesse der Gesellschaft tätig wird.

Liegt es nun aber nicht näher für eine Bank, statt sich mit einem maßvollen Nutzen zu begnügen und neben den eigenen die Interessen der übrigen Beteiligten zu berücksichtigen, lieber darauf auszugehen, einen möglichst großen Nutzen für sich zu nehmen, ohne Sorgen um ihren inneren Wert Aktien möglichst billig zu übernehmen und sie möglichst rasch und möglichst teuer wieder loszuschlagen, im übrigen aber die Dinge sich selbst zu überlassen, sie mögen gut oder schlecht gehen. Wer die Geschichte des Finanzierungs- und Emissionswesens betrachtet, muß leider sagen, daß ein derartiges Gebaren auch in Deutschland nichts Unbekanntes ist und daß es nicht beschränkt war auf Emissionen, an denen das Bankgewerbe sich nicht beteiligte. Anständige Banken haben sich natürlich immer davon frei gehalten. Kein Zweifel aber ist, daß die Solidität des Finanzierungs- und Emissionswesens in Deutschland sich ständig gehoben hat. Dies ist zum Teil der nach und nach verbesserten Gesetzgebung zu danken, zum Teil der Tätigkeit der zuständigen Verwaltungsstellen, deren Erfahrung gewachsen ist, wie der Zulassungsstellen, auch der Kritik der ernsten Finanzpresse, nicht zuletzt aber der zunehmenden Aufmerksamkeit der Emissionshäuser selbst. Die sogenannte Konzentration des Bankwesens ist nicht ohne Anteil an diesem Fortschritt. Eine Bank ist als solche auf einen dauernden Bestand angelegt; ihre Natur weist sie darauf hin, nicht einmal ein gutes Geschäft zu machen, sondern die bleibende Zufriedenheit und Anhänglichkeit ihrer Kunden zu erwerben und daraus auch später Nutzen zu ziehen. Für ein Bankhaus aber, das seine von den Vätern begründete, geachtete Stellung und sein Gedeihen den Söhnen und Enkeln erhalten will, gilt das gleiche wie für eine Bank. Diese Erwägungen zeigen zur Genüge, wie richtig es ist, daß unsere Banken als große ihrer Verantwortung gegenüber der Öffentlichkeit bewußte Unternehmungen es nicht anderen überlassen, sich der Finanzierungs- und Emissionstätigkeit zu widmen. Der volkswirtschaftliche Nutzen und die Gefahren des Aktienwesens an sich sind hier nicht zu behandeln, sondern nur die Einwirkungen des Umstandes, daß Banken sich bei der Finanzierung von Aktiengesellschaften beteiligen. Und es ist keine falsche Lobrede, die gewissenhafte Prüfung, der die Banken im eigenen Interesse der Aufrechterhaltung ihres Emissionskredits ihre Handlungen unterziehen, vom Eintreten in eine Gründung an bis zum Verkauf der Wertpapiere, die Ermutigung, die von ihnen in zaghaften Zeiten ausgeht, wie die Mäßigung, die sie ausüben in Zeiten der Spekulationswut, dies alles vermindert diese Gefahren, während die nahen Beziehungen der Banken zu einem großen Kapitalistenkreis und ihre verfeinerte Emissionstechnik den Nutzen des Aktienwesens steigern. Ja man kann sagen, erst in Verbindung mit den Banken kann sich das Aktienwesen zu voller Blüte entfalten. Sein Grundgedanke ist, die breite Masse all derer, die dazu in der Lage sind, mit mäßig begrenzten, leicht erwerblichen und wieder veräußerlichen Teilbeträgen als Unternehmer heranzuziehen, ihnen gute Renten für ihre Ersparnisse und Kurssteigerung in Aussicht zu stellen, auf diese Weise große Unternehmungen zustande zu bringen und dadurch die Produktion insbesondere in der Industrie, aber auch im Handel und Verkehr zu Land und Übersee und auf dem Gebiete der gemeinnützigen Versorgung in einer vorher nicht gekannten Weise zu entwickeln. Die Emission durch eine angesehene Bank, die sich das Vertrauen des Publikums erworben hat, verwirklicht diesen Grundgedanken so, daß jede andere Emission dagegen in der Regel als unzulänglicher Versuch erscheint. Neben dem Unternehmungsgeiste Einzelner sind es daher die Banken, die auch durch ihre Tätigkeit auf dem hier besprochenen Gebiete als Befruchter des wirtschaftlichen Lebens erscheinen. Im Finanzierungs- und Emissionswesen kann ein Bankdirektor das höchste erreichen, was ihm in seinem Berufe zugänglich ist: Er kann für seine Bank bekömmliche Geschäfte machen; er kann gleichzeitig mitwirken, daß industrielle, allenfalls auch andere Unternehmungen ins Leben gerufen und daß sie erweitert werden, daß sie mit den nötigen finanziellen Mitteln ausgestattet werden, auch seinen Einfluß ausüben, daß das Unternehmen besonders in finanzieller Beziehung richtig geleitet wird, und so die nationalen Kapitalien und die nationale Produktion auf neue Wege führen oder doch als Berater begleiten; er kann endlich die Werte, die der industriellen Ausnutzung gewidmet werden, feststellen und sie, als Aktien oder Obligationen ausgemünzt, in Verkehr bringen, um denen, die Gelder sicher und aussichtsvoll anlegen wollen, die Mittel zur Verfügung zu stellen, ihr Vermögen zu erhalten und womöglich zu vermehren. Schwer ist eine solche Aufgabe und in jedem einzelnen Falle wieder neu, und die Sorge, ob man richtig gehandelt hat und ob nicht irgendein unvorhergesehenes Ereignis den Erfolg beeinträchtigt, „sitzt hinter dem Reiter". Wem es aber gelungen ist, nach allen drei Richtungen hin Gutes zu stiften, dem ist die Befriedigung darüber ein schöner Lohn.

6. Die Verwaltung und Leitung der Banken.

Um Bankgeschäfte zu betreiben, bedarf man der nötigen Räumlichkeiten, welche durch Ankauf oder auch durch Miete verschafft werden und Anlaß zur Grundstücksverwaltung geben. Wichtiger ist die Vorsorge für die Arbeitskräfte, die man braucht; ihre Auswahl, Verwendung am richtigen Platze und Beaufsichtigung, ihre Entlohnung mittels Gehälter, Gewinnanteile und sonstiger Nebenbezüge, die Beförderungen, allenfalls Unterstützungen, dann die Pensionen der Beamten und ihrer Hinterbliebenen sind Gegenstand der Personalverwaltung.

Zur Pflege des Verkehrs mit den Kunden werden verschiedene Abteilungen je mit einem Vorsteher, oft mit Unterabteilungen oder geteilt in mehrere selbständige Abteilungen, gebildet, die Kasse für die Ein- und Auszahlungen sowie die damit zusammenhängenden Arbeiten, insbesondere den Verkehr mit der Reichsbank und der Abrechnungsstelle, auch für die Behandlung von fremden Geldsorten und von Zins- und Gewinnanteilscheinen, das Scheckbüro — häufig mit der Kasse verbunden — zur Prüfung der Auszahlbarkeit vorgelegter Schecks, das Effektenbüro für die Effektengeschäfte und den Verkehr mit der Börse, weshalb es auch Börsenbüro genannt wird, die Depotabteilung für die Depotgeschäfte und alle Arbeiten, die aus Anlaß der Aufbewahrung und Verwaltung von Wertpapieren anfallen, meist auch der der Bank selbst gehörigen Papiere. Andere Abteilungen haben nur inneren Dienst, so die Korrespondenz, in der der Briefverkehr der Bank erledigt wird und mit der auch die Registratur verbunden ist, dann die Buchhaltung, worin die Kontokurrente und die meisten, in jedem Falle die wichtigsten Bücher geführt, auch die Abschlußarbeiten angefertigt und die Bilanzen nebst den Gewinn- und Verlustrechnungen der Bank aufgestellt werden, ferner in der Regel das Wechselbüro, worin die Arbeiten erledigt werden, welche die Wechsel und die nicht auf die Bank selbst gezogenen Schecks betreffen, unter Umständen ein eigenes Kreditbüro, das — im einzelnen nach Weisung der Direktion — die Kreditangelegenheiten behandelt, vorausgesetzt daß dieser Dienst nicht durch die Kontokurrentbuchhaltung mit versehen wird, endlich das Sekretariat, welches die Direktion in deren Korrespondenz und anderen Arbeiten unterstützt und das meist auch unter ihrer unmittelbaren Leitung die Finanzierungs- und Emissionsgeschäfte bearbeitet. Wenn — für eine große Bank — nötig, werden als Abteilungen des inneren Dienstes auch eingerichtet ein Devisenbüro für die Behandlung der ausländischen Wechsel, eine Überseeabteilung für die Korrespondenz mit Übersee, ein Filialenbüro, ein Revisionsbüro, ein Archiv, eine Bibliothek, ein juristisches, ein statistisches, ein Finanzstudienbüro u. dgl., als eine Abteilung des äußeren Dienstes auch ein Fremdenbüro für die Behandlung der Kreditbriefe.

Dieser ganze Dienst wird von den Beamten versehen, von der Direktion beaufsichtigt, die sich auch um die Erweiterung der Geschäfte durch Erwerb neuer Kunden und Ausdehnung des Verkehrs mit den alten Kunden zu bemühen hat. Neben und teilweise über der Tätigkeit der Direktion steht die des Aufsichtsrates. Die Direktion, vielfach auch der Aufsichtsrat bedienen sich auch der Mitwirkung von Revisoren. Die Kasse aber erfordert ein fortlaufendes unmittelbares Eingreifen der Direktion zu dem Zwecke, daß stets so viel bare Mittel zur Verfügung stehen, als jeweils benötigt werden. Man pflegt diese Tätigkeit der Direktion die Disposition zu nennen. Sie hat dabei den Bedarf zu berücksichtigen, wie er sich auf Grund der Erfahrung voraussichtlich ergibt, insbesondere für gewisse Termine, so die Monatsletzten und unter diesen wieder vor allem die Vierteljahresletzten; aus örtlichen Gründen ergibt sich noch ein besonderer Bedarf an bestimmten Tagen, z. B. Markttagen. Anderseits kennt man die Zeiten größerer Rückflüsse; meist folgen sie den Terminen größeren Bedarfs in gewisser Regelmäßigkeit. Um zu rechter Zeit die nötigen Barmittel zu haben, ist dafür zu sorgen, daß immer genügend flüssige Anlagen vorhanden sind, vor allem Guthaben bei der Reichsbank und daß der Wechselbestand der Bank, in den bei Bedarf gegriffen wird, um durch Diskontierung bare Mittel zu schaffen, nicht nur ausreichend, sondern auch so zusammengesetzt ist, daß die Wechsel entsprechend fällig werden.

Diese Disposition führt aber sofort — denn sie läßt sich von ihr nicht trennen — in die wichtigste Tätigkeit der Bankdirektion hinein, die Verfügung über die Mittel der Bank einschließlich der Abgrenzung dieser Mittel, eine Disposition im höheren Sinne. Darunter fällt 1. die Hereinnahme der fremden Gelder, 2. die Anlage der Mittel der Bank. Die erstere umfaßt die Passivgeschäfte, bei welchen die Bank Schuldnerin wird, die letztere die Aktivgeschäfte, wobei sie Gläubigerin wird. Wie die Tätigkeit der Direktion bei der Disposition im niederen Sinne häufig nur ein fortwährendes eingehendes Beobachten der Tätigkeit vertrauenswürdiger Beamter ist, das sich auf das erwähnte Ziel richtet, so wird auch die Hereinnahme fremder Gelder regelmäßig den zuständigen Bürovorstehern überlassen;

stets aber hat die Direktion die Zinssätze zu bestimmen, zu welchen entsprechend der Dauer der Überlassung Gelder entgegengenommen werden. Vielfach allerdings werden diese Sätze von den Bankenvereinigungen festgesetzt. Wesentlich unmittelbarer sind die Aktivgeschäfte von der Direktion zu erledigen. Gewisse Geschäfte bleiben zwar den Büros überlassen, so Lombardgeschäfte innerhalb der Grenzen der hinsichtlich der Bedeckung gegebenen Vorschriften, die Hereinnahme von Wechseln innerhalb festgesetzte Diskontkredite. Im allgemeinen aber ist jede Kreditgewährung Sache der Direktion, welche bei größeren Krediten — nach der Satzung der Bank meist von einer Mindestsumme an — regelmäßig die Zustimmung des Aufsichtsrates einzuholen hat. Bei der Bewilligung von Krediten hat die Direktion drei Gesichtspunkte zu beachten, 1. die Sicherheit der Anlage, 2. ihre Flüssigkeit, 3. ihre Rentabilität. Wegen der ersten beiden Punkte kann auf manches verwiesen werden, was im Abschnitt über den Bankkredit, unter anderem bei der Besprechung der Kundenbilanzen bemerkt ist. Die Rentabilität einer Anlage steht der Regel nach in einem gewissen Gegensatz zu ihrer Güte und Liquidität; denn ein Schuldner wird für einen Kredit ein um so höheres Entgelt bewilligen, je weniger sicher er ist, je geringer daher für ihn die Aussicht ist, von einer Bank Mittel zu erhalten.

Die aufgestellten Erfordernisse für eine Bankanlage gelten nicht nur an sich, sondern insbesondere im Verhältnisse zu den fremden Geldern. Denn der wichtigste Grundsatz, der bei der Leitung einer Bank zu beachten ist, ist der, daß die Aktivgeschäfte im richtigen Verhältnisse zu den Passivgeschäften stehen müssen, weil die Passiven nur aus den vorhandenen Aktiven bezahlt werden können. Von dieser Seite betrachtet, müssen mindestens soviele zweifellos gute Aktiva vorhanden sein, als fremde Gelder hereingenommen sind, müssen ferner ebensoviele Aktiva flüssig angelegt sein, als fremde Gelder binnen kurzer Frist fällig werden, und jedenfalls so, daß alle fremden Gelder nach Summe und nach Fälligkeit durch Aktiven ausreichend gedeckt sind, oder, anders ausgedrückt, die Bank darf nur ebenso befristeten Kredit gewähren als sie selbst erhält; endlich muß, damit die Bank in diesem wichtigen Teile ihrer Geschäfte nicht mit Verlust arbeitet, der Durchschnitt der Zinsen, die die Bank für fremde Gelder vergütet, geringer sein als der Durchschnitt der Zinsen und allenfalls Provision, die sie von ihren Schuldnern erhält. Der hier angelegte Maßstab ist kein anderer als der, welcher zunächst bei der Beurteilung der Bilanzen der Bankkunden angelegt wird, nur daß bei Banken die Aufnahme fremden Kapitals und dessen Wiederanlage ein wesentlicher Teil des Gegenstands des Unternehmens ist. Die Summe von Aktienkapital und Reserven ist jedenfalls die äußerste Grenze für die Aktiven, die, lediglich die Verpflichtungen der Bank aus ihren Kreditaufnahmen betrachtet, weniger liquid zu sein brauchen, weil den Aktionären keine fälligen Ansprüche auf Verteilung dieser Vermögensmasse zustehen. Man hat oft und nicht mit Unrecht gesagt, daß das Vorwärtskommen einer Bank von der Erweiterung ihrer Passivgeschäfte abhängig ist; denn die Möglichkeit zur Anlage ergibt sich in der Regel leicht. Da aber jedes Unternehmen das Streben haben wird sich auszudehnen, könnte es als selbstverständlich erscheinen, daß den zuständigen Bürovorstehern überlassen wird, alle angebotenen fremden Gelder anzunehmen, vorausgesetzt daß die vorgeschriebenen Höchstzinssätze eingehalten werden. Allein dem ist nicht ohne weiteres so. Für die Hereinnahme fremder Gelder ist vielmehr stets die Frage zu berücksichtigen, inwieweit deren Anlage mit Rücksicht auf die Dauer der Hereinnahme und den bewilligten Zinssatz mit entsprechender Flüssigkeit und entsprechendem Nutzen möglich ist. Man darf aber nicht außer acht lassen, daß tunlichste Bonität, Liquidität und Rentabilität auch absolute Erfordernisse einer jeden Bankanlage sind, nicht nur relative; eine Bankdirektion hat als Verwalterin fremden Vermögens sich nicht auf die Fürsorge zu beschränken, daß die Bank in der Lage ist, ihre Schulden zu bezahlen.

Die Grundsätze für die Disposition einer Bankdirektion müssen ferner einmal fortlaufend bei jeder Handlung beachtet werden. Einen Anlaß zur nochmaligen Prüfung aber findet die Bankleitung bei der Aufstellung der Bilanzen und der Gewinn- und Verlustrechnungen. Hinsichtlich dieser gelten bei den Banken dieselben Grundsätze, wie bei den Aktiengesellschaften im allgemeinen — vgl. dazu HGB. §§ 39ff., §§ 260ff., auch § 246 (Mitwirkung des Aufsichtsrats). Bilanzen und Gewinn- und Verlustkonti werden in den Hauptbuchhaltungen zusammengestellt; Aufgabe der Direktion ist es, sie eingehend zu prüfen; hiebei sind insbesondere die Effekten neu zu bewerten und mit entsprechenden Kursen einzusetzen, an den Forderungen die nötigen Abschreibungen zu machen und die erforderlichen Rückstellungen vorzunehmen. Gewöhnlich wird bei den Banken halbjährlich ein Abschluß gemacht, doch erfolgt die Veröffentlichung nur für das Jahresende; über das Ergebnis des ersten Halbjahres wird höchstens eine kurze Mitteilung erstattet. Vor einigen Jahren aber haben sich die meisten deutschen Banken auf Veranlassung der Reichsbank — ein Ergebnis der sogenannten Bankenquête von 1908 — entschlossen, nach dem beiliegenden Schema je für das Ende der Monate Februar, April, Juni, August, Oktober und Dezember sogenannte Zweimonatsbilanzen bei der Reichsbank einzureichen und zu veröffentlichen. Diese Veröffentlichungen nach einheitlichem Schema ermöglichen es, die Entwicklung bei jeder Bank und unter den verschiedenen

Banken zu vergleichen. Auch hatten dieselben eine Rückwirkung auf die Jahresbilanzen der Banken in der Richtung, daß sie sich mehr und mehr diesem Schema anpassen und so einen größeren Einblick in die Verhältnisse einer Bank gewähren als manche frühere Bilanzform. Das Schema der Zweimonatsbilanzen teilt — um das Wesentliche zu betrachten — auf der Passivseite zunächst die Verpflichtungen ein in fremde Gelder, nämlich solche aus dem Scheckverkehr und aus dem Kontokurrentverkehr, und Akzepte und erstere wieder in drei Klassen je nach der Fälligkeit. Ihnen stehen die Aktiven je nach der Flüssigkeit gegenüber, dies allerdings mit Einschränkungen insofern, als das innerlich Zusammengehörige und das, was früher übungsgemäß in den Bankbilanzen zusammengefaßt wurde, auch nach dem neuen Schema zusammen aufgeführt werden muß, wobei aber in Unterabteilungen Aktiven, die nicht oder weniger flüssig sind, ausgeschieden werden. Ein Mittel zur Erzwingung dieser Veröffentlichungen bietet § 4 Ziff. 5 der Bekanntmachung vom 4. Juli 1910, betr. die Zulassung von Wertpapieren zum Börsenhandel; danach setzt die Zulassung von Aktien von Kreditbanken voraus, daß sie sich zu diesen Veröffentlichungen verpflichten.

Die Bonität, Liquidität und Rentabilität aller Aktiven zu prüfen, ist ein Außenstehender ohne weiteres nicht imstande. Dagegen läßt eine richtig aufgestellte Bankbilanz nach diesen Richtungen immerhin weitgehende Schlüsse zu. Die Posten: Kasse, Sorten und Koupons, dann Guthaben bei Noten- und Abrechnungsbanken, Wechsel und unverzinsliche Schatzanweisungen des Reiches und der Bundesstaaten, auch Nostro-Guthaben bei Banken und Bankfirmen, Anleihen und verzinsliche Schatzanweisungen des Reichs und der Bundesstaaten und sonstige bei der Reichsbank und anderen Zentralnotenbanken beleihbare Wertpapiere, ferner aber auch Reports und Lombards gegen börsengängige Wertpapiere, Vorschüsse auf Waren und Warenverschiffungen und sonstige börsengängige Effekten können bei der Kritik einer Bankbilanz als gut und sofort oder binnen kurzem zu versilbern angesehen werden. Dabei wird aber nicht nur vorausgesetzt, daß richtig gebucht wurde, sondern auch daß die aufgeführten Aktiven allen Anforderungen entsprechen, welche eine Bank an derartige Anlagen zu stellen gewohnt ist, also insbesondere an die Qualität der Wechsel und daß die Bankfirmen, bei welchen Guthaben unterhalten werden, vollkommen vertrauenswürdig sind oder ausreichende Depots gestellt haben. Die eigenen Akzepte, eigenen Ziehungen und Solawechsel, dann die sonstigen eigenen Wertpapiere werden also bei einer solchen Prüfung weggelassen; diese Anlagen, ferner Konsortialbeteiligungen, dauernde Beteiligungen bei anderen Banken und Bankfirmen, Immobilien und sonstige Aktiva müssen als illiquid betrachtet werden. Die Debitoren durchlaufen in der Praxis die ganze Stufenleiter von höchster Liquidität bis zu voller Illiquidität. Maßgebend dafür ist die Flüssigkeit der Sicherheit, die für den Kredit gegeben ist, wonach z. B. im allgemeinen ein Kredit gegen börsengängige Effekten, gegen gute Wechseldeckung oder gegen Waren als liquid, ein Kredit gegen Hypothek als nicht liquid anzusehen ist. Maßgebend ist aber auch die persönliche Güte, die es dem Schuldner ermöglicht, seine Schuld zurückzuzahlen oder die es der Bank als sicher erscheinen lassen kann, daß jederzeit eine andere Bank den Kredit übernimmt. So ist mancher Blankokredit so sicher wie der beste gedeckte Kredit. Aber nur wer jedes einzelne Konto genau kennt, weiß über die Güte und Flüssigkeit des betreffenden Bankguthabens Bescheid. Um sich ein Urteil über eine Bankbilanz zu bilden, rechnet man einerseits die sämtlichen fremden Gelder und Akzepte zusammen; manchmal trifft man bei den ersteren noch eine Ausscheidung nach den drei Fälligkeitsklassen des Schemas der Zweimonatsbilanzen. Von der Summe zieht man die oben aufgeführten schlechtweg sogenannten liquiden Mittel ab, öfters noch unter Ausscheidung in solche ersten und zweiten Rangs, indem man als solche zweiten Rangs ansieht die Reports und Lombards gegen börsengängige Wertpapiere, Vorschüsse auf Waren und Warenverschiffungen und sonstige börsengängige Effekten. Das prozentuale Verhältnis der liquiden Mittel zu den fremden Geldern und Akzepten nach dieser Berechnungsart wird als Maßstab für die Liquidität angesehen und kurz als Liquidität der betreffenden Bank bezeichnet. Sie dient in weitem Umfange als Grundlage für das Urteil über die Vertrauenswürdigkeit einer Bank. Der ungedeckte Teil muß aus den Debitoren bezahlt werden. Um noch einen Anhalt dafür zu haben, wie dies möglich, vergleicht man vielfach mit dem ungedeckten Teil den Betrag der Debitoren, welche durch börsengängige Wertpapiere gedeckt sind, vorausgesetzt daß diese Ziffer von der Bank in der Bilanz oder im Geschäftsbericht angegeben wird. Andere berechnen die Liquidität etwas anders; aber die Abweichungen des Verfahrens können nur gering sein. Insoweit auf der Aktiv- und der Passivseite Ausscheidungen getroffen werden, kommt es zu mehreren Liquiditätsberechnungen nebeneinander. Immer muß davon ausgegangen werden, daß alle Verpflichtungen erfüllt, also die Kreditoren bezahlt und die Akzepte eingelöst werden müssen und zwar beides am Tage der Fälligkeit, daß aber der Eingang der Aktiven keineswegs so sicher ist. Allerdings werden nicht alle Gläubiger am selben Tage die Bezahlung ihrer Forderungen verlangen. Für die Akzepte ist ferner vereinbarungsgemäß spätestens am Tage vor dem Verfall Deckung zu beschaffen und dies geschieht auch in aller Regel. In Krisenzeiten aber mindern sich nicht etwa die

Bankakzepte, indem sie zur Einlösung kommen, sondern sie werden verlängert; wenn andere Diskonteure nicht am Diskontmarkte sind, bei der Reichsbank; ja sie vermehren sich alsdann dadurch, daß nach Vereinbarung zwischen Schuldner, Bank und Reichsbank Barkredite in Trassierungskredite umgewandelt werden, indem der Schuldner auf die Bank zieht, deren Akzept bei der Reichsbank diskontiert und den Gegenwert bei der Bank einzahlt, wodurch diese bare Mittel erhält; Vertrauenswürdigkeit von Bank und Schuldner sind dabei Voraussetzung. Anderseits sind nicht alle als flüssig angenommenen Aktiven in Wirklichkeit liquid; die liquide Form kann einen illiquiden Posten verbergen. Auch abgesehen von Fällen, wo die Täuschung dessen, der die Bilanz liest, beabsichtigt ist, kommt in Betracht, daß — besonders in Krisenzeiten — in einzelnen Fällen nicht allen Voraussetzungen für eine vollkommene Liquidität entsprochen sein wird, so daß z. B. bei den Wechseln auch der bestgeleiteten Bank ein gewisser nicht flüssiger Bodensatz bleiben wird. Regelmäßig sind aber auch wieder unter den Debitoren genug wirklich flüssige Aktiven. Die üblichen Liquiditätsberechnungen liefern daher normalerweise ein brauchbares Bild von der Wirklichkeit, allerdings indem sie der Tatsache, daß eine Reihe von Debitoren liquid sind, keine größere Bedeutung beimessen, als daß dadurch die erwähnten kleinen Ausfälle ausgeglichen werden, also von einem gewissen Mindestmaß ausgehen, was aber von der notwendigen Vorsicht erfordert wird. Sie bleiben deshalb nicht nur dem Bankkritiker überlassen, sondern werden von den Bankdirektionen beachtet und selbst aufgestellt; denn einmal ist das Urteil einer ernsten Fachpresse vernünftigerweise tunlichst zu berücksichtigen; dann aber liefern die Liquiditätsberechnungen, weil sie ein gewisses Bild der Wirklichkeit geben, ein beachtliches Kriterium für die Geschäftsführung hinsichtlich des so wichtigen Gesichtspunktes, ob die Aktiven tunlichst flüssig angelegt sind, insbesondere bei Vergleichung ihrer Ergebnisse zu verschiedenen Zeitpunkten. Wenn die Mittel einer Bank in einem Maße in Anspruch genommen sind, daß ihre Liquidität nicht nur unwesentlich und nicht nur vorübergehend beeinträchtigt wird, dann ist der Zeitpunkt für eine Kapitalserhöhung gekommen; für sie ist zu rechter Zeit vorzusorgen. Welches das Mindestmaß der erforderlichen Liquidität sei, ist für jede Bank nach ihren Verhältnissen zu beurteilen. Über die Rentabilität gibt die Gewinn- und Verlustrechnung Aufschluß; doch läßt sie nur erkennen, was verbleibt nach Abzug von Abschreibungen und Rückstellungen. Die Bilanz gibt von ihr kaum ein Bild, sondern läßt nur einzelne Schlüsse zu: Man weiß, daß Guthaben bei der Reichsbank unverzinslich sind, daß das Erträgnis der Wechsel im allgemeinen dem Durchschnitt des Privatdiskontsatzes entsprechen wird und dergleichen.

Die Rentabilität einer Bank ist aber auch abhängig davon, daß die Geschäftsunkosten tunlichst niedrig gehalten werden. Auch dies muß bei jeder einzelnen Handlung berücksichtigt werden. Der Jahresabschluß aber, besonders die Aufstellung der Gewinn- und Verlustrechnung gibt Gelegenheit, die Unkosten im ganzen hinsichtlich ihrer Höhe zu prüfen. Allerdings ist es nicht leicht, die Unkosten zu mindern, denn manche, z. B. die Steuern, sind vom Willen der Bankleitung unabhängig. Einen sehr beträchtlichen Teil der Kosten machen die Bezüge der Beamten aus, und es ist klar, daß erheblich ins Gewicht fallende sozialpolitische Gründe der Niederhaltung dieser Unkosten entgegenstehen. Dies ist nicht die einzige Gelegenheit, bei der sich zeigt, daß heutigentags eine Bank — und um so mehr, je größer sie ist — als Verwalterin oder doch als Vertreterin eines großen Teiles des Nationalvermögens auch auf Gesichtspunkte Rücksicht nehmen muß, die über die privatwirtschaftlichen hinausliegen; selbstverständlich ist von den letzteren immer nur abzuweichen, wenn besondere Gründe dies rechtfertigen. Im übrigen sind die Bezüge der Beamten jetzt vielfach durch Tarifverträge geregelt. Ein für sämtliche deutsche Banken gültiger Reichstarifvertrag ist seit kurzem eingeführt. Die Bewegung ist noch im Flusse. Der Besteuerung unterliegen die Banken jetzt wie andere Aktiengesellschaften und Kommanditgesellschaften auf Aktien nach Maßgabe des Körperschaftssteuergesetzes vom 30. März 1920. Dazu kommt in Betracht § 3 Abs. 1 Ziff. 3 des Kapitalertragssteuergesetzes: Danach sind die den Banken anfallenden Kapitalerträge steuerfrei. Jedoch unterliegt der Kapitalertragssteuer der Überschuß der Zinseinnahmen über die Zinsausgaben im laufenden Rechnungsverkehre nach Kürzung desjenigen Anteils an den Handlungsunkosten, der sich im Verhältnis dieses Überschusses zu den Gesamteinnahmen der Unternehmung ergibt; außer Ansatz bleiben hiebei die Zinsen, die von einer Bank einer anderen Bank belastet oder vergütet werden. Die Geldumsatzsteuer, welche nach Maßgabe des Gesetzes vom 26. Juli 1918 auf Grund einer Ergänzung des Reichsstempelgesetzes aus den von den Banken vergüteten Habenzinsen erhoben wurde, ist beseitigt. Auch das Umsatzsteuergesetz vom 24. Dezember 1919 kommt im Bereiche des Bankwesens zur Anwendung; aber gemäß § 2 Abs. 1 Ziff. 2 desselben, wonach die wichtigsten Geschäfte des Bankgewerbes umsatzsteuerfrei bleiben, nur in beschränktem Umfange. Nach den §§ 25 und 29 wird eine 10%ige Steuer von den Depotgebühren erhoben, einerlei ob sie für offene oder für verschlossene Depots oder für die Vermietung von Schrankfächern anfallen. Der gewöhnlichen 1½fachen Umsatzsteuer unterliegen Inkassoprovisionen, Gebühren für die Besorgung neuer Zins- und Gewinnanteilscheinbogen, sowie Provisionen für Vermittlungsgeschäfte, dann für die Übernahme und Ausübung der Treuhänderschaft bei Schuldverschreibungen, Gebühren für die Depotwertberechnung u. dgl.

Der Jahresabschluß ist in den ersten 3 Monaten des neuen Geschäftsjahres nebst dem Geschäftsbericht dem Aufsichtsrat und mit dessen Bemerkungen der Generalversammlung vorzulegen, welche über die Genehmigung der Jahresbilanz und die Gewinnverteilung sowie über die Entlastung des Vorstandes und des Aufsichtsrates beschließt. Die Sitzung des Aufsichtsrats und der Direktion, in der über die Vorlagen für die ordentliche Generalversammlung beschlossen wird, heißt Bilanzsitzung; über ihr Ergebnis wird den Zeitungen eine kurze Mitteilung gemacht. Der Aufsichtsrat, vielfach nach Satzung und Übung auch Revisoren, haben die Bilanz und das Gewinn- und Verlustkonto zu prüfen, und zwar nach ihrer Übereinstimmung mit den Büchern, der Aufsichtsrat aber auch materiell, d. h. nach der Güte der Aktiven und der Vollständigkeit der Passiven. Mindestens für die Zwecke der Verwaltung, um dieser ein möglichst getreues Bild des Standes und der Entwicklung der Bank zu geben, wird dem Abschlusse von der Direktion jeweils ein mehr oder minder reiches statistisches Material beigegeben. Nach Genehmigung durch die Generalversammlung haben sämtliche Direktionsmitglieder die Bilanz zu unterschreiben. Hinsichtlich der Gewinnverteilung ist dem, was von Aktiengesellschaften überhaupt gilt, nur beizufügen, daß die Banken an einer gewissen Stetigkeit ihrer Dividendenverteilung festzuhalten pflegen.

Das Kapital der deutschen Aktienbanken betrug Ende 1913 zusammen über 2½ Milliarden Mark, ihre Reserven mit rund 700 Millionen etwa den vierten Teil davon. Ungefähr die Hälfte je von Kapital und Reserven traf auf die Berliner Großbanken. Die sämtlichen Verbindlichkeiten der letzteren waren Ende 1913 mit über 6½ Milliarden Mark etwa das Vierfache von Kapital und Reserven; sie waren durch flüssige Mittel ersten und zweiten Ranges mit zusammen rund 4 Milliarden Mark gedeckt, die Liquidität also durchschnittlich 62,2%. Die Verpflichtungen aller deutscher Kreditbanken berechneten sich Ende 1913 zusammen auf etwa 10½ Milliarden Mark. Die Liquidität der einzelnen Banken war teils größer, teils geringer als die angegebene Berliner Zahl.

Die Geschäfte, welche oben als aktive und als passive Kredtigeschäfte bezeichnet wurden, kann man auch als Dispositionsgeschäfte von denjenigen unterscheiden, die ihnen gegenüber als neutrale Geschäfte bezeichnet werden könnten. Letztere begründen zwar Haftungen, aber, insolange nicht Versehen dazu führen, daß die Bank zum Schadenersatz verpflichtet wird, keine Schulden. Vor allem gehört dazu das Depotgeschäft und das Effektenkommissionsgeschäft; die juristische Konstruktion, welche bei letzterem die Banken stets als Selbstkontrahenten auftreten läßt, ändert nichts an diesem wirtschaftlichen Ergebnisse. Das Finanzierungs- und Emissionsgeschäft gehört zu den Dispositionsgeschäften, weil durch Beteiligung an einem Unternehmen, Übernahme und Veräußerung von Effekten über die Mittel der Bank verfügt wird. Es liegt daher auch gleich der Gewährung von Krediten allein in den Händen der Direktion.

Häufig unterscheidet man in der Praxis des Bankwesens reguläre und irreguläre Geschäfte. Man rechnet unter die ersteren alle Geschäfte, welche der gewöhnliche Betrieb des Bankwesens mit sich bringt, also das Effektengeschäft, das Depotgeschäft, das passive wie das aktive Kreditgeschäft. Irreguläre Geschäfte sind dagegen diejenigen, die außergewöhnlicher Art sind und besondere Anlässe haben, insbesondere das Finanzierungs- und Emissionsgeschäft, der Ankauf und Wiederverkauf von emittierten Effekten für eigene Rechnung, dann die Übernahme von Bürgschaften außerhalb des Kreditgeschäftes, z. B. für erste Hypotheken, die Vermittlung von Geschäften usw. Der Ausdruck irregulär darf dabei keineswegs so aufgefaßt werden, als ob er irgendwie das Moment von etwas weniger Erlaubtem enthielte; er ist davon entnommen, daß die Gewinne aus diesen Geschäften irregulär sind, innerhalb gewisser Grenzen unvorhersehbar, etwas den Charakter von Zufallsgewinnen an sich tragen. Den Gewinnen aus dem regulären Geschäft wohnt eine Tendenz zum Ausgleich inne; insoferne als in Zeiten, wo z. B. das Zinsenerträgnis zurückgeht, gewöhnlich auf Effektenkonto mehr verdient wird u. dgl. Unangängig ist es, die Unterscheidung von regulären und irregulären Geschäften irgendwie zusammenzuwerfen mit der Unterscheidung von Kreditgeschäften, Dispositionsgeschäften, neutralen Geschäften. Man spricht im Bankwesen auch vom laufenden Geschäft und versteht darunter die Geschäfte, die unter der Oberaufsicht der Direktion unmittelbar von den Beamten erledigt werden. Manche rechnen auch das Kreditgeschäft unter das laufende Geschäft; dann deckt sich der Begriff desselben mit dem des regulären Geschäftes.

Im Vorstehenden sind die wenigen allgemeinen Regeln gegeben, innerhalb welcher sich die Verwaltung und Leitung der Banken zu bewegen hat. Daß jede Bank nach ihrer Größe, ihrem Sitz, ihrer Satzung, ihrer geschichtlichen Entwicklung und anderen Gesichtspunkten besondere Richtlinien für ihre Tätigkeit vorfindet, ist selbstverständlich; allgemeines läßt sich darüber wohl nicht sagen. Unter den besonderen Aufgaben einer jeden Bank ist immerhin eine, welche eine allgemeine Beachtung erfordert und möglich macht; dies ist die Stellung zu anderen Banken. Seit etwa zwei Jahrzehnten nämlich ist in

Bilanz für

Aktiva	.... in 1000 ℳ		.... in 1000 ℳ	
Kasse, fremde Geldsorten und Coupons				
Guthaben bei Noten- und Abrechnungs-Banken . . .				
Wechsel und unverzinsliche Schatzanweisungen:				
a) Wechsel u. unverzinsliche Schatzanweisungen des Reichs und der Bundesstaaten				
b) eigene Akzepte				
c) eigene Ziehungen				
d) Solawechsel der Kunden an die Order der Bank				
Nostroguthaben bei Banken und Bankfirmen				
Reports und Lombards gegen börsengängige Wertpapiere				
Vorschüsse auf Waren und Warenverschiffungen:				
a) durch Waren, Fracht- oder Lagerscheine gedeckt				
b) durch andere Sicherheiten gedeckt				
Eigene Wertpapiere:				
a) Anleihen und verzinsliche Schatzanweisungen des Reichs und der Bundesstaaten				
b) sonstige bei der Reichsbank und anderen Zentralnotenbanken beleihbare Wertpapiere				
c) sonstige börsengängige Wertpapiere . . .				
d) sonstige Wertpapiere				
Konsortialbeteiligungen				
Dauernde Beteiligungen bei anderen Banken und Bankfirmen				
Debitoren in laufender Rechnung:				
a) gedeckte				
b) ungedeckte				
Bankgebäude				
Sonstige Immobilien				
Sonstige Aktiva				
Summe der Aktiva				
Ausserdem:				
Bürgschafts-Debitoren				

Ende ....

Passiva	.... in 1000 M	.... in 1000 M
Aktienkapital		
Reserven		
Kreditoren:		
a) Nostroverpflichtungen		
b) seitens der Kundschaft bei Dritten benutzte Kredite		
c) Guthaben deutscher Banken und Bankfirmen		
d) Einlagen auf provisionsfreier Rechnung:		
1. innerhalb 7 Tagen fällig		
2. darüber hinaus bis zu 3 Monaten fällig .		
3. nach 3 Monaten fällig		
e) sonstige Kreditoren:		
1. innerhalb 7 Tagen fällig		
2. darüber hinaus bis zu 3 Monaten fällig .		
3. nach 3 Monaten fällig		
Akzepte und Schecks:		
a) Akzepte		
b) noch nicht eingelöste Schecks		
Sonstige Passiva		
Summe der Passiva		
Ausserdem: Bürgschaftsverpflichtungen		

die deutschen Banken und Bankgeschäfte eine Bewegung gekommen, die gewöhnlich als Konzentration im Bankgewerbe bezeichnet wird und in weitem Umfang zu einer systematischen Organisation geführt hat. Diese Bewegung darf keine Bankdirektion unbeachtet lassen. Jede wird sich die Frage vorzulegen haben, wie sich ihr Unternehmen dazu stellen soll, und zwar nach oben wie nach unten, also einerseits ob es seine Selbständigkeit aufgeben und in einer anderen Bank aufgehen oder wenigstens in irgendeiner Form seine Interessen mit denen einer anderen Bank verbinden soll oder ob es bleiben soll, wie und was es war. Anderseits ob es sich andere Banken oder Bankgeschäfte als Filialen oder Depositenkassen oder Kommanditen angliedern oder Filialen, Depositenkassen, Agenturen selbst schaffen soll oder nicht. Die tatsächliche Entwicklung, welche diese Bewegung genommen hat, ihre Ursachen, ihre privatwirtschaftlichen und volkswirtschaftlichen Wirkungen und damit die Gesichtspunkte, die maßgebend sind für die mit Rücksicht auf diese Bewegung zu beobachtende Bankpolitik sind in verschiedenen Werken gründlich dargestellt. Es genügt daher hier auf diese Literatur zu verweisen. Der breite Raum, welchen die Behandlung dieser Fragen jetzt bei der Leitung einer Bank und in den Erörterungen über das Bankwesen einnimmt, darf nicht darüber täuschen, daß sie doch ihrer Natur nach etwas vorübergehendes sind. Die obenerwähnte Fürsorge der Direktion für die Ausdehnung der Tätigkeit ihrer Bank tritt auf Grund der hier berührten Entwicklung seither vielfach in der Form der Gründung weiterer Niederlassungen und ähnlicher örtlicher Erweiterungen auf.

Literatur.

Von der umfangreichen und selbstverständlich zum großen Teil beachteten Literatur über das Bankwesen ist im Nachstehenden nur das nach Meinung des Verfassers fur das Ziel dieser Arbeit Wichtigste oder in derselben Verwertete angegeben:

Zu Abschnitt 1: Begründung zum Scheckgesetz.

Zu Abschnitt 2: Rießer, Das Bankdepotgesetz, Berlin, Otto Liebmann.

Zu Abschnitt 3: Kommentar zum Börsengesetz, auf Veranlassung des Zentralverbandes des Deutschen Bank- und Bankiergewerbes bearbeitet von Rehm und anderen, Berlin, J. Guttentag. Hemptenmacher, nunmehr Meyer, Das Börsengesetz, Berlin, J. Guttentag.

Zu Abschnitt 4 wegen Kreditgewährung an industrielle Unternehmungen — unter „wirtschaftliche Bedeutung des Bankkredits" —: Hecht, Die Mannheimer Banken 1870—1900, Leipzig, Duncker & Humblot, S. 41 ff.

Zu Abschnitt 5: Staub, Kommentar zum HGB., Berlin, J. Guttentag. Hemptenmacher, wie oben.

Zu Abschnitt 6: Buchwald, Die Technik des Bankbetriebs, Berlin, Julius Springer. Staub, wie oben. Rießer, Die deutschen Großbanken und ihre Konzentration, Jena, Gustav Fischer.

Zu mehreren Abschnitten: Frankfurter Zeitung 2. Morgenblatt vom 6. März 1914 Nr. 65 und 3. Morgenblatt vom 25. Mai 1914 Nr. 145.

Alphabetisches Register.

(Die Zahlen bedeuten die Seiten.)

FSC
www.fsc.org
MIX
Papier | Fördert
gute Waldnutzung
FSC® C083411

Kolibri 360 GmbH
Ferdinand-Jühlke-Straße 7
99095 Erfurt, Deutschland
produktsicherheit@kolibri360.de